国家社科基金艺术学2011年度项目 "中央音乐学院科研资助计划" 出版资助

# 音乐文本编辑
# 理论与实践

陈荃有 著

·北京·

YINYUE
WENBEN
BIANJI
LILUN
YU
SHIJIAN

图书在版编目（CIP）数据

音乐文本编辑理论与实践／陈荃有著．—北京：中央音乐学院出版社，2019.9（2025.1重印）

ISBN 978－7－5696－0016－2

Ⅰ．①音… Ⅱ．①陈… Ⅲ．①音乐—编辑工作 Ⅳ．①G232②J6

中国版本图书馆 CIP 数据核字（2019）第 170159 号

YINYUE WENBEN BIANJI LILUN YU SHIJIAN
**音乐文本编辑理论与实践**　　　　　　　　　　　　　　　陈荃有著

出版发行：中央音乐学院出版社
经　　销：新华书店
开　　本：787mm×1092mm　16 开
印　　张：21　　字数：298.8 千字
印　　刷：三河市金兆印刷装订有限公司
版　　次：2019 年 9 月第 1 版　　印次：2025 年 1 月第 4 次印刷
书　　号：ISBN 978－7－5696－0016－2
定　　价：198.00 元

中央音乐学院出版社　　北京市西城区鲍家街 43 号　　邮编：100031
发行部：（010）66418248　　66415711（传真）

# 作者前言

在音乐艺术与学术领域，无论从事其中的何种专业或于何种学科方向学习深造，均与各类"文本"及其符号朝夕相处——读书、视谱、写作、创作乃至各式交流——这不只是从事音乐学、作曲技术理论专业人士的必修科目，同样也是从事音乐创作、音乐表演、音乐管理人士的必需科目。但是，长期以来我们习惯于在自己专业领域内的闭门提高，习惯于"一招鲜，吃遍天"的思维，却难得有暇在自己主业之外的领域里（或只是主业的另一面）积累、提高。这种状况甚至在音乐理论、音乐学术的领域里也不乏存在。

自2004年开始，本人在经历了数年的职业编辑的学习、训练、执业之后，尝试将作为职业化的"编辑出版"与作为音乐理论实务的文论写作、标注规范、记谱规范相结合，为音乐学专业学生开设一门新的选修课程——"音乐文本编辑与出版"（初期曾称"音乐编辑基础"），意在将音乐学、编辑学二者的基本知识、基本理念、基本技能初步融合，形成对音乐领域学子有益且初具职业化应用性质的新课程。十多年来，带着这种职业化训练、实践之后所做出的总结、思考的一些成果，本人先后在中国传媒大学音乐系、中国音乐学院、中央音乐学院，以及全国诸多高校进行系统授课或节选式学术讲座。在一轮轮讲授、辅导、思考、调整的基础上，融合了编辑出版业的实践，终于形成这样一部理论与实践相结合的更具实用价值的简略式著述。

对于这部著作所面对的研究对象及研究性质来说，本人希望最终能够形成在学理基础上的融学术性、知识性、应用性于一体的成果；希望这些成果的适读、适用人群也能够从纯粹的学术研究者拓展到更为广泛领域的音乐从业者，并对他们也能产生一定的实际意义。

按照以上研究计划与写作意图及"音乐文本"内容之间的内在联系，在对"绪论"进行基本概念、各部分内在关系间的初步梳理外，其他的内容将分为七章展开：

第一章，音乐编辑行为及其文本对象。作为现代社会中的文化行为，编辑工作有其特定的行为对象、行为方法及其特点，其中的音乐编辑同样也是音乐文化建设不可缺少的组成部分。由于音乐文本在出版建构中的编辑行为与职业化的编辑人群及其编辑行为关系密切，探讨文本的编辑问题不可避免地就要了解职业化编辑及其工作的行为方式与特点，由此才能保证本著述的各项认知更加到位。

第二章，标题的设定及数字序码问题。在日常的学习、写作或是具体的编辑实践中，首先面临的问题往往是对各类文论及音乐作品标题设定时的踌躇不决，同时还包含文论中其他各个段落或次级结构所使用的分支标题中存在的问题。由此，关于主要标题的构成、特点、命题要求，关于次级标题的命名乃至序码的择用，再延及各类数字在文论写作中发生的诸多问题，本章即结合案例分析，对其中存在的问题进行梳理并尝试做出探讨。

第三章，文论文本中的字词与标点。在音乐类的文论文本之中，由字符与为其服务的标点符号共同构成了文论文本的基础部分、主体部分，这也是音乐领域文本中存在问题较多的一个方面。本章将这些看起来常见的表达音乐文化内容的汉语字词及其标点符号列为专题，对其应用的意义、使用的方法、常见问题、解决之道等通过实例剖析，予以探讨。

第四章，外文及其标点的应用。在音乐类文本中，无论是文论文本还是乐谱文本，对于外文及其标点的应用均十分普遍，应用的形式也甚为多样化。由此，在音乐文本之中的外文应用问题早已成为一个重要话题，而伴随外文出现的标点问题也成为不容忽视的方面。本章以最具代表性的英文使用以及五线谱中各类技术术语的外文应用为主，兼顾其他语种的情况，来探究其中存在的比较具有共同性的若干问题。

第五章，乐谱符号使用中的相关问题。乐谱是以视觉符号的书写来记录音乐、传播音乐的有效工具，对它的规范化记写、准确辨识和其他方面的应用，乃是音乐人士从业的基本要求。因此，本章将对乐谱符号的准确书写、规范化应用以及它在被植入文论文本（谱例形式）时遇到的常见问题等做初步的分析和概括；同时，对于文论书写时出现的与乐谱符号相关的各类问题，一并做出讨论。

第六章，标注体系与具体运用。在音乐专业学术性文论文本的书写中，对于各类引用信息和特殊表述的注释成为必需的项目。面对其中存在的种种问题和错误认识，本章对于问题缘起及概念做出释解，对于国内外的主要标注体系及学界的具体应用方式予以阐述，直至对标注的标号位置、注释内容、各类标注形式的恰当应用等问题做出分析与归纳。

第七章，附属材料的设定与优化。音乐文论文本之中的谱例作为写作时的附属材料经常出现，其他如摘要、关键词、表格、图片、图示、附录、参考文献等各类为文本服务的材料，通常也需要对此进行规范化的表达。本章结合案例对这类附属性文本在应用时的常见问题进行分析、归纳、总结，以期寻求规范而简洁化的运用形式。

结语：音乐文本书写的编辑意识与音乐编辑学建设。通过对前述章节所做研究的回顾，将文本编辑与文化传播链相衔接，在文化领域提倡人人树立编辑意识、敬畏出版物并尊重出版人劳动的理念，并将这一切上升到音乐编辑学学科建设的高度做出总结。此将涉及该项研究的学科归类、学科属性，以及学科发展的其他相关理论问题。

需要申明的是，本著所书虽有明确的科研目标和长期执业实践作为支撑，但研究者在相关领域的积淀、对于编辑出版政策的理解、对于文本规范的把握等仍感力所未逮，抑或一些问题自身即存在见仁见智，这使得相关问题的探讨更添难度。另外，著述中一些具体标记符号的运用，到了出版环节还将因不同机构自身的一些编排、标记规则而做出些许调整，这主要体现于注文、引例之中。由此，这部著述定然存在不足和不同见解，还望得到学界及业界同仁的批评指正。

陈荃有

于 2019 年 1 月 28 日

# 目 录

| | |
|---|---|
| 作者前言 | 1 |
| **绪论：由实践到理论提升的音乐文本编辑** | 1 |
| 　一、相关概念释解 | 1 |
| 　二、音乐文本编辑实践的历程与基本特征 | 4 |
| 　三、创建音乐文本编辑理论的现实迫切性 | 8 |
| 　四、未来构画：音乐文本规范化呈现 | 11 |
| **第一章　音乐编辑行为及其文本对象** | 14 |
| 　第一节　职业化音乐编辑工作及其行为特点 | 14 |
| 　　一、编辑人员的工作内容 | 15 |
| 　　二、职业化编辑行为的特点 | 17 |
| 　第二节　音乐编辑行为需要具备的素养 | 19 |
| 　第三节　音乐文本的类型界定 | 20 |
| 　　一、按照出版形式的界定 | 20 |
| 　　二、按照符号样态的界定 | 22 |
| 　　三、按照专业内容的界定 | 23 |
| **第二章　标题的设定及数字序码问题** | 25 |
| 　第一节　文论标题及其设定 | 25 |

一、主要标题的设立　　26
　　二、对主要标题命题状况的检视　　31
　　三、次级标题的设定　　35
　　四、各级标题设定的原则　　37
　　五、案例分析　　42
第二节　音乐作品的标题设定　　45
　　一、中国古代及传统音乐作品的题名　　46
　　二、西方艺术音乐及现代创作作品的题名　　52
　　三、作品标题设定与书写时的常见问题　　57
第三节　文论标题序码的选择与使用　　62
　　一、章节式序码　　63
　　二、等级式序码　　66
　　三、混合式序码　　67
第四节　文论中数字的使用　　68
　　一、对日期的表达　　69
　　二、传统文化中的数字使用　　70
　　三、对不确定数字的使用　　73
　　四、局部的用法统一　　74

# 第三章　文论文本中的字词与标点　　76

第一节　正确使用汉语字词的意义和方法　　76
　　一、音乐家提升汉语书写水平的意义　　77
　　二、语言文字学习的基本方法　　79
第二节　几种常见情况的处理　　82
　　一、关键语词的书写统一和简写　　83
　　二、对引文中关键语词的处理　　85
　　三、外文翻译语词的处理　　87
第三节　常见错别字词案例举析　　90

第四节　标点符号使用中的常见问题　　　　　　　　　　95
　一、普通标点符号使用中的一些问题　　　　　　　　　95
　二、标题与序码中的标点及其他问题　　　　　　　　109

## 第四章　外文及其标点的应用　　　　　　　　　　　　114
第一节　西文的斜体、缩略词及其他　　　　　　　　　115
　一、斜体格式应用时的一些问题　　　　　　　　　　115
　二、缩略词的使用及格式　　　　　　　　　　　　　116
　三、首字母大写等问题　　　　　　　　　　　　　　118
第二节　西文中的标点符号　　　　　　　　　　　　　119
　一、形异标点符号的误用　　　　　　　　　　　　　119
　二、对作品名称的标示等问题　　　　　　　　　　　121
第三节　音乐术语及乐器名称等的使用　　　　　　　　123
　一、作品编号及其他常用缩略语　　　　　　　　　　123
　二、表演术语的标记与规范　　　　　　　　　　　　125
　三、乐器名称的缩写　　　　　　　　　　　　　　　128
　四、传统音乐文化英译的常见问题　　　　　　　　　129

## 第五章　乐谱符号使用中的相关问题　　　　　　　　　132
第一节　五线谱应用时的常见问题　　　　　　　　　　132
　一、个案展示与简要分析　　　　　　　　　　　　　133
　二、文论中插入谱例的应用事项　　　　　　　　　　142
第二节　简谱应用中的常见问题　　　　　　　　　　　145
　一、个案展示与简要分析　　　　　　　　　　　　　145
　二、部分要点提示　　　　　　　　　　　　　　　　155
第三节　与乐谱记写相关的些许问题　　　　　　　　　156
　一、音名的标记　　　　　　　　　　　　　　　　　156
　二、对音律、音程等的表达　　　　　　　　　　　　157

## 第六章　标注体系与具体运用　　159

### 第一节　问题缘起及概念辨析　　159
　　一、问题的缘起　　159
　　二、重视标注规范的益处　　165
　　三、相关概念的辨析　　167

### 第二节　主要标注体系及学界的选择　　170
　　一、国外现行的主要标注模式　　170
　　二、国内现行的标注格式　　177

### 第三节　标注的位置、内容与应用方法　　187
　　一、注号的添加及其所在位置　　187
　　二、对需要标注内容的限定　　189
　　三、标注的具体应用　　190

### 第四节　各类标注形式的恰当应用　　199
　　一、夹注的使用　　201
　　二、脚注、篇末注、图谱注的使用　　202
　　三、"参考文献"的类型　　203

### 第五节　标注中的其他注意事项　　205
　　一、标注之时的补充事项　　205
　　二、参考文献书写案例举析　　207

## 第七章　附属材料的设定与优化　　211

### 第一节　摘要的编写与关键词的遴选　　211
　　一、摘要的作用与编写　　212
　　二、关键词的作用及其遴选　　217

### 第二节　图表的使用及常见问题　　222
　　一、图的类别与应用　　223
　　二、表的特点与应用　　231

### 第三节　附录与参考文献的设置　　236

一、附录的特点与应用　　　　　　　　　　　237
　　二、作为文后附件的参考文献　　　　　　　　240

**结语：音乐文本书写的编辑意识与音乐编辑学建设　　245**
　　一、音乐文本的书写应提倡编辑意识　　　　　245
　　二、敬畏出版物并善待出版人　　　　　　　　249
　　三、重视音乐编辑学的学科建设　　　　　　　250

**参考文献　　　　　　　　　　　　　　　　　　　253**

附录一　关于进一步规范出版物文字使用的通知　　259
附录二　关于进一步加强学术著作出版规范的通知　　262
附录三　图书质量管理规定　　　　　　　　　　　265
附录四　关于加强学术道德建设的联合声明与建言　　272
附录五　关于对网络材料引用及期刊文章转载的申明　　275
附录六　中国高等学校社会科学学报编排规范　　　277
附录七　《中国音乐学》注释格式调整说明　　　　292
附录八　《中央音乐学院学报》稿约及著录规范　　299
附录九　《中国音乐》编校体例　　　　　　　　　303
附录十　《黄钟》稿约及著录规则　　　　　　　　315

**后　记　　　　　　　　　　　　　　　　　　　319**

绪　论
# 由实践到理论提升的音乐文本编辑[①]

对于承载音乐创作和科研成果的以各类符号所呈现的平面音乐文本，在撰述、誊写和传播阶段皆需要或隐或显地体现编辑加工的实践活动。自我国春秋时期以来，于音乐文本编辑一隅的实践代有成就亦代有特色，但基本呈现于编辑活动的实践层面，因种种缘由尚缺乏对其文本编辑理论的系统关注。在科研、教育及传播手段快速发展的 21 世纪，加强学术界对于音乐文本的实践意识和理论探索，尽早建立起科学、系统又具有实际操作意义的音乐文本编辑理论体系，已经成为时代之需。

## 一、相关概念释解

本著述在展开探讨之前，将涉及几个相关的基本概念——文本、编辑、出版，需要对它们集中做一阐释。

（一）"文本"，在应用广泛的《现代汉语词典》中被解释为：文件的某种本子（多就文字、措辞而言），也指某种文件。[②] 在《汉语大词典》

---

[①] 作为本著述的先期成果，"绪论"的主体内容曾以《音乐文本编辑：由实践到理论的提升》为题，刊发于《音乐探索》2013 年第 4 期，第 27—31 页。
[②] 中国社会科学院语言研究所词典编辑室编：《现代汉语词典》，北京：商务印书馆 2016 年第 7 版，第 1371 页。

中亦做相似的解释：文件的某种本子，亦指某种文件。① 社会普及率极高的工具书，加之明晰易懂的解释，对于"文本"概念的理解与应用甚有益处。至于它在学术界所对应的外文语词（Text）及计算机领域被广泛运用的意涵，非本著探究的主旨，此处不做进一步拓展。在本项研究的题域中，对于该词汇的现时使用，仅以中文传统语境的意涵同时置入音乐的专业范畴，将其拓展为"音乐文本"，即人们视觉可见的以种种符号所呈现的各类音乐文件。它包括了以音乐文化为内容构成的图书、报刊、网络等介质中所承载的文字、乐谱，以及个人所抄写的各类专业的文字、乐谱等符号形式的汇聚。结合以上对"音乐文本"的阐释，其所内含的功用及意义对于音乐界人士来说就要重要得多。对这种重要性略做整理，就可以简括地表述为：

音乐文本，应是记录、保存音乐文化成果的重要（非唯一）方式；

音乐文本，乃为传播、交流音乐文化成果的重要（非唯一）工具；

音乐文本，也是体现和展示音乐创作者、研究者专业学术水准的重要（非唯一）平台。

由此，我们对待各类音乐文本的态度及做法毫无疑问地应该表述为：以虔敬之心，秉客观的态度，持规范的标准，来呈现其易解之形式。唯有如此，方能体现音乐文本在文化领域以及社会生活中的重要价值。

（二）对于"编辑"一词，国内编辑出版界早有释读。以字义来讲："编"，即编排、安排；"辑"，释为收藏、聚集。两个原本独立的单音节词的连缀组合，代表着一种具有悠久传统的文化行为——搜集材料，整理成册。② 但按照今天编辑出版界的广义理解，"编辑"已经不单单是一种文化行为。在当今出版界的普遍理解中，"编辑"一词至少具有了三重的意涵：

---

① 罗竹风主编：《汉语大词典》"文本"词条，上海：汉语大词典出版社1993年版，第4023页。

② 潘树广编著：《编辑学》，苏州大学出版社1997年版，第3页。

其一，作为一种文化行为，"编辑"是为保存、传播、继承、发扬人类优秀文明成果而做出奉献的高尚的举动。

其二，作为当代社会的一种职业，"编辑"是指在新闻出版等文化部门从事选题策划、编写、审读、加工、剪辑、设计等工作，以使相关文本内容达到传播目的或符合复制要求的工作人员。

其三，作为技术职称系列中的一个层级，"编辑"是编辑出版行业职称序列中的中级职称。①

但是，我们作为"文化人"尤其是从事理论研究的人士，"编辑"与每个人的学习、生活密切相关，且更多地呈现它"文化行为"的意涵，成为我们从事学术活动时的重要组成部分；其中的"音乐编辑"，当然与音乐文化的继承、保存和传播交流须臾不可分离。因此，对于"编辑"及其文化行为，音乐理论领域更应持宽广的人文观照："编辑"应是我们日常学习、科研行为的重要组成部分，是各类文本责任者专业水平、文化素养的体现，是实现文本创写目的的必要步骤，是尊重广大文本受众的一种行为。

（三）按照传统的理解，作为社会文化行为及行业概念的"出版"，即把书刊、图画、乐谱、音像材料等予以规范化编排并批量化复制，以向公众发行推广的行为。观察这种文化行为，其与"编辑"职业或行为的关系甚为密切；对于正常的出版行为来说，更是凡逢出版必有编辑行为相伴随。但作为学术研究者，除了应关注普通"出版"的规律及与编辑行为之间的密切关系，更应该注意这样几个概念及其它们彼此之间的相互关联：

1. 当代出版形式的多样化。对于"出版"的构成要素，在编辑出版学界有着相对权威的总结：拥有反映人类文化知识和思想、情感的作品；进行一定的编创工作；运用复制技术，将作品记录在一定的载体之上；通过

---

① 在我国现当代编辑出版领域的职称序列中，实行的是四级职称制：编审（正高级），副编审（副高级），编辑（中级），助理编辑（初级）。

发行出售或者其他办法进行传播。① 由此来讲，当代出版就是包含了图书、乐谱、报刊、音像、多媒体、网络等众多媒体形式的制作发行的社会行为，而非专指图书的印制行为。

2. 出版是需要流通环节（发行）相助力的。作为一项系统性的社会文化行为，在保证出版行业能够持续存在并运转的流通环节中，应予区分出版物的不同流通方式，即公开发行（销售）方式、内部交流方式与私人记忆物珍藏之间的区别。所谓"公开发行"，是指拥有政府主管机构颁发的出版授权，从而得以批量复制并公开销售的文化产品；所谓"内部交流"，是指以内部印行方式于有限范围内的资讯沟通；所谓"私人记忆物"，是指由个人书写、未经大众传播的手稿性质的文本。不同的出版形式，其流通环节的保障系统也是迥然相异的。

3. 出版过程中的批量化工业生产与"手抄本"（手稿）的区别。真正的出版业属于文化产业的组成部分，或称"文化工厂"的产品制作行业，它是需要以大批量地复制产品从而由市场经营中赚取商业利润的。因此，出版业"生产"的产品与各类型的"内部资料"，甚至"私人记忆物"的手稿有着物品属性的巨大差异（在不同学术领域，可将这类情况称为原生文献、再生文献；或者，称为文化产业与小众交流）。

## 二、音乐文本编辑实践的历程与基本特征

音乐文本编辑属于音乐文化发展到一定程度之后的社会文化行为，具有较强的实践特色。对于音乐文本的编辑实践活动，应该以人类创造各类表意符号为开启，并将伴随人类音乐活动之始终。这是与音乐文本作为承载音乐文明成果的特点相适应的。

在我国的文明进程中，按照中华先人记载、传承文明成果的印刷复制

---

① 肖东发等：《中国出版通史·先秦两汉卷》"前言"，北京：中国书籍出版社2008年版，第6—7页。

技术的发展程度，结合我国音乐文化自身的衍变历史，我们认为，前人对于音乐文本的编辑实践活动大致经历了如下四个阶段：

（一）春秋时期至隋代（公元前770年—公元618年），音乐文本编辑实践的起步阶段。随着人类记录符号体系的日益成熟和承载、传播介质的相对稳定，原始的文本编辑活动即已开始。商周时期的甲骨文、金文、石文，被出版理论界认定为"原始编辑活动的出现"①，这一时期，严格的礼与乐相融合、音与乐相分离，难于寻找出相对独立的音乐文本编辑活动的直接证据。历史发展到春秋时期，随着社会文明程度的提高及竹简、布帛介质的普遍应用，原始的编辑出版活动得以快速发展，此时期孔子的编辑活动又是具有标志性的历史事件。据《史记》《论语》等文献的记载，孔子在春秋末期曾经对于宋、鲁等诸侯国保存的文化典籍进行了富有针对性的搜集和整理，其表现主要是对《易》《诗》《书》《礼》《乐》《春秋》等六部文本的编辑，即后世所称的"六经"。其中，反映在与音乐直接相关的领域，则是他通过"自卫反鲁，然后乐正，雅颂各得其所"的现场采访与核对，② 以及"皆弦歌之，以求合韶、武、雅、颂之音"的唱奏实践，编订了音乐作品集《诗》，并编辑整理了乐论文献《乐》，从而使这两部"乐书"能够在战乱的年代得以更好地保存和传布。学术界虽然对于孔子与"六经"的关系历来说法不一，但完全否定古代文献相关记述的"疑古"做法很难为多数学者所接受。因此，多数学人还是认可孔子对这些文献所进行的述、删、订、编等不同程度的工作，这种工作恰是古代编辑实践中的核心内容。③ 在印刷术尚未来临的"写本书"时期，孔子

---

① 肖东发等：《中国出版通史·先秦两汉卷》，北京：中国书籍出版社2008年版，第45页。
② 杨荫浏：《中国古代音乐史稿》（上册），北京：人民音乐出版社1981年版，第43页脚注。
③ 或许正是由于这种学术认识上的宽容，孔子也被列为"中国最早的大编辑家""有记载的编辑鼻祖"的称号。参考肖东发等：《中国出版通史·先秦两汉卷》，第318页；伍杰编著：《中国古代编辑家小传》，北京：中国展望出版社1988年版，第4页。

的"述而不作",重在据实搜集、记录、整理的编辑特色持续传承了一千多年。当然,对于其中的音乐文本的编辑,也是这一编辑特色下的实践成果。

(二)唐宋时期至清代晚期(618年—19世纪上半叶),音乐文本编辑活动进入实践阶段。李唐王朝所开创的帝国盛世,社会、经济、文化、科技诸领域均取得了显著的成就。体现于编辑出版领域的贡献,首先莫过于唐代初年开始出现的雕版印刷以及由卷轴装订改为册页装订技术的运用。①这些出版技术提升的间接成果,也逐步改变了文本编辑出版的实践方式(自然包括对音乐文本编辑出版的实践方式)。在"印本书"逐步来临的时代里,随着文本刻印、装订、流通、传布的逐渐便利,文化科技得到了较大程度的提高,音乐文本的数量和质量都有了明显改变。从中国古代音乐史著文献对各个历史时期音乐理论著作和乐谱集册的记载情况来看,就是一项很好的体现:唐代以及之后的各个时代里,论乐的专著及乐谱专集明显增多,无论由宫廷官府组织编撰刻印的大型著作,还是私人出资或亲自参与撰述的图书、谱册,在音乐活动或社会生活中均发挥着愈加重要的作用。尤其到了明代,诸如冯梦龙编辑的民歌集《挂枝儿》《山歌》,朱权编辑刊刻的《神奇秘谱》,朱载堉撰述纂集的《乐律全书》……将搜集、整理、注疏、撰写、解题、刻印融于一体,成为体现这一时期音乐文本编辑实践活动的代表性案例。他们的实践活动按照今天的行业与专业分类,已融合了多业态于一身,其总体特征可以简要概括为:将个人的专业抱负与兴趣,以撰著、搜集、整理加注疏、演绎的方式,使文本的编辑实践渐显职业化风范。

(三)近现代阶段(19世纪下半叶至20世纪80年代),音乐文本编辑实践与编辑职业化的渐趋形成。自西方近代工业革命以来,出版印刷技术

---

① 在活字印刷术发明之前的唐代初年,雕版印刷技术即已使用,它进一步促进了唐代社会文化繁荣的历史局面。但印刷技术的成熟和提升显然非朝夕之功,宋代毕昇的活字印刷术仍是出版技术的开创性贡献。参考曹之:《中国出版通史·隋唐五代卷》,北京:中国书籍出版社2008年版,第231页。

的机械化，图书出版行业的变革发展，报刊、广播、影视多种类型传播媒体的相继出现，使文本编辑形式与形态发生革命性转变。对于以书、报、刊为主的平面媒体来说，编辑、印刷、发行一体化，按需组稿、约稿，编辑行为日益职业化、制度化等已成为一类职业的常态；西方艺术音乐的传入和快速传播，要求音乐文本编辑的内容、形态和形式也相应发生快速的变化。从文本编辑方面来讲，这一时期的总体特征是：编辑实践开始走向专业化、职业化；复制印行的出版机构和出版物数量的增加，渐求文本呈现形式上的统一规范。1949年中华人民共和国成立至20世纪80年代，出版印刷技术的进步和政府对于媒体传播作用的重视，使得编辑职业化程度得到提升、职业人群有所扩大、编辑行为制度化不断健全；同时，将编辑家的群体出现、编辑业理论专著专刊的出版、职业化教育机构的成立、"编辑学"的学科建设等均提上了日程。总体来说，在此时期一百多年的大变革时代里，编辑出版行业大领域的编辑实践队伍由弱渐强，音乐文本的编辑由业余、散弱状态逐步走向职业化、群体化；从19世纪传教士刊刻的供于教堂唱诗的音乐书谱，① 到20世纪初商务印书馆、开明书店出版的活页歌选、音乐教材，再到40年代末万叶书店将出版主业由文化大类转变为音乐一隅，② 直至1954年10月公私合营的音乐出版社（人民音乐出版社前身）在北京的成立，宣告了音乐文本编辑的实践已经被提升到国家级的职业化层面，音乐文本编辑也开始有了一定的规范化要求。

（四）20世纪80年代中后期至21世纪初，音乐文本编辑职业化的提升与编辑理论建设的起步。由于"文革"时期各项事业受阻并遭受到巨大破坏，使得改革开放之后的80年代成为各方面事业跳跃式快速发展的年代。在音乐领域，创作、表演、教学及学术研究各领域快速发展，与国际文化交流日益增多，对编辑出版业的发展提出了较高的要求，而当时国内

---

① 孙继南：《我国近代早期"乐歌"的重要发现——山东登州〈文会馆志〉"文会馆唱歌选抄"的发现经过》，《音乐研究》2006年第2期，第73—77页。

② 吴光华：《钱君匋传》，北京美术摄影出版社2001年版，第186—189页。

有限的编辑出版能力甚至成为妨碍音乐文化更好、更快发展的瓶颈，继而出现了在 90 年代及至新世纪前后音乐出版业的发展乱象。① 与此同时，随着音乐创作、科研以及出版物数量的增加，有关出版规范、标注规范、学术规范的倡议和学者自身文本规范意识的增强，使出版机构的职业编辑与教育、科研院所的学者逐渐对文本的规范化呈现提出了要求；同一时期，传播介质、传播手段、传播环境的快速更新，使文本规范与编辑的话题显得更加突出。由此，这一阶段文本编辑领域的特征大体呈现为：富有专业特色、学术自觉精神突出的文本编辑意识与实践开始形成；即使在音乐这个并不显著的学科领域，也呈现了初步的对文本编辑技术问题进行探索的理论成果，领域内从事各个学刊编辑工作的资深编辑经常应邀赴各地高校的讲学活动，对于音乐文本编辑的规范化建设同样做出了积极的贡献。客观而论，直至 21 世纪之初，我国音乐编辑与科研领域对文本编辑的理论研究并未达到系统化、学理化、常态化的程度，学术探索之路仍然漫长而且艰巨。

## 三、创建音乐文本编辑理论的现实迫切性

从一般的学科意义上说，编辑（出版）学是一门研究编辑出版活动基础理论、工作规律和工作方法的应用学科。作为音乐编辑学，则是编辑学科内的专门领域，是音乐学与编辑学相交叉的子学科。作为一门学科，音乐编辑学于 20 世纪 80 年代伴随音乐学术的快速发展，亦跟随编辑学的脚步，在学科建设中"悄然兴起"，并取得了一定的成就。② 但毋庸讳言的是，彼时业已起步的音乐编辑学科虽已历经数十年的发展，目前仍然处于

---

① 陈荟有：《当前音乐出版存在的问题及解决途径》，《人民音乐》2003 年第 11 期，第 60—62 页。
② 蔡际洲：《一个悄然兴起的研究领域——关于改革开放以来的音乐编辑学研究》，载《中国音乐年鉴》（2001 年卷），济南：山东文艺出版社 2004 年版，第 3—31 页。

学科的初起阶段：从研究队伍上来说，寥若晨星的学术力量基本以音乐学刊、音乐出版社的主要办刊人和书谱编辑作为体现，其他领域或专业的学者很少关注此领域——迄今并未显现成规模且稳定的研究队伍；与学者队伍的现时状况相匹配，科研成果的数量和质量自然难以令人满意，论域基本限于对20世纪的专业期刊历史与特色的研究、办刊经验的总结、从业体会梳理和研究生在学期间为保证毕业而必须从事的课题成果。人才培养方面，由于该学科的应用性特色，对人才养成的要求就非单一的校园课程培养能够胜任，而必须结合一定量的从业实践，但国内数量有限的相关出版单位以及出版机构的企业化运作，又使二者之间很难搭建起畅通的桥梁，致使院校与出版机构之间面对编辑人才的培养均感到无从下手。

从当前的科研环境与学术进展来说，快速增强的国家经济实力和稳定的社会大环境，推动科研及高等教育的跨越式发展，由此也带来学术环境的诸多不尽如人意之处：学术研究及专业创作的快速发展，推动音乐文本数量的激增，文本传播交流方式与范围的扩大，显现的是量增而质平，甚至呈现良莠混杂的局面。进入21世纪以来，高等艺术教育规模的急剧扩张，致使艺术类高校的各级生源均快速膨胀，青年学者群体在短期内骤增，加之不恰当地给予研究生就读阶段的科研、创作压力，迫使他们在短时期内产生了大量"稚嫩"的音乐科研文本；电子网络媒体技术的迅速发展和普及带来的学术统计、检索以及文本复制传播的极大便利，使音乐文本的交流、传播因"门槛"的降低而更加便捷，同样促动了大量缺乏审慎论证、修饰、加工的网络文本的出现；过度强化学术评价制度的作用，片面追求科研成果的数量，并人为划定媒体等级并以此机械套用来评判成果的学术质量，使得科研评价体系偏离了评价的初衷，由此催生出大量难以卒读的音乐文本成果。

其实，对于音乐文本表达形式的规范问题，早在近代工业化的文本复制印刷之始就已引起编辑出版者的重视，但彼时对文本形式的关注更多表现在文本表达的基础规范方面,如语词、标点的使用是否合乎文化传统和国家出版标准?乐谱符号的记写、刻印是否与欧洲的传统标准相统一?当时所订立的文本编辑标准往往即直接以所谓的"权威标准"为依据来作为对照,而并未在理论上总结和探究各类文本表达的自身体系与规范。① 比如,在大家熟悉的表达理论研究成果的文本类型时(主要包含理论著作、学术论文),直至20世纪80年代后期,从作者到出版机构仍呈现自然自为的编辑状态,1988年时由当年尚在海外求学的杨沐先生的两篇文章,② 方逐步引发学界对于理论研究型文本表达规范化问题的重视;之后的20世纪90年代及至新世纪之交,居于海外并从事学刊编辑工作的周勤如先生、国内音乐编辑家蔡际洲先生等专家的不断参与,③ 方对这类文本编辑规范的若干凸显的技术问题予以了阐述和探讨。

以上择要所述,无非是尝试指出,无论在何时何地,社会及学界对于传播途径中的音乐文本的期望,已经不局限于治学与创作阶段所必须秉持的科学、客观、严谨等态度。在如今的信息时代和学术成果已长期积累并仍在快速增长的时期,对于文本自身所具科学、艺术本质内容之外的反映

---

① 早在20世纪40年代的万叶书店时代,钱君匋先生就重视所刊印乐谱的规范、统一与美观,曾在书店内部组建一支专业的抄谱力量(吴光华《钱君匋传》,北京美术摄影出版社2001年版,第189页);50年代,在北京新成立的音乐出版社也曾翻译出版苏联音乐机构的记谱法([苏]纽恩堡著、陈登颐译《记谱法》,音乐出版社1958年初版),并建立自己的绘谱车间、培养专门的绘谱技术人员。在20世纪90年代人民音乐出版社成立40周年之际,该社还曾举全社之力,编辑出版了《音乐编辑手册》(人民音乐出版社1994年版),以期规范音乐文本的编辑成果。编者按:关于朝代、国别标号,各出版机构有其内部规定形式。此注中作者的国别标号采用中央音乐学院出版社的统一标法,施以方括号([  ]),朝代则使用六角括号(〔  〕)标注。下同。

② 杨沐:《译文应注明出处》,《音乐研究》1988年第2期;《我国音乐学术论文写作中的几个问题》,《音乐研究》1988年第4期。

③ 例如,周勤如的系列文章:《关于音乐论文写作的通信(一)》,《黄钟》1997年第4期;《要重视书评和音像评论的规范化——关于音乐论文写作的通信之二》,《黄钟》1999年第2期;《引文、注释和参考文献目录应该进一步规范化——关于音乐论文写作的通信之三》,《黄钟》2000年第2期。蔡际洲的文章:《也谈注释、参考文献的规范化问题——编稿琐记之三》,《交响》2003年第2期。等等。

形式方面，已决非传统出版业发稿之时的"齐、清、定"的编辑标准，①而是要求其既富科学、智慧的内涵，又符合当代学术规范的过程要求，还应切合国家有关语言文字、标点符号以及音乐出版行业内的种种专业符号的记写规范，这也就是我们所提倡的对音乐文本形式规范化的表达。这种对于文本形式规范化表达的追求，在21世纪的今天已经很难再经由学者的"自我感悟""自学成才"而逐步实现，它迫切需要一套能够既符合学术追求又符合出版规则的理论体系——音乐文本编辑理论的出台。

### 四、未来构画：音乐文本规范化呈现

音乐文本编辑理论的内涵是什么？它的理论诉求又是怎样的主张？按照笔者的理解，音乐文本编辑理论是为追求音乐文本的规范化展示而制订或约定的各类规则以及为此所从事的各类活动。音乐文本编辑理论并不等同于日常所说的学术规范，因学术规范是我们在学术活动中应遵守的合乎相关法律法规和科学精神的共同规章；文本编辑理论除了遵从学术规范的各项应用性的规章之外，还应对文本涉及的各类符号的记写以及版式设计予以形式化的规范。由此，我们追求音乐文本编辑规范的目的或曰诉求，简言之就是：为了便于音乐文化成果的记录、保存、传播、交流，以各类符号书面记写的文本也需要进行规范化呈示。

至21世纪的今天，当面对无数先辈已经传承、演变了两千多年的音乐文本的编辑实践，以及初步的理论探索成果，我辈应尝试思考如下几个基

---

① "齐、清、定"是国内出版界在编辑发稿时对文本加工规格的基本要求。"齐"，即书稿各部分包括文稿和图稿、正文和辅文、封面及其附件等应一次发齐；"清"，即书稿用纸规格统一，语言文字规范，各式符号清晰可辨，图表、谱例、版式要求等批注明确；"定"，即发排的书稿应是定稿，发稿之后如无特殊情况，一般不再在校样上做大的增删、修改。详见中国编辑学会、湖北省编辑学会编写：《图书编辑工作基本规程》(1997年3月)"发稿"项，由国家新闻出版署图书管理司1998年11月10日批复并转发（图管字［98］第98号）。

本问题：

1. 音乐文本编辑理论将要研究的对象。由前文的阐述可以确定的是，音乐文本编辑理论研究所面对的对象非直接表达音乐艺术的音响所呈现的听觉艺术，也非视频所呈现的鲜活舞台艺术，而是以人们视觉可见的各类记录音乐成果的固化了的符号，包括文字、乐谱、图画等构成的与音乐艺术相关的书谱、报刊、文件、网络、海报等登载的内容，以它们作为具体观照对象。若从学科建设的意义上说，这种理论研究尚包括音乐文本编辑出版的历史，音乐文本编辑出版的方法与流程，以及对职业文本编辑工作相关问题的研究，等等。

2. 音乐文本编辑所要面对的主体。一些人士认为，"编辑"行为是编辑者的职责范围，与我等何干？这是一种狭隘的编辑认知观念。作为创作社会精神财富的学者或艺术家，除了具备开展创作、科研应具有的文化功底、艺术审美观、专业技术水准，还应该具备能够规范自身科研、创作成果所表达文本的知识、技能与意识。因此，音乐文本编辑面对的主体既包括传统的"为他人做嫁衣裳"的职业编辑人员，也包括每一位音乐文本的创作者、传播者乃至接受者，可谓人人皆是音乐文本编辑工作所需要面对的主体。

3. 音乐文本编辑活动的原则。不同的时代因不同的编辑意图而具有不同的文本编辑原则：孔子生活的时代以实现自己的治国安邦理念和教育目标，采取"述而不作"的编辑原则；明代藩王朱权的时代，贵族与士人阶层尊琴为"圣人治世之音，君子养修之物"，虔敬之下，从"琴谱数家所载者千有余曲"中以"其一字一句、一点一画无有隐讳"的态度精选六十二曲以传世；钱君匋等先贤所处的近现代中国，则是追求以西学为师、中学为宗，既注重准确、实用又兼顾审美的编辑原则；现当代社会及至今天，在关注文本内容科学、完善的基础上，逐步讲求文本的延伸功能及社会传播。因此，我们今后所提倡的文本编辑原则，应该是以人类长期实践所形成的文化知识和文明成果为依据，根据已有的文本编辑规则，使各类音乐文化内容便于保存、继承、传播和接受是为最高准则。

4. 音乐文本编辑理论探究的目的及未来构画。对于音乐文本编辑理论探究的目的及未来的构画，简而言之，我们主张音乐文本编辑理论的建设，意图通过对既有文本编辑实践活动的梳理、总结和交流，整理编订出适合中国当代音乐文本书写的"参考"规则；通过音乐编辑家的不懈著述、讲学、宣传，以引起音乐界、学术界、出版界对音乐文本规范特殊性的适当重视；通过此领域内专业人士的教学、示范与实践活动，提升音乐学界尤其是青年学人的文本自我编辑能力和编辑水平；通过以上的长期努力和所取得的成果，最终实现音乐文本呈示的规范化愿景。

# 第一章
# 音乐编辑行为及其文本对象

作为现当代社会中的文化行为，编辑工作有其特定的行为对象、行为方法及其特点，其中的音乐编辑行为，同样也是音乐文化建设必不可少的组成部分。由于音乐文本在出版建构中的编辑行为与职业的编辑人群及其编辑行为关系密切，探讨文本的编辑问题不可避免地就要涉及职业化编辑及其工作的行为方式与特点，也只有做到对职业化编辑工作的行为与特点有更多的认识，才能使得我们对本课题的认知更加清晰到位。

## 第一节 职业化音乐编辑工作及其行为特点

随着现代社会经济的发展、文明程度的提升、文化积累的增加以及书写介质、印制技术等方面的革新，对于文本的需求量激增，其批量复制业务也愈益职业化、产业化，由此诞生了一批以整理、编辑、复制文本为主业的人群，他们就是职业化的编辑人员。作为以音乐为执业操作内容的编辑人群，在编辑出版业的发展中也开始发生并日显壮大，成为音乐领域专事文本审评、加工及其规范化复制、传播的一个行业。① 以现时的出版技术而言，观察并总结这个群体的职业行为，其工作内容与行为特点呈现如下的状况。

## 一、编辑人员的工作内容

作为需要面对音乐文本的平面媒体机构的职业编辑，按照编辑出版目标及行业生产流程，其职业行为的内容主要包括这样几个方面：

1. 发现并组织选题：寻找出版内容。作为文化产业的生产制作单位，编辑出版机构并非所制造"产品"的内容原创者，而是该产品的发现者、把关人与批量制造者，它需要不停歇地在专业领域内外去寻找适合自己和受众需求的"文本"（或"文本"的创意），以保障规模化复制行为的不间断运转。在编辑出版机构，这种寻找出版内容行为的原因常被戏称为"巧妇难为无米之炊"。而这样的寻找过程在编辑出版机构即被称为"选题"，此工作环节成为职业编辑人员首要的也是最为重要的一项工作内容。"选题"作为介入编辑工作流程前期阶段的一种规划和设想，常被不谙此业的人士视为易事，实则是这一环节极能体现编辑人员的综合素养和内在实力。因为，选题能力的基础是职业编辑人员对音乐专业深度掌握、出版业务精细了解、文化市场高度敏感的综合体现，这种能力也成为衡量编辑人员业务是否成熟的"试金石"。

2. 审查内容（审稿）：文本专业质量把关。对于由种种方式汇集而来的各色"文本"，其自身的专业质量如何？是否能够体现一定的专业创作与科研水准？是否能够为受众所认可并产生良好的社会效益与经济效益？这就需要媒体机构的编辑人员慧眼识珠，甚至需要使出沙里淘金的本领，为音乐界、为受众、为社会乃至为后人把好文本内容的质量关。审查并评

---

① 音乐编辑工作因从业的传播介质、传播方式、社会价值取向的不同，可以有多种分类方法与职业类型。此处所论，无疑是没有涉及价值取向的以平面媒体为主要呈现方式的书刊编辑类型。

价文本内容,是体现编辑人员艺术水准、文化功底、出版业务程度的重要一环,也是保证出版物内容质量的基础环节。在职业出版领域,审查内容一环被称为"审稿"(审读),出版机构对此环节往往高度重视,设置了"三审责任制度"①,以通过多人次、多轮次的审读,从而实现对文本内容质量的严格把控。

3. 加工修饰:保证文本表达精准且形式规范。经过对文本内容质量的多次审读,假如最终对其内容予以认可,就将为编辑人员下一步的工作——案头加工提供了文本材料。出版工作的批量化生产和未来广泛的受众群体,决定了出版机构对其产品——文本表达的精确、形式的规范的严格把控有其必要性,而这种更加规范化的文本要求虽然属于全社会的共识,但它的实现却要通过编辑人员的有效作为方能得到具体落实。对于文本形式规范化的修饰过程,在编辑出版界被称为"编辑加工""案头加工"等。就本著述来说,"编辑加工"环节的种种技术化的要求和操作,也将是我们重点研习的方面。

4. 负责监督生产过程:追求善始善终。职业编辑人员的工作内容涉及诸多方面,一名成熟的职业编辑不只需要具有专业化的水平与素养(以完成如上的选题、审稿、加工的工作),还应该具备一定的组织管理才能,去为每部文本的生产过程提供帮助、协调、监督的职责,以使此产品得以顺利诞生。编辑人员所关注、监督并予协调的生产过程,既包括了决定文本内容质量的审读、修改、校对环节,也包括了文本展现形式的版式、设计、排版、装订,还包括定价、印制等生产环节以及随后的销售工作。

5. 协助发行人员销售:使出版物的经济效益最大化。虽然在每一处编

---

① 在我国现行的编辑出版业流程中,对于审读环节的设定是"三审责任制度",即初审、复审、终审,也称一审、二审、三审。每个审读环节由不同的人员执行着不同的审查任务,但最终将形成对于文本内容质量的把关,以使出版机构对此文本的取舍具有专业决策的依据。详见国家新闻出版署:《图书质量保障体系》(第8号令)第二章"编辑出版责任机制",1997年6月26日发布。

辑出版机构中均有从事文本产品的销售部门（发行部）和销售人员（业界称"发行员"），但作为职业化的编辑，协助发行人员营销乃至直接销售文本产品，已成为编辑出版行业的共识。这种做法的益处十分明显并被出版业界所普遍赞赏：一方面，让最为了解出版物中各类资讯的编辑人员参与营销，能使文本产品的专业特点、优长之处得以顺畅地传达向市场终端，编辑人员甚至能够和潜在的消费者（受众）产生最佳的专业互动，以提高该文本产品的市场接受度直至提高其销售业绩；另一方面，直接介入销售环节的编辑人员，也将从市场中获取更多更为直接有效的相应产品的需求信息、各色特点，从而为之后优化和改进自己的选题与出版物质量奠定基础。

由以上的陈述做出简要概括，职业编辑人员所从事的工作按照编辑出版业界的生产流程，包括了选题、审读、编辑加工、协助校对、协调并监督生产、参与市场营销等多个方面。可以说，职业化编辑人员的工作很好地体现了"一专多能"、复合人才的标准。

## 二、职业化编辑行为的特点

从以上对于职业编辑人员工作内容的简要梳理可以发现，无论何种专业的职业化编辑工作，他们的职业行为都有着一些相似的特点，即职业性和专业性的体现、个体劳动与系统性集体协作的体现等等。作为音乐专业的编辑人员，其职业行为则融入了更多本专业的特色，对其进行归纳应该不外乎如下几个方面的行为特点：

第一，音乐编辑行为是音乐专业化水准的凝聚与具体体现，代表了编辑与其所在机构的专业化程度和社会文化责任。作为文化成果的集中呈现，每一部文本成果都具有其相应的专业属性，这不只是在音乐领域，任何专业的编辑出版界均应该如此。同时，作为服务大众的文化媒体的执业者，编辑行为又不可避免地承担社会文化传承与发展的责任。在音乐艺术的编辑领域，音乐专业的技术性要求、艺术表达的独特方式、音响符号的专门应用、学科概念的自身意涵，都要求身处其中的编辑人员应具有专业化的系统学习经历；即便个别编辑人员属于非音乐专业的"科班"出身，也往往需要他具有相当程度的音乐艺术积累和品赏的能力。不然，面对音乐领域各个方向的"文本"内容，编辑者是无法有效地从事相应的职业化工作的。可以说，具备音乐家的修为是音乐编辑人员首要的职业要求和行为特点。

第二，音乐编辑同样体现了其行为成果的间接性和隐匿性。对于以编辑工作为主业的人士，如上文所述的多项工作内容将是繁重而又要求巨细的，很难再有闲暇时间进行自己系统的专业写作或表演；编辑人员常常以幕后英雄的面目默默地为他人的作品和成果的推广而终日劳碌，并以成就他人"文本"的完美面世作为自己的执业荣誉。这种职业行为的间接性和最终成果的隐匿特征，使得编辑行为犹如讲台上奉献的教师——"点燃自己，照亮他人"。因此，编辑职业在文化界被视为隐在"幕后"为作者、读者而辛勤工作的"裁缝"，也即被称作"为他人做嫁衣裳"之人。

第三，音乐编辑行为体现了更为显著的个体劳动与集体协作的从业性质。恰如编辑人员工作的诸项内容所提及，由寻找选题、审查内容直至协助发行人员完成产品销售，音乐编辑人员的行为内容涵盖了音乐主业、编辑业务、版式设计、印务版权、市场动态、成本核算等等方面，所外显的虽为个人的辛勤劳作，但于文本生成的过程中贯穿着的却是出版业以编辑为中心的全领域的集体协作。对音乐编辑人员和其就职的媒体机构来说，音乐艺术的独特专业化要求以及出版物经常外附的乐谱、音响介质，对于编辑的个体专业性凸显与其他更多业务部门的协作，就显得尤为必要。这些也成为音乐编辑人员既要以自我为中心，又需要有多方协作的联动职业特点的有力显现。

通过对音乐编辑人员行业工作略作的归纳，即不外以上三种显要的职业行为特点。但是，若要保证这种职业行为的完美发挥和有效实施，是需要编辑人员具备良好的职业素养予以保障的。

## 第二节　音乐编辑行为需要具备的素养

基于以上对于职业化音乐编辑工作内容和行为特点的概括，我们可以对职业音乐编辑应当具备的自身素养建立起初步的认识——以成熟的编辑人员所能胜任的工作视之，音乐编辑应该具备诸多的职业素养，简而要之则包含了如下的职业能力与素养:[①]

首先，音乐编辑人员应当具备音乐家的专业化素养。音乐编辑人员面对的选题、审读、加工等各环节工作的直接对象就是音乐专业的各类型文本，这些文本无论涉及音乐创作、表演、管理、理论研究的任何一个方向，其内容都具有一定专业程度和系统化理论的呈现，欲对其专业程度和理论话语做出合适的评判并致以规范化修正，就必须要求编辑者能够解读文本，并且达到认识其表、谙熟其理、通晓实质的程度。这样一系列编辑行为的介入，势必要求编辑自身具备相当程度的音乐专业的能力和素养，方能够胜任这种多重的角色定位。

其次，职业音乐编辑接触到的文本形态无外文论、书谱，也会涉及音像文本，其中除却一定量的乐谱文本，相当多的内容属于音乐学、作曲技术理论领域。音乐理论、音乐学术的交叉学科性质，决定了这些内容均将涉及大量的文学、历史、哲学以及自然科学领域的知识，势必要求音乐编辑具备尽可能过硬的文化功底，以保证对音乐理论及学术内涵、作品结构机理的理

---

[①]　对于编辑行为应该具备的能力与素养，乃编辑学领域需要探讨的基本问题。对此，编辑出版界有过诸般阐述。比如：叶再生提出的对于编辑人员的"七条特殊要求"，即具有广博的知识，要立场坚定、掌握政策，有专业知识、精于自己的专业，要有比较高的中文修养，有很强的社会活动能力和组织能力，懂外文、外语，熟悉出版印刷业务、了解和关心销售工作；吴飞将编辑主体以知识结构、能力结构、思维与意识、法律素质四个部分做了更为完整、深入的阐述。详见叶再生：《编辑出版学概论》，武汉：湖北人民出版社1988年版，第212—216页；吴飞：《编辑学理论研究》，杭州：浙江大学出版社2001年版，第111—212页。

解、辨识与修正的能力。而这种能力的建立与提升，就是要加强音乐学术修养，即在音乐技术理论建构和文、史、哲等人文社会学科领域的学养培育。

再次，作为一种学术与技术含量很高的独立的文化职业，音乐编辑工作需要具备编辑出版领域的业务知识和技能素养。编辑出版业是有着许多自身独特的学问与技术保障的社会职业，从业者只有具备熟练的业务知识与技能，方能够顺利且保质地开展行业内的各项工作。在目前国内尚缺乏直接培养音乐编辑人才的教育背景下，成熟音乐编辑人员的出版业基础知识与操作技能的养成，就是一项必须而又十分艰难的职业素养，往往需要在编辑出版机构经过数年的磨砺方可达到成熟的职业境界。

另外，作为复合型的技术人才，职业音乐编辑还应该具有政策水平、市场意识、成本观念及经济核算的本领。只有具备了如上的各式素养，方能够保证音乐出版行为作为文化产业两个效益（社会效益、经济效益）的兼顾乃至获取双丰收。

## 第三节　音乐文本的类型界定

音乐艺术的声音表达特质，舞台演绎时的现场动态表达特质，加上音乐理论与学术的字符文本表达，就奠定了音乐领域文本类型的多样化样态，但面对本课题的视觉化符号文本研究的命题，此处的"音乐文本"所指多为现代平面媒体下的音乐出版行业。以当今的音乐出版业状况而言，音乐文本类型有着边界较为明晰的形态界定。依照不同的出版形式、符号样态以及专业内容的区分，音乐文本的类型有着不同的界定方式。

### 一、按照出版形式的界定

当今的出版业因着技术的进步和传播介质的革命，正处于行业发展的转型期——由传统的纸介媒体为主导的出版物向着虚拟网络为主导呈现的数字化出版业态的演进。在这种实体出版与虚拟数字化出版相交织的时代，音乐文本的类型可以划分为：

书谱形态。书谱的文本形态类同于普通出版业的图书形态，但由于音乐图书出版中相当数量的出版物为乐谱符号形态，此情形与普通的以文字符号为主体而呈现的出版物有着很大的区别，这也是音乐出版业的专业特色体现。因此，按照音乐领域出版物的实际形式与自身特色，音乐图书构成中的图书+乐谱的"书谱形态"之称更为切合音乐出版业的实际；书谱形态也成为音乐文本类型中十分常见且多见的一类形式，是我们在探讨音乐文本编辑与出版问题时所参考的比例最大的文本类型之一。

报刊形态。报纸与期刊本为两类出版形式，其出版方式、文本类型、机构运作均存在一定的差别。但是，报纸与期刊二者又存在着十分"关键"的相似之处，即定期以一致化的编辑出版理念使用相同的媒体名称做系列化的出版工作。同时，由于音乐出版领域报纸文本呈现较多"期刊化"特色——出版周期的间隔较长、栏目设置中直接服务于即时新闻的版面比例偏少等原因，使其作为重在新闻报道的报纸的成分弱化，更多倾向于期刊文本的类型。① 还有一条不容忽视的原因，今日音乐报纸的数量与影响力已经很难将之归为独立的与其他文本类型并列的一类文本。因此，在音乐领域可以将报纸、期刊形态归并为一类对待。

多媒体形态。以计算机和网络技术为依托，将文字、乐谱、音响、图片、视频、动画等形式融合于一体，用光盘或者虚拟网络作为传播介质，使其能够与受众做互动交流的文本形态，可称之为"多媒体形态"。由于对音乐艺术修习的听觉、视觉需求，现代多媒体形态的出版文本比较适于音乐艺术的传播，因此这种文本形态在音乐领域具有一定的出版量和接受

---

① 以音乐界具有代表性的《音乐周报》为例。该报以"周报"为出版周期，已使得即时性的新闻效力弱化；从其版面、栏目的分配和设置来看，每期除了第一版设为"新闻"版，其他七个版面分别安排了"争鸣""关注""赏析""创作""环球""教育""演艺""乐器""传奇""合唱"等栏目，虽有新闻报道的因素存在，但办报宗旨更多倾向于评论、欣赏和文化服务的期刊职能。

度。多媒体形态的音乐文本，也成为编辑过程中需要融入较多技术因素和体现综合能力的一类文本形态。

网络形态。在 21 世纪初得以迅速发展的网络传播技术，已然成为当今各行各业重要的传播与交流平台，基于此平台扩展其交流面的其他媒体形式也不断增加（亦可称"互联网＋"）。但此处所说的文本"网络形态"，并非指以既有文献做数字化处理之后而形成的资料数据库文本，乃是指较为纯粹地以网站、数字化出版为传播的原创性的文本形式。网络形态文本除了存储、传播、交互技术之外，对其文本内容、格式的编辑加工与其他平面媒体并无二致。

## 二、按照符号样态的界定

作为声音的艺术，将音乐声响作视觉符号化记录的是各式乐谱；作为社会文化的组成部分，将音乐文化予以符号化呈现的是文字或者文字与乐谱的结合。

音乐艺术与音乐文化的这种符号呈现的形式，反映在出版业的文本类型之中，可以做出如下的形态类分：

乐谱文本。在音乐出版中，对于乐谱的编辑出版始终是一项基本的从业内容。人类对于音乐声响的记录虽然在拥有了录音设备之后使得音乐的复现更为真切，但乐谱符号以书面记录的原初保真性、交流传播的直观便捷，始终是其他媒体形式无法替代的。乐谱文本依照记谱符号体系的不同，又可分为若干种不同的谱式文本：线谱文本[①]、简谱文本，以及传统记谱方法的文本形式。

字符文本。如何"写音乐"虽然是音乐学术界探讨的话题，但以文字

---

① 此处没有详称为"五线谱文本"，是因为在以线、间相结合来记录音高音响的谱式中，尚存在诸如吉他的六线谱、尤克里里的四线谱以及其他的线谱形式。故而，此处以谱式总体形态而简化命名为"线谱文本"。

符号记载音乐史事、知识信息，探讨相关的理论命题，都是音乐声响无法替代的符号形式。同时，不只音乐学术成果需要字符文本呈现，以音乐为交流、欣赏对象的普通文化内容也需要以字符方式予以记录。因此，字符文本在音乐类编辑出版行为中所占比重依然不容小觑。

混合文本。这是音乐领域较为独特的文本形态。由于音乐乐谱符号对音响记录功能的无可替代，文字符号对知识体系、理论问题呈现的必要性，加之音响、视频等形态的必要辅助作用（以光盘、二维码等形式），就使得音乐出版的文本容易呈现多符号样态并存并重的局面，而这种多样化文本形态可视之为混合文本。在当代音乐编辑出版的实践中，若欲达到更好的传播交流效果，讲求更加符合接受者需求的混合文本形式，将会变得愈益重要。

### 三、按照专业内容的界定

根据文本所载的专业内容与应用目的的不同，可以将音乐文本做出种种或粗扩或细致的界定。① 但音乐艺术的符号化呈现并结合出版物的现实情况，依照声乐、器乐和理论成果几大部分的划分，基本上应该是以专业内容做出的划分方法。

声乐作品。在我国古代音乐文献中，就曾直称"丝不如竹，竹不如

---

① 在20世纪中后期的编辑出版领域，按照出版内容曾经将音乐书谱划分为音乐理论类图书（包括国外乐书的中译本）、音乐曲谱类图书、音像制品（有声读物）三大类，每类之中再做逐级细化。比如，在理论类图书中，又分化出古代音乐文献、音乐史论/史传、音乐通论/音乐评论、音乐美学/科学理论研究、民族民间音乐理论研究、作曲理论与技法研究、音乐表演理论与技法研究（包括乐器演奏法）、作品分析/音乐欣赏、音乐教育理论研究及教材、音乐知识类通俗读物、音乐词典/图册及其他工具书、综合类等十二类；在曲谱类图书中，则分化出声乐曲谱（歌曲、大中型的声乐作品、传统与民间歌曲）、器乐曲谱（独奏曲、重奏/合奏曲、我国民族传统的与各地民间的器乐曲）两大类。详见黎章民：《各门类的音乐图书》，载人民音乐出版社总编辑室编《音乐编辑手册》，北京：人民音乐出版社1994年版，第48—59页。

肉，以其近之也"①。声乐从民歌形态到创作作品、从小曲到大型作品、从独唱到多声部合唱，向来为各界民众所欢迎。因此，在音乐出版物中，声乐作品类的出版物数量和种类一直居高不下。

器乐作品。以乐器演奏代为抒发心声，历来为音乐艺术的重要表现手段。由于乐器的种类繁多（中外民族莫不如此），加之对于乐器演奏的修习不断被赋予了种种艺术之外的"功利"色彩，② 更使得器乐作品的出版物备受关注；近代以来，在西乐东渐之后艺术音乐的发展中，大型的乐队作品往往被视为社会文明程度发达的体现形式。凡此种种，使得各个类型的器乐作品的出版物种类与数量繁多，其中透显的文本编校问题也最为突出。

理论成果。处于艺术与学术交叉地带的音乐理论领域，其文本成果既体现了音乐艺术领域理性思维的总结，又体现了服务社会的必要手段——通过文字符号呈现音乐与音乐理论成果。由于音乐艺术的丰富多样，其理论成果的文本表现形式与手段也甚为多样化，书著、论文、报告、乐（书）评、综述等等，均为理论成果的体现形式。

以上根据不同的分类视角对音乐文本做出了简括的分类，使得我们在认识纷繁多样的出版物时易于辨识与借用。当然，根据其他的观察角度同样还可以有切合他种需求的分类方法。比如，以传播介质进行的分类、以文本社会属性进行的分类等，均可以起到相应的认识作用。

---

① 〔元〕燕南芝庵：《唱论》，载修海林编《中国古代音乐史料集》，西安：世界图书出版西安公司 2000 年版，第 460 页。

② 从中国古代文人"四艺"之说的琴、棋、书、画对于琴艺的修习，到现代社会的乐器考级甚至演奏乐器有益于开发智力等等宣传，都使得器乐艺术的社会功利化色彩更为浓厚。

第二章

# 标题的设定及数字序码问题

无论在日常的学习、写作还是具体的编辑实践中，大家首先所遇到的问题，往往就是各类书稿文论或者作品的标题设定。当然，论及此话题，我们也不能将关注的目光仅仅局限于作品的主要标题（一级标题），还应包含作品中其他各个段落或次级结构所使用的次级标题，即各级小标题（分支标题）的相关问题。由此，关于次级标题的命名乃至其序码的使用，再延伸到各类数字形式在文论写作中使用的常见问题，自然也会相伴随而出现。① 由于音乐作品的标题命名与音乐文论（含书稿）的标题设置存在较大差异，本著之中的研究虽然重在书稿文论存在的相关问题，对于音乐作品在标题设定之时常见的问题也将做出简略讨论。

## 第一节　文论标题及其设定②

对于一篇文论（甚或书稿）来讲，标题是其中最为重要的"关键词"，堪称"文眼"。读者（受众）在面对文论文本之时，透过标题不只可以了

---

① 数字在文本中起到的主要功能，概括起来就是两项：计量功能和编号功能。参见教育部语言文字信息管理司组编：《〈出版物上数字用法〉解读》，北京：语文出版社2012年版，第3页。

② 作为科研课题的先期成果，本节及第三节"文论标题序码的选择与使用"的主体内容，曾以《音乐文论标题及序码应用之相关问题》为题，刊发于《南京艺术学院学报》（音乐与表演版）2018年第2期，第1—8页。

解整篇文论的撰写主旨，还可以大致了解到文论书写者的文化素养、学术态度及行文风格；再进一步讲，精细的读者还将以标题的设定来评判所刊载文论的媒体及媒体编辑人员的文化素养、业务水准及从业态度。因此，对于文论标题的命名问题，看似"小题"，实则是文论的书写者、指导者、编辑者在学习、工作乃至今后伴随写作与编辑活动时始终都需要充分重视的大问题。

有关文论的标题以及命名，以文本编辑者的视野来看，可以将其分为如下的分支问题来做阐述。

### 一、主要标题的设立

从内容的重要性和形式的显要度上来说，文论的主要标题（一级标题）无疑是整篇文论（假如为书稿时则延至整部书稿）最为重要的一段文字。对于这段文字需要展示什么、表达什么、怎样展示并予表达呢？不同的书写者会有不同的题名设置思路，但若将之归纳起来无非包含这么几点：

1. 交代文论主要写作对象，对其写作范畴做出限定。这是文论主要标题必须承担的职责。专业写作不同于文学化的创作，它的题名于简洁之中还需要明确文论所欲针对的对象和拟辐射的观照范围，以使读者阅读题名即知题义，而不能出现观题之后仍迷惑不解其义甚或发生误解。这是作为专业文论命题的客观、质朴特性的一种直接反映。

例如，《音腔论》的标题命名十分简洁，却将文论的主要研究对象及其范畴交代无遗——中国汉族传统音乐中音响形态的生成、特性、体系等诸般问题的深入探讨——"音腔"的组词方式与汉语表达格式即已具备了显著的"身份"标志，因此无须对其做出更多时空范畴的限定，读者同样能够轻松地理解题义。而《跨界族群音乐研究作为当代史及中国音乐文化史的释义性解读——以云南与周边跨界族群音乐文化比较为实例》的标题命名，可谓事无巨细，将研究对象、观照路径、运用案例做出了细致的描述，其题名虽然表达明确但总体效果未必优于命题简洁的《音腔论》式的文论标题。

2. 对于所思考问题或开展研究的方式、方法做出简要交代。专业文论的文体表现往往属于探究式的、思考式的，这种具有研究性质的文论在主要标题的叙述上就要以具体的词汇展示出来，诸如"研究""探讨""分析""辩驳""综述""评述""考察""调查""论""议""辩""考""谈""说"等等，莫不具有开展研究与思考的动词属性的表达。作为专业文论，对上列词汇的添加与使用情况，就能够展露该文论意图采用的主要研究思路及撰述方式。比如，面对"中国当代歌剧音乐创作技法"这一研究对象及其范畴，对它配以不同动词属性的词汇，便使该项研究文本的体裁风格、学术价值呈现极大的差异性：

a. 中国当代歌剧音乐创作技法浅说

b. 中国当代歌剧音乐创作技法探赜

c. 中国当代歌剧音乐创作技法研究

"浅说""探赜""研究"三词的择用，使得同样对象与范畴的文本将成为普及型知识文章、单篇学术论文、大型科研课题三种文本类型的标题样态。

3. 对于文论的行文风格做出初步展示。文论"风格"的体现，往往是通过字里行间的描述、字词以及标点的择用、交代材料的方式等自然而然地体现出来的。作为文论的"文眼"，其主要标题甫一"亮相"，即可以将整个文论所欲采用或展示的行文风格给予初步呈现：是文辞简练具有文言之风，还是辞藻俊美颇具现代散文的风格，抑或铺排严谨而充满了思辨的气息。

例如，《笛考》题名的使用，其相随的文论势必以中国音乐史学的严谨论证作为主要手段，理据充分、措辞细腻、行文简洁应该成为它的主体风格。《关于中国音乐文化史定位的思考》以白话平铺的方式命题，必将围绕"中国音乐文化史"这一概念做富有逻辑性的层层递进式的思辨性阐述。《一辈子做一件事，一件事做一辈子——〈西安鼓乐全书〉述评》，主标题利用生活化语言的巧妙转换与组合，先声夺人式地将文论作者开阔、豁达的视野与胸怀显露无遗，其围绕《西安鼓乐全书》及其责任者李石根的"尽善尽美"式的散文化抒发，也将成为此文论势必显现的风格。

以上所述三方面的功用要以简洁的一段文字来予以精干地呈现，是具有一定难度的，它需要书写者在熟悉自己的写作对象之余，认真而严谨地把握其中各项相关联的内容并精准地提炼自己的语言；而这种"炼题"的本领也绝非朝夕之役可以练就，它是需要在书写者多阅读、多分析、多体悟之后，方可得以提升的一种素养、一种能力。

以文论主标题的表达形式来说，所呈现出来的表达格式其实并不复杂。假使以粗线条来做划分，文论主要标题大致可以分为两大类：只有主标题的题名格式；以主、副标题兼具而构成的题名格式。

在此两类的标题格式中，外在的形态有差别，所显露的阅读效果也是有所不同的。但是，最终它们都须要很好地展现全篇文论应该彰显的写作对象、写作方法及文论风格。其中，只有主标题的格式因没有语言表达的更多的回转余地，必须直接切题并做到言简意赅，以径达题义核心。对于具有专业性的文论尤其是具有探究意味的科研型文论来说，通过二字至二十字左右的主标题题名，已经能够很好地表达文论所欲传达的"文本"主旨、风格和撰写方法，甚或对文论写作的篇幅、运用的主要手段都可由此而窥出一二。至于这类主标题命题时的字节数目及措辞要求，其实在《科学技术报告、学位论文和学术论文的编写格式》中有着明确的约定："题名一般不宜超过20字"；"所用每一词语必须考虑到有助于选定关键词和编制题录、索引等二次文献可以提供检索的特定实用信息"；"应该避免使用不常见的缩略词、首字母缩写字、字符、代号和公式等"。① 这是面向科研型文论的国家标准在针对主标题题名设置时的明确限定,其中谈及的题名用字量虽然只有最高"限定",但结合以上对于专业领域科研型文论题名应包含的三个方面的功用来讲,其题名的下限是不可能低于两个字符的。由此,音乐类科研型文论的主标题题名形态,就常常呈现诸如《说埙》《篪考》《笛篪辨》《乐歌考源》《江苏十番锣鼓的节奏分析》《音乐批评的现代制度发育过程及相关反思》《中国扬琴艺术发展五十年综论》等表达方式。虽然它们采用的字节数目不一、表达风格不一,但均以简洁而清晰的措辞使得整篇文论的内涵可以被轻松地"望题"而"明义"。

以主、副标题兼具而构成的标题格式,组合的类型不一,它们虽然在形式上有着相似的面貌,但其真正的表达理路则可谓丰富而多样。② 在此,我们仅根据主标题和副标题不同的表现方式、组合形态,将它们简单区分为两种主要的标题类型:

1. 若主标题为形象性、文学化的表达方式,它只是展示了一种情景或意境,尚无做出明确的专业点题,则副标题必须以明确的语言来框定题旨,并在和主标题形成意境呼应的同时,完成文论写作的专业"点题"任务。例如,《古韵新风——浅析民族交响合唱组曲〈诗经五首〉》《中西调和 相得益彰——陆华柏配〈刘天华二胡曲集〉研究》《简约而不简单——阿勒泰地区双声管乐器冒顿潮尔钩索》等带有副标题的题名格式。在这些题名之中,主标题"古韵新风""中西调和 相得益彰""简约而不简单",均展示了一种文化场景、一种隐约可见的状态,并未做出明确的专业化

---

① 全国文献工作标准化技术委员会起草:《科学技术报告、学位论文和学术论文的编写格式》(GB 7713-87)"题名"项,1987 年 5 月 5 日发布。

② 在一些关于文论写作方面的著述中,对主、副标题的关系与作用,对各类标题的样式、功能、拟定原则、要求、技巧等,都有着较为详细的阐述和分析。可参见:邹光椿《正副标题的关系及其作用》,《当代修辞学》1988 年第 1 期,第 12、31 页;莫家泉《正副标题关系种种》,《语文知识》1999 年第 12 期,第 42—43 页;居其宏、冯效刚《音乐学文论写作》第八章"各级标题的拟定",南京大学出版社 2007 年版,第 266—285 页。

"点题"。对于这种初做意境化展示的主标题，是可以与之匹配出诸多相关联的文论题名的，这就必须依靠副标题具体而明确化的内容陈述来完成整个标题的"命题"使命。

2. 主标题的专业表述比较宏观或仅述及了文论拟表达的主要方面，须配以副标题做出具体说明或做出进一步的延伸及补充。对于专业写作来讲，文论更多承担着科研成果发布或知识传授的职能，因此主标题虽已涉及专业问题，但不能呈现抽象或者模糊、多解之态，而必须要使其更加明确题义和写作思路。例如一些具有这类副标题的标题格式所示：《西安鼓乐谱与日本雅乐谱之比较——兼谈西安鼓乐谱的源流》《探索对布里顿研究的新路向——两部歌剧中"性取向"问题的国际研究现状及方法》《多元语境下音乐评论的客观性——为中国音乐评论学会第三届年会而作》等。这样几条标题的设置方法，其主标题都已经做出了对文论主要写作题义的较为具体的交代，随后书写的副标题使得整个标题看似冗长甚至有多余之嫌，但又是甚为必要的表达——对于专业写作来讲，不能越出标题的厘定范围而发生"偏题""跑题"（第 1 例副标题"兼谈"的作用），也不能脱离具体对象而只做宏观理论的阐述（如第 2、3 例副标题对具体事项的指定）。由此，副标题适时而恰当的扩展、补充就显得尤为及时而且必要了。

题名之中配以副标题的格式，乃因近现代文论书写体式愈以复杂、题名表达愈加多样化而出现的题名结构。对此不同标题结构的使用，每位书写者可以根据个人的喜好、文论写作对象的情况以及先期拟就的文论风格而灵活设置，并无定式定规。对于编辑者和阅读者来讲，一些以主、副标题兼具而呈现的标题形式，尤其是以文学化展示主标题的主、副标题形式，其实在节略了既有的主标题之后，仅保留其原有的副标题作为唯一标题（主标题），依然无损文体意义的表达，这其中体现出的差别，更多的是写作者的情怀和个人书写意图的展露。比如前面提及第一类配有副标题的类型时所列举的案例，若设定以《浅析民族交响合唱组曲〈诗经五首〉》

《陆华柏配〈刘天华二胡曲集〉研究》和《阿勒泰地区双声管乐器冒顿潮尔钩索》为题名，同样可以成为表述准确的文论标题。

## 二、对主要标题命题状况的检视

音乐文论主要标题（一级标题）的类别和设定情况即如以上所述，写作者似乎依此思路而行事即可。但若以编辑者视野持续观察，即可发现音乐文论现行主要标题的命名中存在着一定的倾向性问题，值得学术界、教育界同仁关注。下面将通过横向、纵向两种对比方法，对音乐领域学术化文论标题的命题情况做一粗线条的统计分析。①

### （一）与其他兄弟学科的横向对比

同为中文学术领域的其他人文学科的书写者，他们在文论标题运用方面情况如何？他们对于题名的命题有何特点可值得借鉴？我们选择现时具有一定代表性的综合大学文科学报、文史哲领域的专门期刊作为观察对象，各抽取其两家期刊中同一期号所载的篇目样例作为观察对象，以窥察其题名情状（见表 2-1）。②

---

① 这种对比、统计的方法，受到刘再生《导向作用与实践检验——"编者按"作为音乐批评之存在方式》（《音乐研究》2009 年第 3 期）和蔡际洲教授在学术研讨会上相关发言的启示。刘再生先生在上述文章中以不同历史时期（纵向观察）音乐媒体"编者按"为观察音乐批评存在方式之对象，蔡际洲教授在 2017 年 11 月 4 日于武汉音乐学院举办的纪念《黄钟》创刊 30 周年暨第九届音乐学术期刊研讨会上，将音乐文论标题与文史哲学科标题进行了对比（横向观察），二者纵横有序的研究思路对笔者具有启发意义。

② 为了尽可能使得统计数据具有典型价值，在选择音乐学刊、综合大学学报和其他学刊之时，均以不同单位所主办的被收录 CSSCI 刊群的期刊为例；同时，选择年度之中的刊期（2017 年第 2 期），以尽力避开年初、年终刊容易登载的"应景"式文论的干扰。

表2-1 几类文科学刊的标题应用情况（均以2017年第2期为例）

| 刊　名 | 总篇数 | 具有副标题篇数 | 题名20字以上篇数 | 平均字数/篇 |
|---|---|---|---|---|
| 中央音乐学院学报<br>音乐艺术 | 28 | 15 | 15 | 21.25 |
| 北京大学学报（哲社版）<br>复旦学报（社科版） | 38 | 9 | 11 | 16.95 |
| 民族文学研究<br>文学评论 | 44 | 19 | 19 | 19.91 |
| 历史研究<br>中国史研究 | 30 | 6 | 6 | 16.03 |
| 哲学研究<br>中国哲学史 | 34 | 16 | 9 | 16.68 |

在表2-1所列出的"标题应用情况"统计源中，我们选取了五个领域的十家期刊，对它们于2017年第2期所刊发文论的主要标题题名予以字节的统计、对比。在统计过程中，对每一领域使用主副标题结构的标题、单篇文论超长标题（含副标题）的比例、每个标题的平均字数（并无统计其所用标点符号）等做了记录，结果发现音乐文论标题题名的各项指数均为最高值。其中，论文标题中配以副标题的篇目比率为53.6%，高出历史学科20%配副题比率的近两倍；单篇文论标题超长（达到20个汉字及以上者）的比率，也是相同的数据对比情况；在统计的音乐文论标题中，甚至出现单个标题题名达到43个字符的幅度（尚不包含标点符号所占字格）。

这种随机式的与较为近缘兄弟学科的横向对比，虽然可以被视为"个案"，但仍然值得引起音乐学科从学从业人群对此专题问题的关注和思考。

（二）本学科之内的历史纵向观察

对音乐领域内的专门著述来说，上古时期的《诗经》《乐记》，中古时期的《琴操》《声无哀乐论》《乐书要录》《羯鼓录》，近古时期的《乐书》《唱论》《律学新说》……专论专篇的文著标题题名基本保持在2—4个字符之间，达到 5 个字符的标题已属"超长"（如嵇康的《声无哀乐论》）——古人著写文论时对标题的使用，不可谓不简洁，甚至达到用字"吝啬"的地步。

进入到 20 世纪，西学东渐，新学兴起且兴盛，经历了条分缕析后的近现代音乐学术领域，文论标题的应用呈现怎样的历史变迁呢？我们尝试选取 20 世纪上半叶、中华人民共和国成立初期、改革开放之后的 80 年代中期以及 21 世纪之后，大约四个历史阶段的音乐科研型专业文论的标题题名，做一抽样统计分析（见表 2-2）：

表 2-2 音乐文论标题情况的纵向对比

| 年代及刊期 | 刊 名 | 总篇数 | 具副标题篇数 | 题名20字以上篇数 | 平均字数/篇 |
|---|---|---|---|---|---|
| 1930 年 1 卷 3 号 | 乐 艺 | 15 | 无 | 1 | 8.27 |
| 1947 年第 2、3 期 | 礼乐半月刊 | 8 | 无 | 无 | 7.13 |
| 1960 年第 2、3 期 | 音乐研究 | 26 | 1 | 1 | 11.85 |
| 1985 年第 2、3 期 | 音乐研究 | 24 | 2 | 2 | 12.21 |
| 2015 年第 2、3 期 | 音乐研究 | 24 | 7 | 7 | 17.21 |

在表 2-2 中，我们尝试在每一个历史时期选择两期杂志①，均刻意避开年初、年终刊（仍为防止"应景"式文论的干扰），期望所采集的信息更能反映音乐学界文论标题命题的真实情况。由所列出表格中的统计数据看，近百年来中国音乐学术化文论在标题应用方面可以划分出三个阶段：（1）20 世纪上半叶，基本以单一的主标题为应用格式，标题所用字符数控制在 10 个字节以内，表达甚为简洁；（2）20 世纪下半叶，标题应用仍以单一的主标题格式为主，开始出现主、副标题结构的应用，单题字符数量

---

① 鉴于 20 世纪上半叶音乐理论类期刊篇幅篇目量小的缘故，为使每一历史时期所选篇目数大体平衡，在所择取的 20 世纪 30、40 年代两刊中增加《礼乐半月刊》一期的篇目（共两刊三期）。

（均含主、副标题）平均在 12 个字节左右；（3）进入 21 世纪，学术文论标题的命名呈现多样化、超长化趋势，单题字符数量（含主、副标题）达到 20 个字节左右。①

由纵横两个维度的选样统计与简要分析，不难发现 21 世纪之后的音乐界专业文论的主要标题（一级标题）样态呈现快速变型：（1）单项标题的字符数目增多；（2）添加副标题的篇目比例陡增。这两个方面数字的增长，并非只是简单化的数据之变，应该辩证而严肃地剖析个中内因：一方面，必须看到的是现代学术的快速进步，使得学科细化、课题研究愈加微观而深入，也使各类概念的范畴限定、语言表达愈加规范，从而使得文论标题不得不详加阐明、谨慎表述，从而加长了标题题名的表达字数；另一方面来讲，从与其他兄弟学科同时期文论标题的对比中，也不能否认音乐领域近年来存在着不讲求文本内在品质、不注重精简炼题、书写能力偏于薄弱的现实。这一现象也已经引起学界注重文本质量建设学者的重视，蔡际洲教授在论及文本标题近年来的演变时，就认为论文标题有"越来越长的发展趋势"。他还选取了一例典型的个案作为例证：

音乐美学的哲学性质、人类学事实与艺术学前提以及音乐本质力量的先在性
——由 2011 第九届全国音乐美学学术研讨会议题引发的三个讨论与进一步问题

对这种长达 66 字（含主、副标题字数）的标题设定，蔡教授提出了友善的批评："作者拟定论文标题固然有其表达的'自由'，但学术上没

---

① 不得不提及的是，作为《音乐研究》杂志自 2000 年至 2018 年间的执行办刊人，本书著者始终主张应该简洁命题与行文，对杂志作者文论标题进行精简已成为编辑工作的常态。因此，表 2-2 所反映的该刊 2015 年的标题数字指标略低于表 2-1 中的同行同时期学刊，应该就与此般情况有关联。

有绝对而不受约束的自由。如果不考虑'最简明'的要求，企图把文章的主旨和基本内容都放在标题中——使标题具有摘要、序言的功能，那么，标题存在的价值、意义又是什么？此外，如果把标题及其表达方式作为追求目标，更与学术创新、学术表达的基本宗旨相悖。"① 这种站在学术良性发展美好愿景下的善意批评，值得每一位从事写作和编辑职业的人士深思。

## 三、次级标题的设定

处于文论的主要标题（一级标题）之下，一般在文论、著述的正文之中所出现的各个小标题，按照它们所处的位置和级次，往往也被称为"二级标题""三级标题"……以下顺序推之。

对于文论中普遍存在的次级标题的问题，虽未达到像主要标题（一级标题）那样的显要程度，② 但作为在文论（或书稿）中具有局部统领作用并往往以较为醒目方式呈现的文字，对它们的准确表达和规范使用也丝毫不能懈怠。自 20 世纪 80 年代后期以来，学界人士开始对于科研行为、科研方法的规范化及引用标注问题予以重视，③ 大家的聚焦点往往体现在由论题直接呈示的主要标题以及引文标注等方面，对于次级标题中所存在的形形色色的问题尚未引起足够的重视。结合次级标题现时存在的常见问

---

① 其实，蔡际洲教授尚未将标题中的顿号、破折号等标点符号所占用字格统计进来，标题中的年度数字（2011）之后也缺失了标明单位的用词（年），假如将这两项补充统计，此例标题的用字数目将会更多。参见蔡际洲：《近年来音乐学术期刊编校问题举隅》，《黄钟》2018 年第 3 期，第 128 页。

② 对此，也有因主要标题更为醒目，并需要呈现于目录页、检索项中，其问题更容易引起受众的关注罢了。

③ 自 1988 年杨沐先生对于音乐学研究中存在的方法、引文、注释问题发表专文之后（杨沐《我国音乐学学术文论写作中的几个问题》，载《音乐研究》1988 年第 4 期），学术界对此问题的阐述和批评、建言屡现媒体。详见蔡际洲主编：《音乐学学术规范读本》（文集），北京：中央音乐学院出版社 2007 年版。

题，在此提出两点建言以引起大家对这类既属学术问题又兼具写作技术问题的更多思考：

其一，对于篇幅比较长大的学术型文论，是否应该提倡设定相应的次级标题？对于篇幅长大的文论，尤其是理论探讨式的学术文论，增加的不只是字符、谱例、图表，往往意味着扩充了写作对象的题域、更加深入地进入了所探讨问题的内层、论述的材料更加丰富等，同样地也就意味着文论层次结构的更加细化和复杂、表达方式也愈加严谨缜密。而部分的写作者也正是由于如上的缘由，在文论书写时以不着任何次级标题的方式贯通全文，意欲展示思路的通达和行文的流畅。对于此类做法与成文思路，我们认为值得商榷：对学术性专业化文本的阅读，其艰难程度不亚于炎炎夏日于沙漠戈壁的旅行——艰困异常；而在长篇文论中适时添加各个次级标题，则犹如漫漫征途中的座座凉亭、片片绿荫，它对于旅行者平安、顺利、愉悦地抵达终点是甚为有利的；阅读长篇、理性、严谨的专业化学术文论，在文中能够适逢恰当的小标题以作"小结"，对读者来说其效果与上述旅行中的凉亭、绿荫的功效何不相同呢？因此，对于这类文本情状，从文论形式的条理化和明晰表达且便于受众的阅读、理解而言，应该提倡增设适当级次的局部小标题。对于这个问题，从写作技术角度来讲，无论所创写的文本如何主题单一而集中，以万言之上的长大文论来谋篇，总要以各色的论据、不同的论述层次、多重的研究方法予以推进，这些"不同"而"多样"写作手段的临界之处，其实就是划分结构、施以次级标题的最佳"地点"。

其二，次级标题的添加与设定是根据文论的具体情况而言的，并非生硬地对待或者应付了事。在由教育部所属相关机构组织编写并颁订的《中国高等学校社会科学学报编排规范》中，曾提倡学术文论对标题级次的使用不超过五级的建议。① 对于这样的建言，虽有其对象的限定，即高校文

---

① 中国人文社会科学学报学会学术委员会起草：《中国高等学校社会科学学报编排规范》，1999年第2次修订稿。

科学报所登载的内容，但这种类型学刊所登载的内容无疑悉数为研究型的学术文论，它们的写作格式、篇幅量基本是相似相类的，因此做出这样明确地对添加次级标题的建议是有一定道理的。其实，面对丰富的写作对象和多样的研究方法，文论的表达手段也应该是灵活而因地制宜的，即在符合文论表达常理、利于交流传播的基础上，以灵活而恰当地对待或设置次级标题，这包括是否必须设置次级标题、设置几个层级的标题、标题的嵌入位置、标题的表达方式、标题前后文字的衔接等等。至于其他各种类型的专业文论，比如乐评、书评、普及型文章，特别是篇幅更为短小的各式文论，则应该视情况而定。

### 四、各级标题设定的原则

对于各个级次标题的设定，无论是文论的书写者、指导者还是编辑者，都应该有着一致的考虑和缜密的推敲，以标题所应达到的命名要求和标识效果为命题的最高追求。从音乐文论成文的总体要求观之，对于各级标题的设定应该做出一定的宏观思考，归纳起来可以有以下几点作为标题命名的原则：

1. 用词讲求精练通达。此指标题的文字表述不宜啰唆、拖沓，应该尽力以简洁的语词来命名；又由于文论发布的目的在于追求尽可能广泛的传播与交流面，以使更多的读者能够不曲解、不误解题意所述为上乘。因此，标题题名的表达在追求简洁之余还要做到表述直接而内涵清晰明了，是为基本的要求。当然，这种命题的"精练"与文意的"通达"，不只适用于主标题、副标题，同样适用于文论中间出现的二级、三级等其他次级标题的设定。比如，前面提及的《音腔论》《笛篪辨》《乐歌考源》等，莫不以文言风格的精练词汇通达地展示自己的拟题主旨。即使一些散文化、诗意化的题名，也以简洁明要的词组、短句表达复杂的标题内容：《关于史料的收集、整理和研究》《论"杨黄学派"史学思维的基本特征》《阿甫夏洛穆夫与〈孟姜女〉命运的浮沉》《音乐学，请把目光投向他——怀念郭乃安先生》等等。

2. 表述需要朴素恰切。对于标题的行文风格，特别是学术性文论的标题应该讲求怎样的表述风格？这是需要做出探讨并予以明确的问题。鉴于专业学术文论的性质和作用，书写者所要传达的内容实为一种科研行为之下的成果，已非以文字的华美来抒发个人主观情怀的文学化创作。故而，对于这类文论的命题风格，应该追求朴实无华，避免华而不实、哗众取宠的表述；在遣词用语时，使其符合所撰述文体的表达旨趣，不矫饰造作。这样的命题风格，应该成为专业文论写作者设定标题时的追求目标，而这种选择也应在各级标题的命名上得以显现。比如，《如何在扰攘纷乱的话语空间当中从事话语事件的精纯描述——以此讨论音乐美学概念命题范畴问题》这则题名，充斥了过多装饰性的文学化词语、重复词义的表述，就使得整个标题犹如一片未加修剪的花草丛。

3. 总体追求逻辑严谨。无论在单个的标题题名内部，还是在同一文论不同标题或不同级次的标题之间，题名用语所展现的内容及标题题意是应该符合选题及文论的表达逻辑的；在纵向的各级标题及横向的相邻标题之间，标题题意的阐述与书写形态也应该是符合文论的题旨与写作构想的，从而做到表达严谨而无理论的纰漏甚至相互矛盾之处。对此问题，应该成为包括音乐文论在内的所有文论书写者的共识。比如，这样的一例章节标题组合（片段）：

第 X 章　音乐的发展手法
　　第一节　旋律发展手法
　　　　一、重复
　　　　二、叠奏
　　　　三、变奏
　　　　……

第二节　其他发展手法
　　一、总述
　　二、宫调
　　三、结构单位
　　……
第三节　"旧曲翻新曲"的发展手法
　　一、旋律变化
　　二、板腔变化
　　三、宫调变化

　　仅从列举的章节标题局部来看，章级题名"音乐的发展手法"之下划分为旋律发展、其他发展、"旧曲翻新曲"的发展，"其他发展手法"的命题应该是包括"旋律发展手法"之外的所有"手法"类型的，这种表述之外怎可再列第三节标题内容？而第一节中旋律的"变奏"与第三节"旋律变化"、第二节中"宫调"发展手法与第三节中"宫调变化"，均存在题名表述上的混淆之处。因此，同一部文论（书著）之内各个题名间的逻辑关系、题意兼顾就显得多么地重要了。

　　4. 需要体现风格统一。这一问题是在音乐领域文论写作中容易被忽视的，也是暴露问题最为普遍的一个方面。以写作阶段的命题来说，标题之间尤其是对次级标题之间命名时应该特别注意的，也即显示于目录页、正文中的单篇文论的所有标题文字应该使用同样的叙述和表达风格，而非在同一篇文论之中因不同章节、级次就使用不同语言风格的表达形式。这种风格不一的标题主要表现为两种情态：一是文言风格的标题与白话风格的标题相互交织；二是律诗绝句式风格的标题与散文化的标题风格相互交织。梳理这种风格不一的标题设定，多发生于两种情形之下：一是文论篇幅比较长大，结构相对复杂，使得作者有瞻前难于顾后之感；另一种情况则是作者的主动为之，认为不同章节所阐述的内容已发生变化，标题风格发生相应变化亦属正常，甚至有故意追求某种行文时尚的嫌疑。无论何种情况的出现，这种在同一篇文论之内导致不同文风的标题命名都是不应该出现的。

对于标题的设定，以上所述的四点虽已相对全面地涵括了标题设定的原则，但并不能直观地提示我们在标题的设定中容易出现的所有问题。例如：

第一，许多精于写作的指导教师和资深编辑都会向青年学者或学生提及，学术文论的标题中慎用或尽力不使用诸如"试论""初探""刍议""浅析""浅谈"这样的词汇，在其他的学科领域也存在这样的看法。① 精于写作的学者为什么会有如此的认识呢？这应该从两个方面分析其中的原因：一是学术文论追求论据充分、论证深入且方法得当，在行文各方面的表述上追求真切、客观、朴素，以如此目标来写作的话，何来具有谦辞之嫌的"试论""刍议"等词汇的表述呢？二是这类谦辞在以往的文论写作中被过多过泛地使用，使得它们成为老套而失去了新鲜感的一种表达方式，容易使人闻之生厌。所以，在严谨的科研活动的写作中，如上的谦辞应当慎用直至不用的提法并不为过。

第二，在一些青年学生所撰写的学位论文以及中青年学者成果的标题中，不断发现无视自己的一级标题（或上一级的标题）所限定的范畴，在其论文的次级标题仍一遍遍地重复着本已做出了明确限定的题域，致使论文的各级次标题均显得冗长、啰唆。比如，下例的标题（片段）就存在着这样的问题：

---

① 对此，历史学家荣新江教授认为："我主张不要用'试论''述论'一些字眼在论文题目中。要论就论到底，虽然学无止境，一般情况下你可能觉得论据已经掌握得十分充分了，但那也不一定就能论到底。……如果只是'试论'，那就暂且不要发表，等研究透彻了再来发表。"这种观点虽显得"武断"而不甚理解写作者所具的谦辞之意涵，但也是有一定道理的。详见荣新江：《学术训练与学术规范：中国古代史研究入门》，北京大学出版社2011年版，第186页。

**第 X 章　20 世纪 80 年代以来中国民族管弦乐的发展成就**
　　第一节　20 世纪 80 年代以来中国民族管弦乐作品的主要体裁
　　第二节　20 世纪 80 年代以来中国民族管弦乐作品的创作技法
　　第三节　20 世纪 80 年代以来中国民族管弦乐作品的排演状况
　　第四节　20 世纪 80 年代以来中国民族管弦乐作品的审美理念
　　……

在这样的标题表述语境下，假如上一级的标题（章）已经对于本部论题做出了明确的圈定，次级标题中就完全可以直接以所涉及的专业领域如"主要体裁""创作技法""排演状况""审美理念"等做出命名，这样反倒使得标题简明而清晰，版面设置也更加疏密有致。根据这样的思路，我们对上例标题尝试做出如下调整（供参考）：

**第 X 章　20 世纪 80 年代以来中国民族管弦乐的发展成就**
　　第一节　作品的主要体裁
　　第二节　运用的创作技法
　　第三节　舞台的排演状况
　　第四节　蕴蓄的审美理念
　　……

由此而论，我们对标题的设定在提出了几条明确的命题原则之余，仍有一些值得反复叮嘱的建议，简言述之即为：

　　宜浓缩简练，忌重复啰唆；
　　宜顺畅达意，忌乾坤颠倒；
　　宜准确恰切，忌张扬卖弄。

## 五、案例分析

结合以上诸项之中的阐述，我们择取几篇现时文论的主要标题（一级标题）作为个案，进行必要的编辑分析并尝试对其做出调整建议，以此作为编辑案头实践的一种尝试：①

    a. 音乐传播过程中受众接受程度的音乐传播学调查和分析研究

    b. 赵沨的音乐期刊编辑观念及其编辑思想研究

    c. 建国初至文革前（1949－1966）今虞琴社的转型及其成因探微

    d. 第三届"现代音乐节"活动侧记
        ——飞扬的青春，激荡的校园

    e. 原生态唱法的科学性探讨
        ——以央视青歌赛原生态组的演唱划分为例

    f. 从"音乐美学史"的研究视野看"汉语音乐美学"
        ——以《新格罗夫音乐和音乐家词典》1980版"音乐美学"和2001版"音乐哲学"为例

    g. 民族音乐学"音乐与认同"的研究路径译介
        ——以1982～2015年《民族音乐学》（Ethnomusicology）个案研究为例

---

① 此处及本章随后所用的一些样例，多来自日常审稿、评奖、批阅作业时所遇见的素材，有些则为本人随手撰写，因非学术观点或资讯的引用，且多数样例为了标示所谈及的问题，还对其做出了必要的编辑调整，故在此不一一列出所举材料的具体出处。

如上列举的几例文论的主要标题，从它们所反映的题域、概念、措辞、命题风格看，都有一定的专业水准和理论积累。但以标题设定的准确度、简洁度和格式方面来细加审视，也均存在值得认真分析并予改进提升的空间：

a 例和 b 例的命题，虽然在尽力表达其题意之周详，但在标题的命名中过于追求面面俱到，忽视了标题命名应高度简洁的原则，已经出现了较为严重的概念重复以致行文啰唆的现象。而 b 例的"编辑观念"乃"编辑思想"概念的组成部分，完全可以由"编辑思想"统而辖之，无须以递进的方式分层表述。

c 例虽看似严谨、准确，特别是将具体选题对象的时间限定以夹注形式（圆括号内）标出，也显得颇为讲究。但严格来讲，此例暴露的问题更为突出：在追求简洁表达的标题中，不应将文字表达的时间和数字表达的相同的时间（夹注中）并列出现，这是明显的重复表达；"建国初"的表述模糊，尤其在 21 世纪的今天仍以这种不具体的表达方式呈现，已经存在不当；"文革"（"文化大革命"简称）作为中国现代社会特殊的历史阶段，有着长期公认的标记方式，即必须对之施以引号标记（具有特定的政治意涵）；题名夹注中表示时间连接的半字横线号（-）也不符合汉语标点符号对时间起讫表达的规范化使用。

d 例错误地理解了主、副标题的作用和地位，即主标题应该用来创设标题意境、副标题做专业化的点题。另外，在标题中若出现上下句结构的语句表述时，其间慎用标点符号，而多以空开一个（或半个）字格的方式来解决。

e 例在主、副标题中对关键概念（"原生态"）的使用上出现不必要的重复，并且在副标题中连续使用生活中简化表达的概念（"央视""青歌赛"），而这是在标题命题时所忌讳的做法。①

---

① 在《科学技术报告、学位论文和学术论文的编写格式》（GB 7713-87）中，对于题名的使用方法具有明确的约定："题名应该避免使用不常见的缩略词、首字母缩写字、字符、代号和公式等。"

f 例与 c 例有着相似的一面，即过于强调标题中的每一处细节。作者的意图，可能是希望读者"望题"即知文章探求的重点。这种本该在正文之中予以详述的内容（往往可以在文章的"序言"中表述），被过多地安排在了标题里，致使整个标题显得繁琐而不精练。

g 例与 e 例、f 例中的某些问题类似，即关键性的概念重复，内容交代过于细微。例如，"民族音乐学"一词，加上副标题内的同名期刊、夹注中的英文刊名，已达三次之多；"音乐与认同"的题域所指，在学术共同体中基本已成为学界常识，无须在主、副标题中反复予以限定（况且尚有副标题中作为个案研究的期刊名的暗示作用）。

结合我们给予标题在设定之时的几点原则性的建议，尝试对以上七例文论一级标题的题名编辑调整如下（仅供参考）：

a. 关于音乐传播中受众接受度的调查与分析

b. 赵沨音乐编辑思想研究

c. 今虞琴社的转型及其成因探微（1949—1966）

d. 飞扬的青春　激荡的校园
　　——第三届"现代音乐节"活动侧记

e. 原生态唱法科学吗？
　　——以中央电视台"青歌赛"的分组为例

f. 从音乐美学史的视野看汉语音乐美学
　　——以《新格罗夫音乐和音乐家词典》相关词条为例

g. "音乐与认同"研究路径译介
　　——以《民族音乐学》（1982—2015）个案为例

对于以上几例标题个案的具体调整，表明在设定文论标题时各项原则虽容易讲述明白，但在写作、命题与编辑的具体实践中，却未必能够引起文本书写者和编辑者的重视；即使能够被理解并获取重视，也未必能够得心应手地加以运用。故此，其他几点与这一话题相关的建言或许并不多余：

第一，标题的浓缩简练，不只体现在语句表达成分及遣词应用法的精简，它另一项直接的体现就是标题中的主要概念及词汇应尽力不要重复再现。比如，上列 a、b、e、g 诸例中的"音乐传播""编辑""原生态""民族音乐学"等词汇，在同一标题中均两度甚至三度出现，即显露出书写者归纳题意与遣词之时的不精当。

第二，一些青年学者为了追求异于他人的特色化题名，常以自视时髦的表述方式来命名标题，其实多数情况属于夸张化的重复表达。比如，例 c 中对时间的限定以不同形式的双重表达、例 f 中对辞书词条的细致列述，或许都透射出命题者过于张扬而外显的写作风格，此对于标题的题名来讲未必合适。

第三，标题作为文论的重要组成部分，它当然也要等待文章杀青之后，由写作者综合文论的文体、论证方式、实际写作风格、篇幅量等各类因素，统一斟酌、考量之后才能最终确定下来。也就是说，对多数文论来讲，标题的命名与终定，其实是在文论写作定稿之时，再行通读文稿并最终确定题名。

精准恰切又耐人寻味的标题题名，是每一位文论写作者的追求。为此，多一分缜密思考、多做几度修整，这种付出无疑都是值得的。

## 第二节　音乐作品的标题设定

作为艺术活动的直观呈现和成果展露方式，音乐作品概括而凝练的字符化记录——标题，与作为理性思维活动成果的学术文本的标题，二者有着质同实异的作用。所谓"质同"，是指无论哪一类文本形式的标题，其意欲达到的指代、标示作用都是毋庸置疑的；所谓"实异"，作为主体是由文字符号展现的理论学术型的文本，它的标题无论以怎样的书写风格体现，其"以最恰当、最简明的词语反映报告、论文中最重要的特定内容的逻辑组合"①的特征是明确的，而音乐作品的标题所体现及设定的内涵则要复杂许多——这与作品类型的繁多、表达方式的丰富有着直接的关系。

以有形的字符标示另一类的艺术作品——听觉艺术的音乐，如同文人使用语言、文字描述音乐一样的困难。众多的音乐品类，漫长的历史积淀，多样化的创作理念，造成了音乐作品标题在设定与编辑时的更多繁难局面。本节根据我们所经常接触到的音乐作品的类别和风格特征，将长期以来音乐领域面对的古今、中外、雅俗的音乐作品做出简要的类别划分，并对之标题命名规律和常见问题做一简要分析。

## 一、中国古代及传统音乐作品的题名

中国的古代音乐与传统音乐，是彼此关联、有所交叉的两个艺术领域。二者的关联之处甚或重合之点，在于"历史"与"本土"两大范畴的节点：古代音乐自身得以立足的基础即历史的产物，中国的古代音乐也为自身限定了地域范畴——中国本土存在的古代音乐；传统音乐在今天的学科分划和专业设置中，更多指向现时尚存活于民间的"活态"音乐，但既为"传统"所指就必然具有"历史"的因素，否则"传统"不成其为"传统"（至于其具有的历史厚度，属于另一层面的问题），中国的传统音乐自然也身具地域范畴的限定——中国本土所滋养的传统音乐；即或是一些音乐品类，原初并非中华本土之音，由外域传入中国并经过历史的洗礼、融会且得以延续，也将成为体现历史厚重与本土母语特色的中华古代

---

① 全国文献工作标准化技术委员会起草：《科学技术报告、学位论文和学术论文的编写格式》（GB 7713-87）"题名"项，1987年5月5日发布。

音乐或传统音乐的组成部分。因此，中国古代音乐与中国传统音乐，二者有着太多相似甚至相同的文化因素，使得我们在对其题名问题进行分析之时可以同列对待。

在中国古代音乐历史中，因各类音乐作品的创作主体、听赏主体以及所伴随的奏（唱）乐职能上的区别，可以将之划分为民间俗乐、文人音乐、宫廷音乐、宗教音乐等几大类。① 从音乐的表现形态来讲，这几类音乐之间虽然有着或多或少的差别，却也因历史转圜使得彼此之间既有关联又呈现相互转化之势，并最终造成部分作品在历史的长河中沉积民间，得以继续口传心授，便成为今日仍处于"活态"存在的传统音乐的主体。

由此来看，中国古代音乐与中国传统音乐彼此诸多相同或相似之处，使其作品标题的命名也就有着这种艺术的、文化的相通之关联。将它们并置起来做一分析，便发现存在着如下的标题命名方式及题名风格类型。

（一）意象化题名

以形象而简洁的文辞来标记并传播所指代的音乐作品，以期直观且形象化地传递作品的创作目的和欲以展现的意境，这类标题的题名风格即可称之为"意象化题名"。

在人类文明诞生的初期，音乐的萌发乃"生人心者也"，因其"情动于中，故形于声；声成文，谓之音"（《乐记·乐本篇》）。这种感于物而情生其间的文艺作品讲求直抒胸臆，它们标题的题名也必然以直观通达的文辞形式予以标记；及至后来，一些作品因传播的需求以及其标名过程中文人阶层的参与，使得文辞表述愈加修饰，也愈显训雅，但以文辞之意境来表达作品意涵的初衷并未变化。从有文献可查的先秦时期直至中国近代社会，这类作品标题的体现数量最为多见。比如：

---

① 这种划分的依据，考虑的是音乐自身的艺术特色、音乐行为的参与者以及这些音乐所呈演的场所、承担的功能等多重因素。

以乐舞教国子，舞《云门大卷》《大咸》《大磬》《大夏》《大濩》《大武》。(《周礼·春官宗伯》)

卫宁武子来聘，公与之宴，为赋《湛露》及《彤弓》。不辞，又不答赋。(《左传·文公四年》)

昔葛天氏之乐，三人操牛尾，投足以歌八阕：一曰《载民》，二曰《玄鸟》，三曰《遂草木》，四曰《奋五谷》，五曰《敬天常》，六曰《达帝功》，七曰《依地德》，八曰《总禽兽之极》。(《吕氏春秋·古乐》)

曲须要唱出各样曲名理趣，宋元人自有体式。如《玉芙蓉》《玉交枝》《玉山供》《不是路》要驰骤；《针线箱》《黄莺儿》《江头金桂》要规矩；《二郎神》《集贤宾》《月云高》《念奴娇序》《刷子序》要抑扬；《扑灯蛾》《红绣鞋》《麻婆子》虽疾而无腔，然而板眼自在，妙在下得匀净。(魏良辅《曲律》)

从以上列举的文献中所提及的作品题名来看，先秦时期的文献之中有采取径述其意的，也有依照作品性质而添加的能反映其表达程度的《大咸》《大濩》《大武》等，还有到了近古时期被充溢中国古代及传统音乐的艺术特质、呈现以写意化为主、写意之中追求写实意境的题名。[①] 这种艺术的风格体现，决定了其以文学语言形象化地标记命名的方式最为符合作品的特质；这样的标题类型，也成为我国古代音乐与传统音乐中最为悠久并常可见到的作品命题方式。即使在我国最早的诗歌总集《诗经》中所列的三百余篇作品，其标题虽由后人（相对于作品的年代而言）主要取自唱词首句中的字词，通过"首句标其目"的形式择取题名，[②] 比如"硕鼠硕

---

① 王耀华、杜亚雄编著：《中国传统音乐概论》，福州：福建教育出版社1999年版，第350页。
② 甘久生：《〈诗经〉各篇的题目是如何形成的》，《语文天地》2006年第2期，第26—28页。

鼠，无食我黍"（命题《硕鼠》）、"坎坎伐檀兮，置之河之干兮"（命题《伐檀》）等，但它所借用的文辞皆能很好地传达出诗歌原有的意境，并成为古代文人对文艺作品命题之时的仿效典范。

### （二）技术化题名

随着人类艺术活动的增多和艺术水平的提升，音乐作品的题材愈益丰富，形式与体裁亦愈加繁复，作品的标题命名出现了不少新的形式。

从传统音乐尤其是传统器乐作品中，能够发现标题的命名不再拘泥于文学化、意象化的标记，一些标题文辞所表达的寓意已经属于创作技术或者表演技术领域的意涵。比如，陕西鼓乐中的《尺调法鼓段全套》《六调坐乐全套》等，将作品所运用的调式、曲式结构甚至行乐方式进行了综合化的简明标记；《三六》《八板》《句句双》《十八六四二》等传统乐曲的标题命名，多多少少都标记了作品于形式结构、旋律发展、句式段式构成等方面的特点；而《尺工尺》《六五六》等器乐作品的标题，虽然标记的仅为音乐于起始阶段几个音的谱字名，但无疑也是以直观的方式表达音乐调式并隐含了音乐风格的一种标记思路。

对于技术化的标题命名，主要体现于传统器乐类作品之中，它甚至成为认识和了解传统器乐作品的一个窗口。对此，传统音乐学界和民族器乐领域的专家已有相关方面的研究，形成了相应的共识。①

### （三）意象与技术混合型题名

在一些大型的综合性音乐作品中，常常出现以表意、标名思路共存一体的标题命名方式，亦即将意象化的文辞与某种表达音乐技术的文辞相结

---

① 比如，在20世纪60年代初所编撰的《民族音乐概论》第五章"民族器乐"中，就以数页篇幅探讨"民族器乐曲的标题"问题；李民雄先生于80年代初在上海人民广播电台所做的《民族器乐知识与欣赏》系列讲座中，也列出一讲"传统民族器乐曲的标题"来专门谈论此问题。详见：中国艺术研究院音乐研究所编《民族音乐概论》，人民音乐出版社1964年版，第267—274页；李民雄《民族器乐知识广播讲座》第二讲，人民音乐出版社1987年版，第6—9页。

合，呈现"意象与技术混合"式的标题题名类型。这类标题的命名在先秦文献中已然有所体现，比如：

> 凡乐，黄钟为宫，大吕为角，太簇为徵，应钟为羽，路鼓路鼗，阴竹之管，龙门之琴瑟，《九德》之歌，《九磬》之舞。（《周礼·春官宗伯》）

> 帝舜乃令质修《九招》《六列》《六英》，以明帝德。（《吕氏春秋·古乐》）

上述文献中出现的《九德》《九磬》《九招》《六列》《六英》等，均为上古时期"修而用之"的重要乐舞作品。这其中的数词"九""六"虽然具有政治、礼法的象征意义，但从艺术角度而言则也往往代表着多乐章或多段落之意，而"德"、"招"（韶）、"英"等则是表达乐舞意蕴与内涵的文辞。①

这种融合了作品表达意象与其曲式结构、调式调性、体裁形式等内容的题名，在古代社会与传统音乐中比较多见。它们的出现与音乐作品走向艺术化不无关系，即随着作品艺术水准的提升和职业音乐家、文人阶层的加入，使得作品的艺术内涵与外在标记形式都在发生变化。例如，楚辞中代表性的作品《九歌》、琴歌琴曲中的《广陵散》《阳关三叠》《梅花三弄》、词乐中的《扬州慢》《鬲溪梅令》《凄凉犯》等等，题名之中后缀的"歌""散""叠""弄""慢""令""犯"，皆与作品的曲体形态、创作技术等因素相关，题名前部的词意则以具象、意象的指称标记着作品意欲阐发的精神意境，二者合一，使得题名将意象化与技术化做到了完美的统一。

---

① 蔡仲德注译：《中国音乐美学史资料注译》（增订本），北京：人民音乐出版社2004年版，第215—216页。

（四）替代型题名

对于古代与传统音乐中丰富而多样的音乐形式、音乐作品而言，对它们全部施以恰当的文辞标记之，仅以上面所区分的三类命名方法是有相当难度的，也是无法完成的一项使命。尤其对于民间俗乐类型的作品、对于缺乏文献记载且语种有别的少数族群的作品，以及对古代历史活动中记述的一些音乐现象做题名概括等，便需要以某种合适的、能够起到标记作用的文辞来代行作品的题名之实。这种情况，可以简要地划归为两类：

1. 民间音乐作品，包括少数族群的民间音乐作品。感物而发、由心而生的民间音乐，因其乃"言田夫野竖矢口寄兴之所为"，既充溢着人类的真性情，也因"荐绅学士家不道"而处于"歌之权愈轻"的境地（冯梦龙《山歌·叙山歌》）。尤其是伴随劳动而生的各类号子、寄附于民俗活动的功能化音乐，它们多因寄兴而为，并无正式标记的题名。对于这类作品的标记，行乐之人的自称，多充满了随意随机的即兴成分；记录、整理者称之，多采取以音乐所伴随的行为和相关信息而直接命名。比如，对各地各类劳动中产生的民歌，其标题即以诸如《川江船夫号子》《澧水号子》《薅草歌》《喊秧歌》等命名；民俗活动中的音乐，则径以《婚礼歌》《哭嫁歌》《饮酒歌》等称呼；语种有别的少数族群音乐，若以汉语记写，最为多见的题名就是将达意的语音直接汉译，以此作为其标题，《嘎达梅林》《玛依拉》《嘎俄丽泰》等莫不如此。

这样的标题命名方式，某种程度来讲也具有了一定乐种意义的表达。

2. 历史文献记述中音乐事象的概括。在古代典籍之中，出现的一些并无明确题名的反映乐舞活动的片段，在现代音乐文本书写时往往以其中的关键词汇或者语义作为题名，甚至作为音乐作品的题名而获得认可。比如：

> 伊耆氏始为蜡。蜡也者，索也；岁十二月，合聚万物而索飨之也。其蜡辞曰：土反其宅，水归其壑，昆虫毋作，草木归其泽。（《礼记·郊特牲》）

> 孝子不忍见父母为禽兽所食，故作弹以守之，绝鸟兽之害。故歌曰"断竹，续竹，飞土，逐宍"之谓也。（《吴越春秋·勾践阴谋外传第九》）

以上所列举的文献，伊耆氏年终祭祀时的音乐活动，甚至蜡祭所用的"蜡辞"作品，往往被标以《伊耆氏之乐》或衍为《伊耆氏蜡辞》《蜡辞》等题名在文化界传播；东汉赵晔《吴越春秋》中记载的善射者陈音在讲述时涉及的一首古歌谣，通过对其意涵的解读，也多被后人径直定名为《弹歌》的题名，已在音乐史学界广泛使用。

由于这类标记在原文献中多数缺乏明确书写的作品名称，而是今人通过概括、提炼、重组等方式得到的"题名"，虽然可以使其尽可能完美地体现文意，但若直接施以现代书名号标记时，还是应该保持谨慎态度。按照当代标点符号使用方法来讲，只有对语段中出现的各种作品名称予以标示时方能使用书名号。上例《礼记》《吴越春秋》中的选段，只有"其蜡辞曰"的表达可以标点为"其《蜡辞》曰"；"伊耆氏之乐""弹歌"作为对文献意涵概括而衍生的题名，并非文献的原文呈示，使用书名号标记存在不当，此时若施之以引号则更为妥帖。①

## 二、西方艺术音乐及现代创作作品的题名

西方音乐在文艺复兴之前，无论世俗音乐还是宗教音乐，其浓厚的娱情表意或者功能化色彩，使标题的命名方式、理念与其他地域的同类型音乐并无二致。从文艺复兴之后的巴洛克时期开始，西方的音乐家们努力寻

---

① 林穗芳：《标点符号学习与应用》，北京：人民出版社2000年第2版，第377—380页。

求感情表达的新境界和扩展的音乐语言以应对新的表情要求,"试图把趋向更广泛、更剧烈感情内容的强烈动力注入到从文艺复兴时期承袭来的形式中",并逐步"形成一种有稳定的语汇、语法和句法的通用语言,作曲家们可以在其中自由活动,充分表达他们的思想"①。音乐发展愈益高度的职业化、艺术化之路,使得源自民间的更多具自然状态的音乐形式不断走向技术繁复、程式规范、表达模式化的艺术音乐路向。在外化了的作品标题的命名方面,也从直观达意的具象化、意象化标题向着复杂多样的标题命名方式转变。而中国自近代以来因"西学东渐"发展起来的"中体西用"的新音乐,从作品的创作理念、创作技法到它的外在表达方式,也呈现西方巴洛克之后艺术音乐的诸多风貌。因而,从它们标题的命名思路与方式方法来讲,二者具有一定的共通性。

从目前显露的这类作品的标题情形而言,结合学术界已有的认知,②我们可以将其简洁地划分为如下的标题命题类型:

(一) 标意性题名

标意性作品标题的命题初衷和意愿,反映了人类音乐创作最为原初和基本的追求,希冀通过凝练的标题文辞传达创作者的思想追求。这种追求和艺术理念,无论古今中外,莫不如此。

在声乐类作品包括歌剧、音乐剧等具有唱词元素、故事情节的综合作

---

① [美]唐纳德·杰·格劳特、克劳德·帕利斯卡著,汪启璋、吴佩华、顾连理译:《西方音乐史》,北京:人民音乐出版社1996年版,第317—318页。
② 对于音乐作品的标题尤其是现当代中国音乐作品的标题问题,已有部分学者做过专题性的分析探讨。诸如:薛雷《标题音乐与音乐标题的再认识》,《艺术百家》2002年第4期,第55—57页;马东风《民族器乐作品的标题研究》,《徐州师范大学学报》(哲学社会科学版)2005年第3期,第129—132页;纪德纲《具象 意象 抽象——略论〈中国当代作曲家曲库〉作品的标题性》,《中国音乐》2011年第2期,第172—175页;代百生《中国钢琴音乐的"文学性标题现象"》,《浙江艺术职业学院学报》2013年第2期,第11—16页;崔晓岚《中国钢琴音乐标题的美学追求》,《艺术百家》2017年第3期,第206—209页;等等。

品中，由于语言赋予的实义性和故事情节的传递，使得声乐类作品的标题几无例外地是作为标意性的标题来呈现的。由于唱词与情节的实义传达，这种题名类型不受作品唱词的语言种类、故事叙述方式的限制。

西方艺术音乐的作品命题，除了声乐类或具有故事情节类作品之外，器乐类作品也早就试图在音响中表现人类无比丰富的物质和精神世界了，对这些作品命之以生动、贴切的题名甚为常见。历史发展至 19 世纪，西方音乐中的器乐作品日益盛行，产生了具有特定意义的"标题音乐"（Programme Music）概念，使得依据既定标题内容所指来进行构思和创作的器乐作品成为一种艺术潮流，而"标题音乐"无论在浪漫主义、民族主义、印象主义、表现主义还是 20 世纪中后期的音乐时代，它的"标题"内涵虽然有所区别，①但其命题中所体现的标题类型则均未脱离标意化题名的实质寓涵。

中国近代以来接受"西乐"影响而出现的新音乐，发展至 20 世纪中叶之后的现代社会，已经愈益成熟、壮大并显现体系化倾向。②面对现代中国作曲家的创作作品，由于其创作理念的多元化倾向，标题命名也呈现多元而多样的态势。但分析现代中国作曲家的作品，除了声乐类、包含故事情节等具有唱词元素、情节元素的作品之外，器乐作品的标题类型还是以标意性的命题为主。比较有典型意义的依据是，在 21 世纪之初由音乐界众多专家参与选编的《中国当代作曲家曲库》③，其前两辑共收录了 20 世

---

① 中央音乐学院《音乐百科全书》编辑委员会编：《音乐百科全书》（上）"标题音乐"词条（姚亚平撰），北京：中国大百科全书出版社 2014 年版，第 143—145 页。

② 从新旧世纪之交以来音乐界不断提出的各种"乐派"建设，直至"中华乐派"的倡导，无不以近代以来新音乐的发展成就和艺术风尚作为基础。新"乐派"概念的频出，乃国人欲站在更高层面认识艺术及艺术事象，当然也直接说明了中国现当代音乐体系化倾向的加剧。

③ 由人民音乐出版社组织的对于中国 20 世纪 80 年代之后创作的大中型乐队作品进行系统化出版的文化工程。该工程以专家委员会评选、出版社编辑出版总谱、举办交响音乐会、后期租赁乐谱等形式对外传播，已经自 2007 年开始陆续推出乐谱出版物及音乐会。详见：陈荟有《音乐文化运作模式的新探索——〈中国当代作曲家曲库〉系列活动评述》，《人民音乐》2007 年第 7 期；王丽君《〈中国当代作曲家曲库〉作品遴选座谈会纪要》，《人民音乐》2009 年第 11 期。

纪80年代以来新创作的27部具有影响力的管弦乐作品,标题呈现意象化倾向的多达24部,占据绝大多数的比例。① 对此众多题名呈现的意象性特征,有学者做出了细致的题名分析,认为此种现象除却作曲者个人真正的创作目的以外,作品标题的风格应该还受到以下因素的影响:(1)中国人传统思维方式与审美习惯的影响,即中国传统文化的思维重感性的直觉体验、重象征性的形象思维,中国传统的审美文化对于镜像融合、虚实统一意境的追求,已形成了母语文化的精髓,深刻影响着国人的思维;(2)中国现当代的新音乐承自对西方艺术音乐的模仿与学习,而西方自浪漫主义时代开启的标题音乐浪潮也直接影响着国内音乐家的创作倾向;(3)中国现代音乐发展的烙印使然,即1949年以来中国文艺创作秉承现实主义与革命浪漫主义相结合指导方针的延续;(4)基于现时受众群体的考虑,作为文艺"为人民服务,为社会主义服务"方针的体现,创作者会主动地寻找管弦乐与听众之间沟通的"桥梁";(5)受管弦乐创作动力因素的影响,现当代多数的管弦乐作品与委约制创作相关,出资委约方的意志和要求往往通过作品的标题即予以体现。② 应该说,研究者的分析切中了问题的关键,也为我们认识中国现当代创作作品的题名风格提供了理论参考。

---

① 按照创作时间,前两辑收录的27部作品依次为:刘文金《长城随想》(1982)、何训田《达勃河随想曲》(1982)、叶小纲《地平线》(1984—1985)、何训田《梦四则》(1986)、郭文景《蜀道难》(1987)、鲍元恺《炎黄风情》(1991)、高为杰《白马印象》(1991)、杨青《苍》(1991)、郭文景《愁空山》(1992)、唐建平《春秋》(1994)、张难《红河音诗》(1996)、张朝《哀牢狂想》(1996)、秦文琛《唤凤》(1996)、金湘《金陵祭》(1997)、杨立青《荒漠暮色》(1998)、王宁《第三交响曲——呼唤未来》(1999)、王西麟《第四交响曲》(1999—2000)、赵季平《第一交响曲》(2000)、刘湲《土楼回响》(2000)、贾达群《融II》(2002)、刘长远《抒情变奏曲》(2003)、关峡《霸王别姬》(2005)、唐建平《圣火2008》(2005—2006)、朱世瑞《〈天问〉之问》(2006)、鲍元恺《京剧交响曲》(2006)、赵季平《乔家大院》(2007)、朱世瑞《凤凰涅槃》(2007—2008)。
② 纪德纲:《具象 意象 抽象——略论〈中国当代作曲家曲库〉作品的标题性》,《中国音乐》2011年第2期,第174—175页。

## （二）标名性题名

由作曲家创作的作品无不体现着创作者的主观意念，各部作品有其不同的表达理念和方法，尤其是作为"纯音乐"（Absolute Music）的器乐作品，因为没有了标意性标题的"束缚"，它往往可以更加自由地扩展文艺作品无限的表达空间。当然，在这类作品标题的题名之中，看似只是单纯的"标名"，其目的使得不同作品之间有所区别，实则也涉及了多个方面的问题，最终形成多样化的标名因素的呈现：标体裁，标调名，标序码，标奏法，标风格，等等。

1. 标体裁。在标名性的作品标题之中，以标示作品体裁形式的题名类型最为多见，涉及各式各类的体裁形式。比如，题名《练习曲》《小奏鸣曲》《康塔塔》《卡农》《交响变奏曲》等，无不如此。

2. 标调名。这类标名功能不能独立存在，往往与其他题名标示形式协同出现，共同标示作品的题名。比如，《c小调练习曲》《G大调奏鸣曲》《f小调钢琴五重奏》等，均将作品主要调性明示于标题之中，同时也将作品的体裁形式予以展露。

3. 标序码。同一创作者相同类型作品不止一部地推出，为了使得同类作品间不致产生混淆，就需要对他所创作的该类体裁形式作品进行局部的编码处理。比如，《第一交响曲》《第三钢琴奏鸣曲》《第二小提琴协奏曲》等，均将某类体裁形式作品的编码标示于题名之中。

4. 标奏法。这类标名的功能体现也需要其他标示因素的协同，方可予以呈示。比如，《手指快速练习曲》《连顿弓练习》《G弦上的咏叹调》等，都涉及曲目的演奏方法，也涉及曲目的体裁、功能等问题，但演奏方法的标示无疑是最为重要的题名因素。

5. 标风格。作品风格的体现存在于诸多方面，不易厘定清楚。但在部分标名性的题名之中，一些标记因素却容易让接受者窥察到该作品的基本风格趋向，这些因素的存在也说明该题名已经处于"标名""标意"理念的临界地带。比如,《匈牙利舞曲》《玛祖卡舞曲》《抒情变奏曲》等。

由此来讲,标名性的题名虽未以文字形式明确交代作品的主旨,但通过题名显示的各式元素,还是可以对作品的某方面信息得以了解。尤其需要引起重视的是,作品的标题与题名表现自身即存在多样化、多职能倾向,对其解读自然也存在着多义多解的可能性,问题的关键还在于尊重作曲家的艺术才华与智力奉献、尊重作品题名的"既成事实",书写与编辑之时尽可能准确而规范地予以标记乃为首取之策。

### 三、作品标题设定与书写时的常见问题

由于音乐作品体裁、题材、形式涉及领域甚多,在对其标题进行设定、书写、编辑时就容易出现种种问题。这一现象早就引起了音乐界人士的关注,在20世纪50年代就有专文对"轻音乐"作品标题命名时缺乏生活体验、仅从概念出发的牵强附会以至于"影响到作品本身的内容和听众对它的欣赏效果",提出过直接的批评。① 面对日益繁盛而多样化的音乐作品,无疑在作品的标题设定与书写之时,会发生一些理解失当甚至错讹表达,下面将部分问题略做归纳,提出两点建议以作为参考。

#### (一)题名文辞与音乐意涵的相符

以视觉呈现的符号化的文辞来概括并标记以听觉呈现的时间艺术,存在着诸多困难,但艺术形式之间的内在相通又使这种困难成为可能。对于作品的题名来讲,既要高度凝练且富于内在意涵,又要能够通过题名语意的指称使人或具象、或抽象地与音乐作品间产生心理意象关联。否则,所

---

① 唐朗:《轻音乐的题材和标题》,《人民音乐》1959年第6期。收录于《人民音乐》编辑部编:《〈人民音乐〉60年纪念文集》(上),北京:中央音乐学院出版社2010年版,第120—122页。

设定的标题就是一种不当的命题结果。

在对作品进行题名设定之时，容易出现的问题之一就是题名与其音乐意涵的不尽相符。这在自古至今的各式作品之中都可能存在这样的现象，即以不相干、不相称的文辞冠于作品之上，其初衷或许有种种情况，但多数属于过度的、不当的修辞。例如，中国传统器乐曲牌【朝天子】原本题名【朝天紫】，此题名乃唐代在四川所产一种紫色牡丹花的名字，该曲牌最初可能与这种花卉有关联，但是后来的人为了奉迎、附和统治阶层的意识，竟将"紫"字改写为"子"，一字之差使得标题的意义发生了巨大的变化。① 又如，1875 年前民间广泛流传的琵琶曲《夕阳箫鼓》，据 19 世纪初《鞠士林传谱》的记载，全曲分为七段，各段并无标记小标题。到了 1895 年李芳园编辑的《南北派十三套大曲琵琶新谱》中，由于受白居易诗作《琵琶行》影响，把《夕阳箫鼓》题名附会成《浔阳琵琶》。在作品的结构上，也由原来的七段扩展为九段，且把各段都添加了风雅的小标题，如"花蕊散回风""夕阳影里一归舟"等。②

在现当代的音乐创作中，同样存在对于题名设置的争议。比如，交响乐作品《第三交响曲——呼唤未来》，作曲者以"呼唤未来"为创作主旨，试图通过音响"由不协和到协和的发展过程"来表现"人类历尽磨难后的重生"。全曲的七个乐章（前后乐章分别为引子与尾声）中均使用多处具象刻画与音调引用的段落，既有"人声的歌唱、呐喊、嚎叫、哭声及笑声"，又有宗教仪式的吟诵场面，同时也充分发挥了管弦乐新颖而富有光泽的音色表现作用，使整个作品具有很强的听觉冲击力与感染力。但是，作品所引用的诸多音调又过于具象化，容易给人以堆砌杂乱之感，从而影响风格的统一以及作为交响乐体裁所具有的概括性的审美

---

① 中国艺术研究院音乐研究所编：《民族音乐概论》，北京：人民音乐出版社 1964 年版，第 272 页。

② 马东风：《民族器乐作品的标题研究》，《徐州师范大学学报》（哲学社会科学版）2005 年第 3 期，第 131 页。

魅力。①

因此，对于音乐作品尤其是对器乐作品的标题命名，除了标名性的标题之外，标意的题名仍然是一项需要认真对待的学术工作。

（二）题名范畴的厘定与恰当标示

无论中外的古代音乐或者传统音乐作品，其题名的凝练程度与文论标题呈现的状况几无二致。进入到 20 世纪尤其是"二战"之后，西方艺术理念及音乐技术发生革命性变化，反传统、后现代主义等成为艺术发展的潮流。反映在作品形式及作品的标题命名上，种种的理念与探索亦尽得显现。越来越多样化的标题形态和愈显长大而繁复的题名结构，使我们不得不思考：音乐作品的标题究竟应该表达什么？哪些内容才应该被列为作品的标题？作品的中文题名究竟应该如何规范化书写？

必须认识到的是，现当代创作作品的标题从音乐艺术发展规律来讲，在西方已经从古典主义时期的表明作品类型的体裁分类性指示、浪漫主义时期宣布和概括作品所表现或代表的超越音乐性内容，至现当代主动去描绘一种陈述过程、一种作品进行推理的特殊过程。② 标题形态与题名意涵在不同历史时期发生着变化，这是不争的事实。从表达的格式来讲，无论是充满隐喻修辞的布列兹《重重褶皱》（Pliselonpli），还是瓦雷兹谜语般的《八》（Octandre），对中文语境下标题的书写均不存在任何问题。但是，自浪漫主义音乐之后，作品标题形态的多样化、受西方艺术音乐影响而成长起来的中国现当代音乐创作作品的题名形态，常常成为困扰书写者、编辑者的拦路虎，由此出现的书写、编排偏误比比皆是。比如，下面所列中外作品标题的命题与书写格式，就具有一定的代表性：

---

① 纪德纲：《具象 意象 抽象——略论〈中国当代作曲家曲库〉作品的标题性》，《中国音乐》2011 年第 2 期，第 174 页。

② ［法］弗朗索瓦兹·埃斯卡尔著，温永红译：《音乐的副文本：音乐作品的标题》（下），《中央音乐学院学报》2008 年第 4 期，第 127 页。

a. 贝多芬《第三"英雄"交响曲》（Op.55）

b. 韦伯恩创作的弦乐四重奏（Op.28，1938）

c. 斯特拉文斯基歌剧《浪子的历程》（1951）第三幕第二场中的二重唱"我心怕得发疯"

d. 郭文景《蜀道难——取自李白诗：为男高音独唱、合唱与管弦乐队而作》（Op.15，1987）

e. 谭盾《地图：为大提琴、录像和管弦乐队而作的协奏曲》（2002）

结合作品标题的格式和题名的书写特点，分析以上所摘取的五则个案：

a 例，书写的是贝多芬于 1803—1804 年间创作的第三部交响作品《英雄交响曲》。贝多芬的时代恰处于标题音乐潮流开始生发的时期，他不再满足于过去仅标示作品体裁的标名性题名，有时也给予自己的新作以标意性质的表达。在新创作的作品第 55 号降 E 大调《第三交响曲》上，便添加了"大交响曲——英雄——为纪念一个伟人而写"字样，以向当时法国革命的英雄拿破仑致敬。由此，这部作品的题名形式可以根据情况有三种的书写格式：标名式（《第三交响曲》）、标意式（《英雄交响曲》）、二者的混合格式（《第三交响曲——英雄》）。a 例对作品题名的表达即处在将标名与标意因素相混合的书写状态。不过，对于这种难于同其他作曲家作品做明晰区别的题名，书写时最好有能够体现作品具体归属的信息相伴随，如以文内夹注形式标明作曲家名、作品编号或者创作年代等。

b 例，西方自浪漫主义时代开启标题音乐潮流之后，作曲家对所创作的作品命题更加自由、多样。韦伯恩创作于 1938 年的第 28 号作品《弦乐四重奏》，就是属于标示体裁形式的标名性作品。此处的行文方式以及随后给出作品编号、创作年份的夹注信息，显然在告知读者：此处的"弦乐四重奏"并非指作品体裁种类，而应该以书名号明确标示为《弦乐四重奏》。似这般将作品体裁种类与具体作品题名混淆不分的情况，在现实生活中甚为多见，必须引起文本书写者和编辑者的关注。

c 例，中文所使用的书名号是对相对完整的作品施加的标号，以凸显其作品身份的存在，此时是不讲求作品的规模大小的。此例之中，无论是一部歌剧，还是歌剧中具有相对独立意义的咏叹调、重唱、合唱等作品，都应该施以书名号。假如大型作品中的部分内容并不具备独立性而仅为作品中的有机组成部分，则只能以引号标示之。比如，"韦伯《自由射手》第二幕终场'狼窟'"的表述，由于"狼窟"只是《自由射手》中的一场，不具有独立作品存在的依据，便不能施以书名号作为其场次名的标号。

d 例，由中国作曲家郭文景于青年时代创作的管弦乐作品，题名取自唐代诗人李白代表性的诗作《蜀道难》。在作曲家给出的副标题中明确标示了"取自李白诗"，不过此处给出的副标题的存在意义有限，原因在于李白的诗作早已成为汉语世界妇孺皆知的传世经典，相同的作品题名已经自我宣示了其势必承自李白诗作中的艺术元素，因此副标题的再度交代便有画蛇添足之嫌。随后题写的"为男高音独唱、合唱与管弦乐队而作"，其意图实为对创作形式与作品体裁的注脚，可以作为题名的补充说明而出现，而非在书写、排版时将之添加于副标题的位置。在当代音乐创作的作品中，诸如此类将对作品所做补充说明列入题名之中的问题较为常见。

e 例，华人作曲家谭盾的音乐创作在理念与技法方面存在较多探索创新的因素。此例中所书写的作品，即为他于 21 世纪之初所创作的多媒体交响作品。在这类作品的各式文字题献中，除了标示作品主旨的题名项（《地图》）之外，对于作品的创作形式、技法、意图的交代有其必要性，但对题名之外信息交代的意图重在向乐队、听众传达更进一步的信息，这些内容并非作品题名自身（道理同于 d 例）。因此，对于这类信息的书写、编排不应将之罗列于副标题的位置，其最佳的表达应该是将之以夹注形式（"为大提琴、录像和管弦乐队而作的协奏曲"）放置在题名之后；假如在行文之时，也可以使这些内容有机地融化在正文的叙述之中得以显现。

通过以上简要分析，可以对五则书写个案做出如下的修改参考（a例、e例可以存在不同的书写格式）：

a1. 贝多芬《第三交响曲》（Op.55）

a2. 贝多芬《英雄交响曲》（Op.55）

a3. 贝多芬《第三交响曲——英雄》（Op.55）

b. 韦伯恩创作的《弦乐四重奏》（Op.28，1938）

c. 斯特拉文斯基歌剧《浪子的历程》（1951）第三幕第二场中的二重唱《我心怕得发疯》

d. 郭文景《蜀道难》（为男高音独唱、合唱与管弦乐队而作，Op.15，1987）

e1. 谭盾《地图》（为大提琴、录像和管弦乐队而作的协奏曲，2002）

e2. 谭盾的协奏曲《地图》（为大提琴、录像和管弦乐队而作，2002）

音乐作品的标题与其他文艺形式的标题有着相同的命题原则，即以简洁而凝练的语汇标示作品内容、形式或以之区别作品的身份。舍此所做的过度展示，则背离了作品标题的基本内涵与其所应承担的职能，应该引起音乐界同仁的关注并予酌情调整。

## 第三节　文论标题序码的选择与使用

由于主要标题在单篇的文论中是唯一存在的，不存在标题序码的使用问题。但对于二级标题及其以下级次的各级分支标题来说，每个级次的标题将至少存在着并列两个以及更多的数量，甚至达到十余个同一级次标题并列于文论之中的状况，在此情形之下设立各级分支标题之间的数字序码，以使各个次级的标题间呈现分明有序、检索便捷，就显得有其必要了。

在目前国内出版界所应用的标题序码格式中，抛开了因版式设计而出现的一些艺术化变异因素，归纳起来主要存在三类序码格式，即章节式序码、等级式序码、混合式序码。① 对这些格式的表达方式进行简括梳理，列述如下。

### 一、章节式序码

顾名思义，章节式的标题序码格式是以表达顺序的"第一""第二"等结合表达文论篇幅量词作用的文字"编"（篇）、"章"、"节"等共同来实现的。这种标题序码格式相对比较传统，在多数的文科类理论著述、教材教程中广泛地使用。它的常规标记方式以图例来展示，呈现如下的等级形态：

编（篇）

第一章　第二章　第三章

第一节　第二节　第三节

一、　　二、　　三、

（一）　（二）　（三）

……

在以上的图示之中，显示了由最高一级的"编"（篇）到很小级次的圈码（① ②）乃至更小的以罗马数字、英文字母等为用的序码标记，

---

① 汪继祥主编：《科学出版社作者编辑手册》，北京：科学出版社2004年版，第194页。

可以达到十余级的标题序码级次。① 当然，这样繁杂的标题级次只能是应用于规模庞大的皇皇巨著之中，在普通的以数千字、万余字篇幅呈现的单篇文论中，是使用不到这样繁复的序码结构的。在单篇的文论中，对章节式序码的使用多是省略了"章""节"等大级次序码后的如下级次而予以标记：②

|  |  |  |
|---|---|---|
| 一、 | 二、 | 三、 |
| （一） | （二） | （三） |
| 1. | 2. | 3. |
| （1） | （2） | （3） |
| 1） | 2） | 3） |
| ① | ② | ③ |
| a. | b. | c. |
|  | …… |  |

如上所示的序码排列，基本上仅运用了章节式序码体系的数字表达部分，但已经可以充分保障普通文论写作中对各级次标题的序码标示要求。在这样的序码层次中（包括含"章""节"的在图书中应用的序码格式），结合编辑出版界的使用习惯，应该注意几个方面的书写技术问题：

1. 尽力按照序码排列的上下级次由大向小地顺向使用，不宜出现逆序的用法。例如，在文论的写作中假如已经以"1.　2."这样的阿拉伯数字序码表达了一个级次的标题（或段落），而于此级标题包含之下出现的内

---

① 对于圈码（①②）的使用，《中国高等学校社会科学学报编排规范》"正文"中提出"不宜使用"，理由是"以与注号区别"。其实这种顾虑是多余的，因为正文中表示注释号的圈码均会以上标格式出现，且出现在文词之后，与正常排版的居于文词前部的标题序码很难发生混淆。

② 吕秀文：《编辑工作的过程和要求》，载人民音乐出版社总编辑室编《音乐编辑手册》，北京：人民音乐出版社1994年版，第37—38页。

容中即不应出现诸如"一、 二、"或"（一） （二）"这样更高级次方可使用的标题序码，建议可以选用"（1） （2）""1） 2）"等更小级次的序码。

2. 对于以上所列举的序码图示，可以根据其标题统辖内容的需要而向下跨越使用。在上面图示中的序码，虽然其间有大小的含括关系，但在具体的使用中并非教条地逐级向下择取，可以按照相关文论篇幅量的多寡、段落的设置情况灵活掌握甚或跨越级次选用序码。例如，在应用了"一、 二、"这样级次的序码之下的内容中，假如并未出现多段落较为复杂的内容区分，可以不再出现更小级次的序码；如果仅为一个个呈自然段落的并列关系且篇幅不大的内容时，则可以忽略"（一） （二）"级次的序码而直接跨越使用"1. 2."或者更低级次的序码来予标记。

3. 对于以各类数字相伴的序码标点符号的区别使用问题，有如下几种情况：

（1）以"第一""第二"等表达顺序的数字，应该使用汉语小写数字；与"编""章""节"相伴的"第一编""第一章"或"第一节"等标题之后，可以采取空半字格或一字格的方式与题名隔开，其间无须添加任何的标点符号。例如，"第一章 文论标题的设定及数字的应用""第一节 文论标题的设定"等。

（2）以汉语小写数字单独标示的序码，在数字之后以顿号与题名内容相区隔，也可以使用空半字格的方式相区隔，而不适用其他的标点符号。例如，"一、主要标题的设定""三、标题设定的原则"等。

（3）以阿拉伯数字，包括以罗马数字、外文字母（包括大小写形式）单独呈现的序码，在其后面应以齐线黑点相跟随，不能以其他的标点呈现。例如，"1.尽力按照序码排列的上下级次而由大向小地使用，不要出现逆序的使用""b.赵沨的音乐编辑思想"等。

（4）凡以各类括号（包括单括号形式）相随的数字序码，由于括号自身已经具备了序码与题名文字间的相互隔离作用，故在括号之后不能再添加任何的标点符号。例如,"(一)章节式序码""(三)职业音乐编辑的基本素养""2)音乐技能培养"等。

## 二、等级式序码

借以阿拉伯数字的树状结构来表达标题的排列顺序和所处级次的不同位置,这种标题序码的表达格式被称为等级式序码。

等级式序码属于近代以来西学东渐的产物,其形式特点是结构简练、定位清晰,对于拥有一定篇幅量的著述来说具有很好的标题序码的标示效果。它的常见表达格式如下图所示:

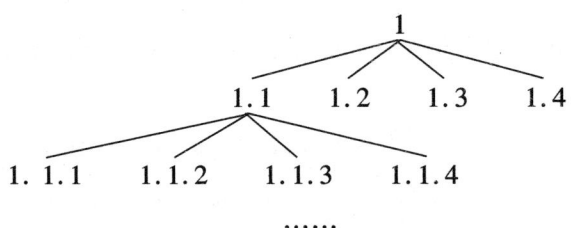

等级式标题序码虽有以上所提及的优点,但在具体的使用中也应讲求因材适用的原则。对于可以包罗众多内容的序码格式,它的使用范围若仅在于单篇的文论,就有"大材小用"之嫌;另外,等级式序码的以阿拉伯数字加齐线黑点的表达形式,对于中文环境下文科类的各式文本来说,也显得缺乏了一丝传统的人文气息。因此,在我国新闻出版管理机构于2001年颁订的自然科技领域的行业标准《科技文献的章节编号方法》中推荐使用这种格式,① 而人文学科领域包括音乐界对于这套序码格式的选用不多见。

————————

① 国家新闻出版总署颁布:《科技文献的章节编号方法》(CY/T35-2001),《编辑学报》2002年第1期。

### 三、混合式序码

混合式序码格式吸收了章节式和等级式序码的不同特色,将二者混合运用成为一种有特色的标题序码格式。由于它吸收了章节式序码主要标题醒目、等级式序码在多级次标题并立时简明的双重优点,故而这套序码体系多被应用于大型书著的标题编码标示之中。

混合式序码体系的应用方法是,大级别的标题仍使用"编"(篇)、"章"等概念,"章"级以下的次级标题序码则以等级式的阿拉伯数字序码形式来予以标记。以例图示范之,则标记为:

> 第三章　标题的设定及序码
> 　　3.1 文论的标题及标题的设定
> 　　　　3.1.1 文论的标题问题
> 　　　　3.1.2 主要标题的设定
> 　　　　3.1.3 次级标题的设定
> 　　　　……
> 　　3.2 标题序码的规范应用
> 　　　　3.2.1 章节式序码
> 　　　　3.2.2 等级式序码
> 　　　　3.2.3 混合式序码
> 　　　　……

以上述及的三类标题序码格式,在日常的学习和阅读中都能够遇到,它们也各有自己的使用优长与特点,只有对它们的表达方式与自身特点有所了解,才能做到不盲目对待和使用。还应该注意到的是,序码格式的不同形态是与不同的文化渊源、不同的学科特点相关联的,因此不同类别的文本区别应用不同的序码格式也是书写者应该考虑到的一个方面。

## 第四节　文论中数字的使用

在文本的书写与编辑过程中，数字的使用问题往往不被重视，但它在各类专业文本的写作中使用率极高，又是容易出现问题并经常让细致的作者、读者感到困惑无助的一个技术点。就音乐领域的各类文论来说，从基本乐理到作曲技术理论、从乐律学到乐器学、从演出节目单到现场乐评，各学科领域、各职业门类无不存有对数字的使用，而当今在我们的日常学习和生活中，所遇到并在应用的数字体系又不止一套，数字体系的多样化共用为文本中数字的恰当使用提出了挑战。仅以音乐领域人士经常接触并在使用中的数字体系就包括：

阿拉伯数字：0　1　2　3　4　5……

罗马数字：Ⅰ　Ⅱ　Ⅲ　Ⅳ　Ⅴ　Ⅵ……

汉语小写数字：〇　一　二　三　四　五……

汉语大写数字：零　壹　贰　叁　肆　伍……

在各类文论的写作中，对于这样几套数字体系有着怎样的使用禁忌或者规定呢？总体来说，数字在文本中的表达方式应该遵循如下四条原则：①

（1）编码效率原则。在文本中使用的数字，应该能够高效率地传达写作者所要表达的信息，同时又能够被简洁地记写并且容易被读者识别。

（2）尊重传统原则。无论文字还是数字符号，均有历史的渊源，也具有传承文化的功用。在面对历史已经久远的中文文本即古代典籍时，应尽

---

① 教育部语言文字信息管理司组编：《〈出版物上数字用法〉解读》，北京：语文出版社2012年版，第10—12页。

可能地尊重传统并弘扬传统文化，这也是中文文本书写、阅读和编辑者的职责之一。

（3）清晰表义原则。在各类数字的具体运用中，不同的语境之下应根据不同数字形式的表义差别，选择表义更清晰、更准确的表达形式，以协助实现文本在整体上的清晰表达。

（4）系统一致原则。也可称之为"同类别同形式原则"。此项是指，在数字的运用中具有两种或两种以上可以选择的数字形式时，应该本着局部统一的系统一致性原则，以尽力减少局部文本中数字表达时的繁乱现象。

根据以上四条原则，结合音乐文本的写作与编辑实际，我们认为在数字的使用过程中应该格外注意如下几点。

## 一、对日期的表达

在各类音乐文本之中，对于日期的记写与表达是十分常见的。或许正是因为常见、常用的记写行为，往往就存在着诸多不为人关注的问题。

下面先列举几组以不同的数字形式所表达的相同日期的案例，以实例来说明此类问题存在的普遍性：

第一组
  a. 二十世纪 30 年代
  b. 二十世纪三十年代
  c. 20 世纪三十年代
  d. 20 世纪 30 年代

第二组
  e. 二零一九年
  f. 二0一九年
  g. 二〇一九年
  h. 2019 年

第三组

    i. 光绪三十四年（1908）

    j. 光绪 34 年（1908）

以上带有随意性地列举的三组日期，它们的表达方式在日常学习、工作中属于经常能够遇到的情况，甚至相同的案例在我们自己的书写中也会遇到并让人犹豫：如何书写才算正确或曰规范呢？在如上的三组表达形式中，其实于每组之中至少有一项的表达属于正确且符合规范的书写，每组之中也都有错误或不符合语言习惯的表达方式需要引起我们的足够重视。首先，在日期的表达中应该尽力保证所用数字体系的统一，不能在同一文本中出现体系的混杂（系统一致原则）；其次，作为不同文化源流的数字体系，其适用的场合也是有限定的，在源自于西方的公元纪年的表述中应以阿拉伯数字的使用为主（编码效率原则），而在以中国传统的历史纪年中则应以汉语小写数字来标记（尊重传统原则），为了当代读者便于理解，在汉语数字后面圆括号中（夹注形式）再辅以阿拉伯数字的公元纪年。由此，上面三组中的正确而规范的首选表达方式分别为 d、h、i 三例，即第一组"20 世纪 30 年代"、第二组"2019 年"、第三组"光绪三十四年（1908）"最为可取。当然，在比较注重传统文化传承的写作者那里，以汉语小写数字表达公元纪年是被允许的（但需要在文本的前后表达体系上相互统一），故而例 b"二十世纪三十年代"和例 g"二〇一九年"也是可行的用法。

## 二、传统文化中的数字使用

考虑到阿拉伯数字的简洁明了和在国际间的广泛应用，在国内的编辑出版领域为了使得出版物数字用法不再混乱，曾经由国家语言文字工作委员会、国家出版局、国家标准局等单位于 1986 年底联合颁布《关于出版物上数字用法的试行规定》。在这个"试行规定"的"总的原则"中指出："凡是可以使用阿拉伯数字而且又很得体的地方，均应使用阿拉伯数字。遇特殊情形，可以灵活变通，但应力求保持相对统一。"由此，国内出版物对阿拉伯数字的使用愈加多见，甚至出现了举凡遇到数字必首先考虑选用阿拉伯数字的情况。这种现象当然引起了文化界有识之士的忧虑和批评，关于出版物数字用法的规范问题也成为编辑出版界曾经热议的问题之一。① 之后，关于《出版物上数字用法的规定》（GB/T 15835 – 1995）、《出版物上数字用法》（GB/T 15835 – 2011）等纠偏式的国家标准相继推出。在 2011 年版《出版物上数字用法》的国家标准中，即明确写道："原标准在汉字数字与阿拉伯数字中，明显倾向于使用阿拉伯数字。本标准不再强调这种倾向性。"其中，对于中国传统文化领域文本中的数字表达和已经定型了的含数字词语的应用，均明确提出了应以汉语小写数字来予以记写。②

由此用法之规定，请审视如下几组例子中的数字用法，以做正误的辨别：

4 大发明——四大发明

30 而立——三十而立

10 佳青年——十佳青年

15 个吊桶打水，7 上 8 下——十五个吊桶打水，七上八下

显然，以上四组数字的用法在生活中也不难见到，但每组案例中的第二个案例应该属于正确的表达方式。其原因就在于，四组所涉及数字使用

---

① 韦建培：《省便·得体·规范——谈出版物阿拉伯数字的使用》，《中国出版》1994 年第 2 期；吴葆勤：《出版物数字用法考辨》，《中国出版》2000 年第 9 期。

② 详见国家质量监督检验检疫总局、国家标准化管理委员会：《出版物上数字用法》（GB/T 15835 – 2011），2011 年 7 月 29 日发布。

的表达方法，均涉及中国传统文化或者固化词语的习惯性表达问题。在这样的叙述语境之中，应该坚定地使用汉语小写数字的表达方式。

具体到音乐领域，无论是中国古代音乐史中的相关事象，还是中国传统音乐的律、调、谱、器、曲，其中涉及到的以数字表达的概念、术语甚或固化的其他名词，基本应该选择以汉语小写数字的形式来记写。比如，中国古代音乐史中出现的乐律学专有概念"三分损益法""六律六吕""京房六十律""五旦七调""燕乐二十八调"等，均不能以其他数字形式来记写；中国传统音乐领域的技法、乐种、曲名等所涉及的数字（"活五调""八大套"《五梆子》《十六板》《三五七》《十八六四二》等），也不能对之既有数字形式妄做表达体系的转化书写。

需要提醒的是，对于中国古代音乐历史与传统音乐文化中特有数字表达方式的强调，并非禁止以现代学科方法和理念对它们进行研究，也非禁止于引述之时可能出现的其他数字体系的介入。这虽然出现在相似的语境之内，但其具体所指和问题的属性是不同的。比如，在论及古代乐律问题时，经常出现对文献中律学运算数字的引用、借用，面对长大的数据字符，部分使用者感到无所适从。其实这已涉及到文献标注的相关话题：直接引用历史文献，应以原文献的既有形态呈现；若以今日书写者角度的表述或者转述，可以变换为简洁的阿拉伯数字体系记写。比如：

> 置黄钟横黍度长十寸，自乘得一百寸，倍之得二百寸为实，开平方法除之，得一十四寸一四二一三五六二三七三〇九五〇四；进一位命作立方积一百四十一寸四百二十一分三百五十六厘二百三十七毫三百〇九丝五百〇四忽为实，别将律数十二自乘得一百四十四为法除之，得黄钟积实。①

---

① 〔明〕朱载堉撰，冯文慈点注：《律学新说》卷1，北京：人民音乐出版社1986年版，第24—25、284—285页。

当将上述引文作为今天书写者的话语进行表达、验算之时，完全可以将其中数字化为相对应的阿拉伯数字体系以及现代数学公式来记写。

同理，在面对古代文献的卷册序号时，当不涉及传统文化自身内容和题名的内容，仅以数字标示序号之时，也是可以选用阿拉伯数字来代替汉语小写数字的。① 比如，《乐书》卷197、《资治通鉴》第293卷等。

### 三、对不确定数字的使用

在日常的写作中，经常会遇到一些表达概数、约数等不确定数字的情况，书写者的表达方式可谓五花八门。比如，以下所呈现的情况：

第一组
    a. 挤进来10几名
    b. 挤进来十几名
第二组
    c. 二十出头的年纪
    d. 20出头的年纪
第三组
    e. 20世纪30、40年代
    f. 20世纪三四十年代
    g. 二十世纪三四十年代

面对如上各异的表达方式，每组之中哪一例的书写是正确或曰规范的表达呢？根据《出版物上数字用法》（GB/T 15835–2011）中的指导规范，

---

① 作为历史学领域重要的学术刊物，《历史研究》杂志在规定引证古籍文献时，即明确约定"卷次用阿拉伯数字标注"。详见《〈历史研究〉关于文献引证标注方式的规定》"古籍"项，《历史研究》2001年第6期。

书写时当出现以数字连用表示的概数、含"几"的概数时，应该使用汉语小写数字，且在连用的数字之间无须使用顿号。比如，上例中的 b、g 两例的用法，即为正确的表述；如果表达的数字个数不多，选用阿拉伯数字与汉语数字均不影响辨识时，可以使用二者中的任意一种。但在音乐领域的文本叙述中，数字表达的几率相对来讲并不很高、情况亦不复杂，况且诸如几乎、差不多、出头、余等概数、约数的表达本身即充满了汉语文化的浓厚气息，因此建议在此类情况出现时选择汉语小写数字的表达。例如，上述三组之中的 b、c、g 例的表达方式，就更合乎出版物数字用法的指导规范和汉语自身的表达习惯，即"挤进来十几名""二十出头的年纪""二十世纪三四十年代"。

## 四、局部的用法统一

在数字的使用中虽然有着以上的一些约定，但在具体的写作中常常遇到在局部章节或者段落中数字频出且用法不一的复杂情况，假如教条地依照如上的数字使用规范将导致更加混乱的表达形态。比如下例所示：

> 这例多镈同出的地点发生在 1959 年五件镈同出窖藏坑的旁边，两坑相距仅约二十米，1993 年 6 月出土的十件镈，全部置于一椭圆形土坑中，分四层平置，下面三层每层三件，最上层一件，各镈放置无明显规律。十件镈中有一件形制、纹饰迥异的镈，原报告中将其列为 I 式，已被排除在"编镈"之外，其余九件"形制相同，大小有别"的镈被列为 II 式。①

上例中的数字呈现方式只是众多学术性文论中常见的一例。在这样短短的一段文字之中，就出现了阿拉伯数字、汉语数字和罗马数字三种不同

---

① 陈荃有：《中国青铜乐钟研究》，上海音乐学院出版社 2005 年版，第 27 页。

体系数字的交错呈现，既无助于内容的更好表达也显得叙述凌乱。在此，除了公元纪年以阿拉伯数字表达的常见化（也会在同一文论中其他地方呈现）、罗马数字对器物形制表达的引用性质（也是考古学界的常用标示法），其他的数字使用多可参照系统一致的原则，将其中的多数数字的用法做出调整，尽力避免繁乱表达格式的出现，从而做到局部用法的尽量统一。在此项原则指导之下，以上案例可改由这样的表达方式（供参考）：

> 这例多镛同出的地点发生在1959年5件镛同出窖藏坑的旁边，两坑相距仅约20米，1993年6月出土的10件镛，全部置于一椭圆形土坑中，分四层平置，下面三层每层3件，最上层1件，各镛放置无明显规律。10件镛中有1件形制、纹饰迥异的镛，原报告中将其列为Ⅰ式，已被排除在"编镛"之外，其余9件"形制相同，大小有别"的镛被列为Ⅱ式。

数字使用上的局部统一，是在追求总体符合数字用法规范和其中主要数字必须符合某种规范要求的基础之下的用法统一，而非作者的随意所为。

第三章

# 文论文本中的字词与标点

在音乐类的各式文本之中，乐谱文本是其行业特色的体现和常见类型，但字符与为其服务的标点符号却同样是音乐文本的基本部分，更是音乐理论领域的主要文本形式。同时，由现时音乐领域从业人群的文化状况而言，字符文本也是音乐领域文本中存在质量问题较多的一个类型。因此，本章将看起来常见的汉语字词及其标点符号所构成的文本问题列为专章予以探讨。

## 第一节　正确使用汉语字词的意义和方法[①]

汉语作为中华民族的母语和国家正式立法的官方语言，对于它的学习和使用既是公民之责，也是由社会及广大民众与生俱来的自发行为所促动的。但是，作为社会成员日常生活交流的语言文字与一定专业领域内书面化文本语言的表达，其间无疑存在着较大差异；而对于这种专业文本语言

---

① 本节及以下第二、三节中的主体内容，曾以《正字词・晓规则・明机理——音乐文论书写与编辑方法摭谈》为总标题，先期刊登于《音乐传播》2018 年第 4 期，第 1—7 页。

文字的准确把握和熟练运用，就是专业程度、学术水准的具体显现了。对于这方面的问题，本节从两个角度予以简明阐述。

## 一、音乐家提升汉语书写水平的意义

文字符号是文化信息记录、保存及传播的载体，也是进行音乐文化交流传播时的重要辅助工具。因此，加强汉字的书写、运用的能力不只是音乐理论家、音乐学家的基本功，同样也是每一位音乐领域人士从业乃至存世立身的基本功。

应该正视这样的一种社会现实：长期以来国内音乐界的出版物存在着不容乐观的编校质量问题，这种问题的持续存在已经影响到文化艺术作品及科研成果的继承、保护、传播与交流，需要引起整个音乐界的足够重视。[①] 这种现象的形成，有其历史的原因，也有现实生活中人们的忽视与漠视而积累形成的因素，更与音乐界从业人员自身文化程度与出版机构编辑职业意识欠缺、编辑能力局限有关。历史地看，作为有着悠久而漫长文明传统的民族，我国历代文献中不乏音乐艺术领域的著述、文论，特别是继造纸术、活字印刷术先后发明之后，大量的音乐艺术领域的作品、成果得以编辑、刊行，出现了像《乐书要录》《乐书》《神奇秘谱》《乐律全书》《九宫大成南北词宫谱》等等以字、谱、图、表兼具的乐论乐谱巨著。通过研习这些古代的音乐文化成果我们发现，古人遗留的珍贵文献的作者或编辑者虽然均可称为音乐家，但他们更是学识积累深厚的文人；甚至可以这样说，正是因为他们的文人身份才造就了这些不朽的音乐典籍。当历史进入到20世纪，西方的近代学科意识与职业音乐家的理念及培养体系的传

---

[①] 对于此方面存在的问题，近些年音乐学术界曾有诸多的建言与批评。请参阅：陈荃有《当前音乐出版存在的问题及解决途径》，《人民音乐》2003年第11期；金建民《〈牛津简明音乐词典〉的几处勘误》，《人民音乐》2014年第2期；卞祖善《我国音乐出版业学术水平亟需提升》，《音乐周报》2014年7月2、9日（连载），第7版；等等。

入,逐步出现了以近现代音乐艺术为终身事业的职业化艺术家,今日的文人与音乐家均无须琴、棋、书、画样样精通的全面历练,高等艺术院校招生环节对于文化科目成绩的长期降分照顾,致使不少的艺术家除了专业技能之外已无更多文化的储备,由此出现艺术作品与成果的文本瑕疵甚至低劣之作就更显得不足为怪了。

鉴于在音乐领域长期存在忽视、轻视文化课程的学习,一些艺术类专业的师生认为,只要能够以汉语做日常交流并基本表达自己的思想即可,语言文字水平的提高没有必要;还有不少的青年学生为了出国"镀金",对本民族母语的掌握程度尚不及对外语的学习。面对这种现象,许多资深艺术家以及教育家早就提出了批评。例如,音乐教育家赵渢先生曾经指出:"音乐是一种技术性很强的艺术,因而加强技术锻炼无疑是十分正确和必要的。……技术学习必须与全面的文化、艺术、音乐修养相辅相成,才能使学生不但是一个灵巧的技匠,而且也是一个具有广泛修养的艺术家。"[①] 如果说这种观点的所谓"修养"尚包括众多理论学习的话,现代语言学家吕叔湘先生的观点则更为直接:"学好语文是学好一切的基础。"[②] 因为,语言文字的掌握程度和修养所体现出的不只是文论写作与言语表达水平的高下,它更是人的思维缜密清晰、推理严谨细致和知识积累渊博深广的一种体现。

对普通人群尚如此要求,对于身在高等院校学习的音乐专业尤其是音乐学各方向的大学生、研究生乃至青年音乐家来说,加强语言文字方面的学习和运用能力,近可以提高自身的人文素养,为日常学习和毕业论文筑牢基础;远则成为提升自身专业学习水平,以造就未来艺术大家之要项。

---

[①] 赵渢:《关于我国音乐教育》,载《音乐与音乐家》(个人文集),北京:中国文联出版公司1988年版,第248页。

[②] 教育部语言文字应用管理司编:《国家通用语言文字知识手册》,北京:语文出版社2012年版,第27页。

## 二、语言文字学习的基本方法

对于语言文字和它所寄附的文化知识的学习与提高是个长期而漫长的过程，只有经过持续不懈的努力，方能见到明显的进步。具体到音乐专业的从学者、从业者，我们认为可以从如下几个方面来具体入手。

### （一）重视和提高文化知识的学习与积累

无论是升入高等艺术院校学习的青年学生，还是已经处于工作岗位的音乐从业者、音乐爱好者，人生的学习均已从中小学重在基础知识的积累进入到专业知识与专业技能的修习、提升阶段，对语言文字的运用也已转入到与具体学科专业相关联的阶段。对于广大高等艺术院校的大学生、研究生来说，他们所接触到的各门课程虽然丰富多样、所涉领域广泛，但无不以语言文字为基础，各门学科与具体课程之间也无绝对界线，况且课程之间多存在知识体系的内在关联，可谓触类即能够旁通；加之专业院校内的学习生活，其日常所论、所思、所为多已离不开专业知识与理论素养的支撑。因此，在这一学习机会集中的人生时段，青年学生可以着意或隐或显地提高自身的文化理论素养，也就等于在提升自身驾驭语言文字运用的能力。

应该认识到的是，在现实的高等艺术类院校中，较为普遍地存在着重视专业主科、重视技术技法练习，忽视技术理论尤其是忽视史论、人文类课程的情况，而音乐史论与其他文史哲领域的公共课程偏偏正是构成青年艺术人才主要的人文、艺术素养的基础性课程。也就是说，音乐领域从学从业者的文化"短板"从中小学阶段渐显，到高等院校后往往没有得以"补短"，反而因忽视相关课程而愈益拉大了与同龄文化人的差距。因此，对于音乐领域各专业方向的人士来讲，所谓提高文化素养和语文水平，应该先从高校在读阶段即重视各门专业必修课、选修课以及公共课程的学习，做到不偏科偏学；在课余或业余时间，再着意人文知识、技术理论科目的研读与思考。这些认识和学习方法，实乃提升专业背景下的文论书写与编辑水平的基础之道，也是必经之道。

(二) 掌握汉字的结构和基本的分析方法

汉语言文字属于表意体系，每个汉字都包含了形、音、义三个方面的元素。"形"，即构成汉字的字形结构；"音"，即每个汉字的读音；"义"，则为汉字内在的含义。汉字的应用者在日常的学习和阅读中，应该学会做有心人，即多注意观察、了解文字的字形、字义，尽可能正确发音、读写，围绕表意文字的这三个方面互相关联，对于提高汉语文字的正确书写和恰当运用无疑是十分重要且为必要的措施。

具体到音乐领域，除了尽力掌握普通汉字的形、音、义，对于具有音乐文化本体意义字词的学习和掌握就显得十分必要。这些内容多涉及中国古代音乐历史和汉族传统音乐艺术，基本属于中国音乐艺术、音乐理论的基础问题甚或核心概念，十分重要。诸如在中国古代律学、宫调理论、乐器、创作技法、美学观念的特有概念中，存在不少需要慎重对待的汉字，其形、音、义之间的密切关系直接涉及对于音乐史事和音乐本体的学习与理解。另外，作为方块字符，无论是独体字还是合体字，均由相应的偏旁、部首等更小的字符单位所构成，这些偏旁、部首在文字的结构中往往具有明确的字义、字音的指示意义。因此，观察并掌握基本的汉字构成的分析方法，将有助于对汉语字词的掌握。①

以中国上古时期的乐器来说，它们的命名即已包含了周代"八音"分类法中制作材料的构成，可谓识其字即知晓乐器归类甚或了解乐器的基本型式、发声属性：②

---

① 汉语正字所使用的字体分析法，常用者包括对合体字中的形声字、会意字进行分析、把独体字分析为更小的单位等。详参阅杜维东：《错别字辨析手册》"正字方法篇"，北京：现代出版社1996年版，第17—20页。

② 〔汉〕许慎撰，〔清〕段玉裁注：《说文解字注》，上海古籍出版社1988年第2版，第709、451、687、206、633—634、265、197页。

金类，"钟"，"乐钟也。'当作金乐也。'"

石类，"磬"，"石乐也。从石。声象悬虡之形。"

土类，"埙"，"乐器也。㠯土作。六空。从土，熏声。"

革类，"鼓"（鼛），"春分之音。万物郭皮甲而出，故曰鼓。……中象装饰，又象其手击之也。"

丝类，"琴"，"禁也。……洞越。练朱五弦，周时加二弦。"

木类，"柷"，"乐木控也。所㠯止音为节。"

匏类，"笙"，"十三簧。象凤之身也。"

竹类，"箫"，"参差管乐。象凤之翼。"

相信通过这样对于汉字音、形、义的学习和字体结构的分析，涉及中国古代音乐与传统音乐中的许多问题将会获得解困的线索，甚至可以使问题迎刃而解。

（三）熟悉简化字，了解繁体字、异体字常识

汉字在历经数千年的发展演化之后，于 20 世纪开始经历了不断的简化运动：1935 年，中华民国教育部就曾颁布《第一批简化字表》，推出 324 个简化汉字；中华人民共和国成立之后，先后于 1964 年、1986 年在中国内地推动简化字改革，并推出《简化字总表》，共收录两千多个常用汉字的简化字体。2000 年 10 月，全国人大通过了《中华人民共和国国家通用语言文字法》，正式将以简化汉字为主的规范字的使用纳入到法律框架之下。其实，简化字只是为了书写与传播的便利而针对笔画过于繁缛的繁体字采取的简笔措施，我们接触的另一类汉字——异体字，则指在历史中形成的同音同义而异型的一批汉字字形。针对异体字的问题，1955 年 12 月国家文字改革委员会、文化部曾经发布《第一批异体字整理表》，淘汰了 1055 个异体字的使用；其后经过多次修正，仍有 1027 个汉

字被列为淘汰使用的异体字之列；① 2013 年 6 月，国务院再次发布新的《通用规范汉字表》，其中一大亮点是将《第一批异体字整理表》中"喆、淼、犇、昇、閆、邨"等 45 个原认定为异体字的汉字恢复为规范字使用。

对于繁体字、异体字来说，虽然在《国家通用语言文字法》中明令要求使用规范的简化汉字，但是在该项法律第二章第十七条中也明确指出了对于在书法、篆刻、古文献、文物、姓名等几种应用的情况下，仍然允许异体字、繁体字的使用。② 鉴于此，我们在日常的学习生活中，在引用古代文献时、在接触到音乐家的姓名时，应当留意这批允许被使用的繁体字、异体字的情况。比如，在现当代音乐界所熟悉的音乐家、艺术家群体中，就有部分人士的姓名中保留有异体字、繁体字：严良堃（坤）、黄霑（沾）、罗忠镕（熔）、王次炤（昭）等等。对于人名中涉及的这类汉字，我们应该了解语言文字于 20 世纪之后所发生的快速变化，尊重当事者姓名的书写选择与意愿，切勿擅自做出修改。

## 第二节　几种常见情况的处理

在汉语文字类文本的书写中，除了提高对于文字的应用水平、提升文字表达的严谨程度，以减少乃至杜绝文本之中的错别字词、词不达意、文不通畅现象之外，就目前音乐界从业从学者的现实状况，以编辑者的角度

---

① 国家语言文字工作委员会政策法规室编：《语言文字工作百题》，北京：语文出版社 1995 年版，第 63—64 页。

② 在《中华人民共和国国家通用语言文字法》第二章第十七条中，有如下的规定："本章有关规定中，有下列情形的，可以保留或使用繁体字、异体字：（一）文物古迹；（二）姓氏中的异体字；（三）书法、篆刻等艺术作品；（四）题词和招牌的手书字；（五）出版、教学、研究中需要使用的；（六）经国务院有关部门批准的特殊情况。"

来看，尚有几种情况下的书写应该引起大家足够的关注与反思。

## 一、关键语词的书写统一和简写

在文论文本的叙述中，有一部分的语词犹如全文的"主题词"或"关键词"，在文本叙述中起着骨架性的支撑作用，对于这些语词的使用应该格外谨慎。其中，这些语词的多数为涉及客观事实中的名称、专业术语或已有业界共识的概念化语词。对于这类关键性的语词，应该以通行的标准用法来命名和书写，避免因表达的不统一甚或作者自身的疏误，导致读者的误读误识；特别是在同一文本之中同一语词反复多次的使用时，更应该避免出现表达上的前后不一致。

以案例为证。请查看下面两例中在关键语词的书写上所存在的问题：①

    a. 山西忻州民间艺术家卢朴良多年以来潜心于"山西八大套"的音响复原工作，并取得了一定的成绩。为了能使下一阶段复原工作更好地开展，2010年11月19日，卢补良率领他的乐团在中央音乐学院演奏厅举办了一场"山西八大套"的专场演示音乐会，获得了良好的演出效果。

    b. 20世纪50年代末期，由当时的上海音乐学院青年学生何占豪、陈钢创作的小提琴协奏曲《梁祝》成功首演。从此以后，《梁祝》那优美凄婉的主题音调成为海内外华人精神世界中绵延不绝的浪漫共鸣。

先看a例：在这段简短的叙述中，民间艺术家的名字和乐种的名字无疑是重要的两个"关键词"。对于地方乐种"山西八大套"，多数人耳熟能

---

① 此处以及本章随后所用的一些样例多来自日常审稿、阅读时所见素材，有些乃本人为阐述问题而随手撰写，因非学术观点或资讯的引用，且多数样例为了标示所谈及的问题还对其做出了必要的调整，故在此不一一列出所举材料的具体出处。

详,字义也简单明晰,即使出现书写错误也容易被编辑者和读者发现。但对于民间音乐家"卢补良"来说,相信有很多的受众包括音乐界的专业人士都未必知其名、识其人。在这段文字中,即使书写错误(卢朴良)不发生在段首的位置,这种因写法不统一而易使人混淆的表达(卢补良、卢朴良),都同样极易引起人们的疑惑甚至错判。因此,在各类文本中类似这般关键性的语词、表述方法,其写作的准确性、一致性就显得尤其重要。

再看 b 例存在的问题:此例的文字虽然简短,但其中涉及的知识点甚多,且均为现代音乐历史中的事实存在,不可疏误。在文字的叙述中,写作者将日常生活中对作品的习惯性简称(《梁祝》)带进了书面文本的书写之中。这种书写习以为常,似乎并无不可,关键在对于作品(包括其他各类关键性的史实、概念等)的完整而真实名称的交代必须在文本开始之初就应当予以显现,而对于文论中关键语词的缩写或简称,应该在该语词首次全称表述之后,紧接以适当方式做出简写的注释(多以夹注方式呈现)。之后,方可以在文本写作中施行缩写或简称的格式。由此,对 b 例可以做出如下表达方式上的调整:

20 世纪 50 年代末期,由当时的上海音乐学院青年学生何占豪、陈钢创作的小提琴协奏曲<u>《梁山伯与祝英台》(以下简称《梁祝》)</u>成功首演。从此以后,《梁祝》那优美凄婉的主题音调成为海内外华人精神世界中绵延不绝的浪漫共鸣。

这种情况在作品分析、现场乐评、书评类的文本中经常可以遇到。例如一篇书评文本的片段:

2010 年,伍国栋先生的新作《江南丝竹:乐种文化与乐种形态的综合研究》(以下简称《江南丝竹》)由人民音乐出版社正式出版发行。这是作者受聘南京艺术学院期间申请的国家艺术学年度研究项目的成果展示，也是作者多年来潜心民族传统音乐研究，对民族音乐的思索与总结。

"江南丝竹"是于20世纪50年代被命名的一种民族器乐的合奏乐种，在我国的民族器乐合奏中占有重要地位。《江南丝竹》则是伍国栋先生近年来对"江南丝竹"音乐进行全面、系统研究的重要专著。

以上这段书评文字，虽然将图书《江南丝竹：乐种文化与乐种形态的综合研究》简称为与实际乐种"江南丝竹"相同的名称未必恰当，但由于在书名首次完整呈现之后予以明确告知简称的名称及写法，因此在之后的叙述中尽管书名与乐种名称时常交织出现，但书名号（《　》）给予的标示作用，仍不至于使读者将著作与乐种名称二者产生混淆。

## 二、对引文中关键语词的处理

在文论写作之时所直接引用（包括间接引用）的文献中，因被引文献呈现的具体时代与运用语境的不同，经常会出现与作者现时写作时的字符、语词的不同或者义同词异的状况，甚至还会出现与当今汉语使用规范相抵触的表达方式。对于这种情况，部分书写者采取主观而武断的处理方法，在引用时径直按照现时的语境做出了用字用词的人为调整；也有部分书写者在引用通行简化字出现之前的文献时，将繁体字、异体字一并照搬使用。这样两种做法，在现时生活中具有一定的代表性；两种针对引文的处置方法，也都存在可值商榷之处。

首先，对于各类文献的引用，尤其是直接引用文献，所呈现的材料本身即为他人撰述的成果或观点，具有明确的"借用"之意，因此尊重他人的文献原貌、保持文献的原初特色应是书写引用时的基本规范。故而，在引用文献或者借用他人观点与成果之时，以尽可能完整、真实地呈现原文献的既有面貌，是引用者必须遵守的学术规范，也是引用者为人处世良好规范的一种表现。①

其次，随着时代的发展，汉字的应用规则也在发生变化。例如20世纪出现的简化汉字运动，由政府主导推出了官方的汉字简化、调整用法的方案，并以国家法律和应用标准的形式予以确认。② 对于历史文献中所用字符与国家法律及推行的规范化字表完全相符合的字符，应该以现行的规范简化字来书写；如果文献中出现了缺乏与今天规范文字直接对应的字符、专有词汇、具时代风格的词汇等情况，应该注意保留其原有的专指和时空特色，即应予准确保留文献中的原有用法；对于未明确的字符或在引文中起到关键性寓意的语词，可以考虑以规范汉字呈现并临时添加引用者的注释，予以局部的引注说明。

例如，中国近现代音乐史中较早专事音乐学术研究和著述的王光祈先生（1892—1936）在1924年首版的专著《欧洲音乐进化论》中的一段话：

> "主音音乐"自十七世纪初叶佛鲁冷池（Florenz）诸名士发端以来，其后复经巴赫、亨登（Händel，德人，生于一六八五年，死于一七五九年。与巴赫齐名，如吾国诗中之有杜甫、李白）、巴赫两子（其一生于一七一四年，死于一七八八年，其二生于一七三五年，死于一七八二年）、史达米迟（Stamitz，德人，生于一七一七年，死于一七五七年）、海登（Haydn，奥人，生于一七三二年，死于一八〇九年，与摩擦耳提［Mozart］、白堤火粉［Beethoven］并称为"维也纳三杰"）、摩擦耳提（奥人，生于一七五六年，死于一七九一年）、白

---

① 对于学术引用问题，已成为学术规范建设中重要的一个环节，并被提升到"引用伦理"的高度来认识。详参阅杨玉圣、张保生主编：《学术规范导论》，北京：高等教育出版社2004年版，第46—49页。

② 国家语言文字工作委员会政策法规室编：《语言文字工作百题》"前言"，北京：语文出版社1995年版，第1页。

堤火粉（德人，生于一七七〇年，死于一八二七年）等之改良促进，遂巍然成为今日音乐调式之中心。①

这段文字属于 20 世纪上半叶音乐文献中比较常见的叙述方式与译词的表达，具有西学初起阶段的时代特色。译词的选用和纪年表达的方式具有显著的历史印迹，是音乐史学史材料的真实体现。对于这类历史文献的引用、学术的规范及对前人的尊重，使我们今天的学者只能将其中能够一一对应的繁体字符转化为简体字符，但文中富有时代特色的表述方式和译文风格，包括以汉语小写数字记写的公元纪年，均不可随意做出更改（今人据此所做的另行表述除外）。

### 三、外文翻译语词的处理

此处所论，并非探讨外文翻译时的规范化问题，而是主要指向音乐文本中遇到的国外作品名、机构名、人名以及专业技术词汇等汉译书写的规范化。就如同前文所引王光祈著述中出现的译词，对于今天的读者来说许多表述都难于理解，这种对于译词的规范化书写涉及到翻译的标准——其实历代翻译家也经历了相当长时间的探索过程，直至 20 世纪 80 年代国内方建立了翻译用词规范的国家标准。在当代的文本写作中，由于已经建立了较为长期的译词规范的历史，我们的书写似乎规范统一、有据可循了，但现实生活和学习中仍然还能遇到与此相关的形形色色的疑惑。比如，对于西方现当代艺术领域出现的新的艺术事象、音乐作品、创作技法等的翻译与命名；即使西方古典主义、浪漫主义时代的音乐事象，也经常遇到书写不一的现象。对于这类情况，仅就文本编辑的角度而言，可以考虑做如下的处置：

---

① 王光祈《欧洲音乐进化论》（上海：中华书局 1924 年初版），载四川音乐学院、成都市温江区人民政府编：《王光祈文集·音乐卷》（上），成都：巴蜀书社 2009 年版，第 374 页。

1. 对于常见的外来翻译语词，可参照音乐界通用工具书的普遍书写方法以作为选择。在音乐界具有权威地位的工具书多由专门的学术机构或由出版机构牵头，聘请资深专家担任主编或组成编委会，调动全国学术研究、教学、创作、翻译、出版各领域的专家，经过长期的集体协作而编纂完成的；出版之后，且经过一定时间的使用并为专业界所认可。因此，这些工具书已经在音乐领域奠定了较牢固的认可度。其中，涉及外来译词用法的常用参考工具书主要包括：

  a.《中国大百科全书·音乐舞蹈》，中国大百科全书出版社1989年版；

  b. 缪天瑞主编《音乐百科词典》，人民音乐出版社1998年版；

  c.［英］迈克尔·肯尼迪、乔伊斯·布尔恩编，唐其竞等译《牛津简明音乐词典》（第4版），人民音乐出版社2002年第2版；

  d. 汪启璋、顾连理、吴佩华编译《外国音乐词典》，上海音乐出版社1988年版；

  e. 邬析零、廖叔同、陈平等编写《外国音乐表演用语词典》，人民音乐出版社1994年第2版。

以上工具书中都收录有大量相关的各类国外音乐家、作品、机构以及创作技法、体裁、风格等方面的汉译词目，可以作为我们文本书写时的参照依据。尤其是对于西方的巴洛克及至民族乐派兴盛时期的艺术音乐，也是国内音乐界接触西方文化最为集中的历史时段，其间的主要音乐事象在工具书中多有呈现。即便如此，其中的一些常见名词的书写也常常使书写者感到困惑。诸如，"巴赫"——"巴哈"、"巴罗克"——"巴洛克"、"威伯"——"韦伯"、"柴科夫斯基"——"柴可夫斯基"等等词汇的不同用法，在写作时常常令书写者难于抉择。

其实，对于这类因音译而选字不同的表述，本身并无对错之分，皆在于自己文本之中的用法统一。而对于美国纽约朱利亚德学院（Juilliard School）的书写，在当今许多出版物及专家的文论中，多书写为"茱莉亚音乐学院"或"朱丽亚音乐学院"，此种写法与西方女性中常见的姓名的读音与写法相同，获得了较多人士的肯定。但查阅该学校的英文校名、实际办学以及在《音乐百科词典》《牛津简明音乐词典》《中国大百科全书·音乐舞蹈》等众多工具书中的译词，发现将之书写为"朱利亚德学院"则更为合乎翻译规则与出版规范的实际。

2. 对于因为各类原因在常用工具书中尚无收录或者仅在近期出版的个别工具书中被收录的内容，也即并未在专业界形成较为统一共识的情况下，还是应该遵循音乐界内"约定俗成"的使用原则：要么以工具书的书写方法为据来书写；要么以正规出版物、专家文论等业界较多应用了的使用方法来书写。其中，尤以音乐界赋有资质的专业出版机构的出版物和学养深厚专家的文论中的应用为重（其中的出版机构主要包括：人民音乐出版社、上海音乐出版社、专业院校出版社等）。例如，对于美国现代民族音乐学家内特（Bruno Nettl）① 的译名，在近年来国内的出版物及学术活动中频繁出现，但多书写为"内特尔""奈特尔"或"耐特尔"，而工具书中的书写（内特）反倒少有认同者。对于以上情况，一是说明部分词汇因出现的时间或频率有限，其书写方法在业界并未达成一致，有待继续接受检验；二也说明专业界对于工具书的重视尚不充分，并未形成规范应用的意识。无论如何，对于这类译词的应用，在汉语译词之后添加外文原文的夹注就成为弥补缺憾的必要手段。

3. 对于个别非常见常用者，无论是对于西方音乐深度研究之后所出现的还是涉及当代人物、作品、著述、机构、技法等方面的内容，均应该在遵从翻译界常用的对应字符库中予以译介，切勿选用生僻怪异的表达方

---

① 缪天瑞主编：《音乐百科词典》，北京：人民音乐出版社1998年版，第444页。

法；同时，在汉语译名之后添加圆括号书写外文原名的夹注，或添加注释予以更为详细的信息陈述。例如：施图肯什米特（H. H. Stuckenschmidt）、《音乐时代》（Musical Times）、《音乐批判》（Critica musica，1722 – 1725）等的书写方法，直至以脚注方式给出更加详尽的注释。比如：

> 至20世纪下半叶，这种具有广泛影响力的代表性学者型批评家计有德国战后竭力支持先锋派音乐的施图肯什米特[1]……①
>
> （原文脚注）[1] Hans Heinz Stuckenschmidt（1901—1988），生前长期担任德语国家重要报纸的音乐评论员，特别是在著名的《法兰克福汇报》任职长达三十年（1957—1988），同时也兼任大学中的音乐学教授，以支持先锋音乐和不妥协的批判而闻名。其重要论著《二十世纪音乐》已有中译本，由汤亚汀译，叶纯之校，人民音乐出版社1992年出版。

## 第三节　常见错别字词案例举析

在音乐领域的文论文本中，经常有一些涉及知识、技能的概念、术语等专业性的词汇出现错误使用的现象。这种错误表达如果仅从表面现象上看，似乎只是普通的错别字，其实质乃是书写之人对于相关专业问题的不解甚或误解所导致。对于这类问题，书写者应该加强所写作领域的专业学习，凡遇到自己不熟悉或不尽理解的概念、术语就决不轻易使用，一定等待查询、求证其实际含义之后再行落笔，以减少直至杜绝专业文本中关键语词的书写错误。

下面列举数例常见的错误，以引起学界同仁对诸如此类问题的关注：

1. 吟揉绰注（"吟猱绰注"之误）。涉及古琴领域文论书写时经常出现的错误表述。此四个字的实际意义代表了古琴演奏领域的四种基本技

---

① 杨燕迪：《音乐批评的现代制度发育过程及相关反思》，《音乐研究》2011年第2期，第105页。

法，其中"吟猱"（非"揉"）为弹琴指法术语，"为使左手按音富有韵味，按指在弦位上作规律的颤动。……其显著者为'猱'，减字谱中标为'犭'。"① 由此看来，一些作者错误书写的根源，在于误将古琴的技法与拉弦类乐器左手的揉弦技法相混淆，加之两个汉字的声旁相同，就更容易出现误写误用。

2. 钟磬合鸣（"钟磬和鸣"之误）。该词汇涉及中国古代音乐史中的两种重要礼乐器——钟、磬，又涉及古代传统音乐美学中"和"的精神。误用者一是对于古代乐器不太了解，将石制击奏乐器"磬"误为陶制器皿"罄"；二是对于古代礼乐文化、古代音乐美学中的"和"的理念不甚理解，而以当代音乐生活中的合奏、合唱艺术形式套用古代文化现象所致。

3. 民间音乐事项（或为"民间音乐事象"之误）。在民族音乐学、传统音乐学等领域，② 经常出现对于田野采风中民间用乐场景的描述，其中所应体现的是具有更加广泛学术内涵和外延的以用乐为中心的各色"事象"，而非仅仅指向用乐事件本身的单一"事项"。日常书写时对于这对词汇的择取，其前提是对"事象""事项"二者含义的准确理解与把握，否则极易发生不当使用。再看下例的一段表述：

  否认音乐事象发展的特点，把历史上所有音乐事象的性质和规律用固执而死板的理论来生搬硬套，使得在追求实证的幌子下，渐渐陷入了形而上学的泥沼。

此段文字的表述，其意涵所指同样需要选择更具学术广度的"事象"，而非"事项"。当然，这类同音同字节词汇的误用，在电脑打字录入环节

---

① 中国艺术研究院音乐研究所编：《中国音乐词典》，北京：人民音乐出版社1985年版，第466页。

② 对于民族音乐学、音乐人类学、传统音乐学等学科概念、界属，相关学术界曾有过较长时间的争议，迄今对其概念的使用仍存在泾渭有别的局面。本著于此不做更多题外的阐述和评判。

也是很容易发生错误选择的。

4. 巫师<u>做</u>法("巫师作法"之误)。"做"与"作"的使用是令职业编辑、出版界人士都经常感到困惑的选择。体现在"做法"与"作法"两个词汇,却没有什么概念歧解。"做法"指"制作物品或处理事情的方法";"作法"则可有两解,即"旧时指道士施行法术"和"作文的方法"。① 在此处,书写者意欲表述的显然应该是原始宗教中的"作法"之意,而非其他的"做法"。

5. 观照(关照)。两个词汇虽然读音、字节相同,各类写作中均被经常择用,但在学术性的书写中却有着极大的区别。"关照"为生活中常见并常用的词汇,多指关心照顾、互相照应之意;而"观照"在生活中却鲜有使用,基本是于学术性的文本书写时方能用到——乃源自美学领域的术语,指仔细观察、全面审视与比较之意。因此,对于二者的使用应该给予准确定位并厘定清晰。

比如,面对这样一则表述"哈萨克族民歌研究:历时<u>关照</u>与现时思考"。它欲表达的显然不是对哈萨克族民歌研究状况做纵向的生活"关照"与"料理",而是对其做出审慎的观察和分析。因此,对它的表述应该修改为"哈萨克族民歌研究:历时观照与现时思考"。

6. 新法密<u>律</u>("新法密率"之误)。"新法密率"乃明代朱载堉在16世纪后半叶用等比数列作为计算原理而创立的律制,今多称"十二平均律""十二等比律"或"十二等程律"。正是因为朱氏"密率"之法所得音律间的等比数率乃平均律数理的基础,使得许多未知其中缘由的人士误将"密率"之法当作一种律制名称,才会出现"新法密律"之误识误写。相似案例,在中国音乐史的学习中,当引用南宋吴自牧《梦粱录》的史料时,也有不少人将书名误写为<u>《梦梁录》</u>,同样是因为对作者在自撰的书"序"中借引"黄粱梦"典故命名书稿的情况不熟悉而导致的错误。

---

① 中国社会科学院语言研究所词典编辑室编:《现代汉语词典》,北京:商务印书馆2016年第7版,第1760、1756页。

7. <u>建国</u>前后（中华人民共和国成立前后）。1949 年中华人民共和国成立之后，伴随新政权的诞生，一批简明易解且具有亲和力的对于崭新时代的称法出现了：新中国、新政权、解放后、建国后、建国初……与之相对应的，往往就是"旧中国""解放前""建国前"等称法。这些表达方式在一个新的政权、新的国体诞生之初可以广泛使用，具有很好的宣传与传播效果，但在 21 世纪的今天于专业学术领域仍被无限制使用即存在不妥，因为这样的表述缺乏明确的时间定位，甚至缺乏概念的主体对象，在时效性较弱的专业学术书写中容易给文化传播及后人造成误读误识。相似的案例还包括"抗战音乐""根据地音乐"等的书写。对于如上的表述方式，最好给予更为明确的时间或者主体对象的补充交代，诸如"1949 年新中国的诞生""中华人民共和国成立之初""抗日战争音乐""红色根据地音乐"等。

其实，在汉语词汇中还存在着一批读音相同、语义相同、字形有所不同的异体词（或称"异形词"），对于它们的使用，有如对待异体字的问题——倡议使用正体词。在出版界的现实编辑工作中，选择正体词的便捷方法就是利用商务印书馆最新版的《现代汉语词典》（中国社会科学院语言研究所词典编辑室编）中所列"第一选择"（推荐词形）的词汇来使用：在一组异体的词条之中，选择词条之后带有明确释义的，此词汇即为"第一选择"的词汇；若词条之后的释文仅为"同'ＸＸ'""见'ＸＸ'"的引导字样，则此词汇作为"第二选择"（非推荐词形）不被推荐使用。例如，下面两对词汇的释文对比：①

第一对
【折中】对几种不同的意见进行调和。
【折衷】同"折中"。

---

① 《现代汉语词典》（修订本，1996），第 1594、971 页。2016 年推出的第 7 版《现代汉语词典》已对推荐词形、非推荐词形的排列方法做了调整，请参阅第 7 版"凡例"。

第二对

【片段】整体当中的一段（多指文章、小说、戏剧、生活、经历等）。也作片断。

【片断】① 同"片段"。② 零碎，不完整。

由此判断，在这两对异体词中，"折中""片段"（尤其指作品的一小部分时）为推荐使用的"第一选择"词汇；"折衷""片断"则为异体词，不被推荐使用。其实就组成的字义来讲，"中"的基本字义是中心、中央，引申出"位置在两端中间的""不偏不倚"等意义，"折中"之"中"即为此义；"衷"字，从衣，中声，中兼表义，本义指贴身内衣，引申指内心，也指中间，与"中"字相通。① 而"片段"的"段"字，其基本的词性为量词，用于表示长条状物体或事物分成的若干部分；"断"则多指物体被分成不同的部分，有断裂、隔断的意思。

即使在我们日常写作中经常使用的"其他"——"其它"两个词，也属于这类可以选择的情况：

【其他】指示代词。别的：今天的文娱晚会，除了京剧、曲艺以外，还有其他精彩节目。

【其它】同"其他"（用于事物）。②

由上面的释文及所使用的引例可见，"其他"作为"第一选择"的词汇可以应用于人，也可以应用于指代事物；而"其它"作为"第二选择"的词汇，至多也只是使用于指代事物。在现实的文本书写中，"其他"就被作为广泛使用的首选词汇。

---

① 异形词研究课题组编著：《第一批异形词整理表说明》，北京：语文出版社2002年版，第149页。

② 《现代汉语词典》（第7版，2016），第1024页。

## 第四节 标点符号使用中的常见问题

当今汉语文本中所使用的各类附加的标点符号,是中文书写时不可缺少的组成部分,对它的学习运用也是汉语文本写作所应掌握的基本内容。但是在日常的学习及书写中,围绕标点符号的具体运用存在不少的问题,其中的一些问题具有普遍性,也使得许多写作者颇感迷惘、疑惑。产生这种错误或者疑惑的原因在于,标点符号的使用有其规范,也是一种需要不断学习、实践、思考之后方能熟练驾驭的符号体系,多数人虽然在中小学阶段对其有过初步的学习接触,但具体的写作实践极为有限;还有,就是随着音乐专业学习与研究的不断深入,现时的应用情况愈加复杂,这对以音乐艺术为主业的人士来说也会愈显困难。因此,有必要将音乐界在文本书写时于标点符号方面存在的共性问题择要提出,并分析探讨一番。

### 一、普通标点符号使用中的一些问题

在日常的文本书写中,对于标点符号系统中具有标示语词性质、作用的标号和表示语句停顿、语气作用的点号的直接运用,或者对于二者来说具有功能交叉的标点的运用,属于常规的文本标点使用。

(一) 分号使用时的常见问题

为了加深认识,这里先列举几则相关的案例,以直观呈现分号使用时存在的一些常见问题:

   a.首先,这项制度是对不合理的艺术高等教育结构所进行的改革。十余年间,艺术类高校的数量即由一百多所迅速发展到近五百所的规模;其次,这项制度也打破了原来只有政府才能办教育的局面。

例如，一些民间资本的投入，使得一批私立高等艺术院校应运而生；再次，这项制度……

b. 中央音乐学院目前的教学系、部已经达到了近十个，分别为：音乐学系；作曲系；指挥系；声乐歌剧系；钢琴系；……

c. 在当下的考研大军中，存在着种种的动机，有的是为了攻读一纸学位；有的是为了增加今后赚钱谋生的砝码；有的则是为了增长见识，提高自身修养等等。

在如上的三则案例中，实际存在着类似的标点应用问题，即对于分号（；）的使用不恰当。

a 例中，由"首先""其次"等作为引导词的并列句式意欲以分号作为句读的点号，却忽略了一些长大并列句内部已经出现了更高层级点读的句号（。），这就使得内部的标点层级发生了混乱。

b 例中，书写者为了凸显学院内的各个系部名称，以分号来分隔这种仅有三五个字节构成的短小词汇，人为扩大了分号的常用界定范围。

c 例中，在句末出现的表示列举未尽的叠用助词"等等"，它所指代的被省略部分将依照其前是否出现相应的点号而不同，此处它所指代的内容实则为句中由分号所并列的三种考研动机。

根据对三个案例语句的阅读，可以判定书写者由于对分号使用范围的不尽理解而出现了点读错误——在点号所出现的文本中，点号其实是有着不同的表达层次的，分号（；）乃处于句号和逗号标示范围之间的一个表达层级。各种常用的点号之间的表达层级，呈现如下的含括关系（由大到小）：①

---

① 林穗芳：《标点符号学习与应用》，北京：人民出版社 2000 年第 2 版，第 51 页。

句号（。）、问号（？）、叹号（！）＞分号（；）＞逗号（，）＞顿号（、）

作为由简短字节构成的词汇之间的区隔，即使是表达并列关系的词汇，假如词语之间没有次序词或者破折号的并列项，是不宜使用分号的；① 在使用列举未尽之意的助词"等等"时，它意欲节略的假如是并列关系的分句，其前面也应该施以相应的点号，故 c 例"等等"前应该使用分号。由此，以上三个例子可以给出修改之后的参考答案（c 例可以有两种书写格式）：

a. 首先，这项制度是对不合理的艺术高等教育结构所进行的改革。十余年间，艺术类高校的数量即由一百多所迅速发展到近五百所的规模。其次，这项制度也打破了原来只有政府才能办教育的局面。例如，一些民间资本的投入，使得一批私立高等艺术院校应运而生。再次，这项制度……

b. 中央音乐学院目前的教学系、部已经达到了近十个，分别为音乐学系、作曲系、指挥系、声乐歌剧系、钢琴系……

c1. 在当下的考研大军中，存在着种种的动机，有的是为了攻读一纸学位；有的是为了增加今后赚钱谋生的砝码；有的则是为了增长见识，提高自身修养；等等。

c2. 在当下的考研大军中，存在着种种的动机，有的是为了攻读一纸学位，有的是为了增加今后赚钱谋生的砝码，有的则是为了增长见识、提高自身修养，等等。

通过对以上情况的阐述和分析，对于分号的使用，就需要了解：分号是介之于逗号和句号之间、表示复句内部并列分句间停顿的一级点号。文

---

① 教育部语言文字信息管理司组编：《〈标点符号用法〉解读》，北京：语文出版社 2012 年版，第 50 页。

本之中几种常见的对于分号的使用，需要引起格外重视的包括：分句间已有句号出现者，勿再使用分号；分句仅为短小词汇者，应该慎用分号；分句之后出现了助词"等等"时，应该在分句之后、"等等"之前间以分号。

（二）冒号和引号相结合的情况

在音乐类文论文本中，对于冒号（：）和引号（" "）相携出现之时，常常出现各式各样的标写方式。其中，最为常见的一类情况是引语结束之时句号的位置问题。以如下这组简短句子的不同表达为例：

　　a. 俗话讲："眉头一皱，计上心来"。
　　b. 俗话讲："眉头一皱，计上心来。"

这组例子中，相同的表述和引语却出现了两种添加引号的方式，其争议的关键点就在于文后的句号位置。持 a 例为正确标法者认为，语句的表达既已结束，最后的句号应该放在后引号之外，即全句结束的地方标记句号。对于此番认识，忽略了引文的完整度、独立性和引号在此的作用。就此组案例来说，引文虽然简短，却具有独立的完整意义，即这是一段完整语句的引用，应该保持其引文标记的完整。因此，b 例为正确的标记方法。

对于冒号和引号相结合的情况，其引语末尾的标点符号位置有着不同的处置办法，要按照实际情况而施行。再比如下面的一组例子：

　　a. 洛宾老人诚恳地表示："我无所谓版权，只要人民喜欢听我的歌，就是最大的版权"。

　　b. 洛宾老人诚恳地表示，他无所谓版权，"只要人民喜欢听我的歌，就是最大的版权"！

　　c. 洛宾老人诚恳地表示："我无所谓版权，只要人民喜欢听我的歌，就是最大的版权，也是对我最大的安慰。"

在这组针对引文的不同取用方法和标点办法中，各有其表达的道理：a 例为不完整引语，在引号之内可以没有表示"终结"意味的标点，而是在引号之外标之以句号；b 例同样为不完整的引语，且引文与写作者的行文表达融为一体，因此句尾可以在引号之外依照语气标以叹号（此叹号可以视为是写作者的语气表达）；c 例为完整的引用，虽然全句居于段末甚或文末，仍然应该以后引号作为全句之终端符号。①

（三）各种括号的使用

在汉语标点符号系统的标号类别之中，有多种括号的设置以备应用。结合音乐编辑出版领域的专业特色和文本形式，对于各类括号的应用及存在的主要问题有如下两点值得关注。

1. 朝代名、国别名的标记问题。按照《标点符号用法》（2011）的要求，对于历史朝代、国别的标记应该使用六角括号，例如〔宋〕〔明〕（朝代）、〔美〕〔英〕（国别）等标记方法。② 但在一些特定的文本标注体系中，有明确要求对此类信息应标记为方括号者，这时也可以使用方括号来做标记。不过，这种以括号所做的标记方法，限于脚注、参考文献、目录、表格等需要简明列举信息的场合，在正常的行文之时仍应该以文字叙述的交代为宜，不能以括号标记的方法夹杂于正文的书写之中。比如这种叙述方式：

阅读〔德〕作曲家贝多芬《田园交响曲》的手稿，你会惊奇地发现，呈现于眼前的乐谱乃是充满了各种修订印记的手写文献。

---

① 更为详细的表述和使用办法，可参考苏培成：《标点符号实用手册》，北京：语文出版社1999年版，第126—132页。
② 教育部语言文字信息管理司组编：《〈标点符号用法〉解读》，北京：语文出版社2012年版，第67页。

对于这样将国籍以括号方式混杂于行文中的表述，其实已经形成了文内夹注的效果，反倒影响了正文的流畅表达。不如将之修改为正常的叙述格式：

<blockquote>
阅读德国作曲家贝多芬《田园交响曲》的手稿，你会惊奇地发现，呈现于眼前的乐谱乃是充满了各种修订印记的手写文献。
</blockquote>

2. 音乐曲牌名使用方头（鱼尾）括号标记。在括号家族中的方头括号，一般应用于两种情况：一是报刊等媒体用以标示电讯、报道的开头，如【新华社杭州消息】；二是标示被注释的词语，如【梅西安】法国现代作曲家。① 这是显示于文化领域普通的方头括号的应用场合。在音乐领域的文本中，对于中国传统音乐中较多存在的曲牌（含戏曲锣鼓点）的标记，多年以来相对混乱，一些写作者要么以书名号来标记曲牌名，要么以引号来做标记，要么不做任何标号的处理。这种乱象的起因，还是部分写作者对于曲牌的实质缺乏了解，对于书名号、引号等的用法也缺乏足够的了解，如此情况下方会出现种种的误用。在音乐出版领域，由行业内具影响力的出版机构早年编撰的编辑手册中，已经明确使用方头括号形式来标记曲牌作品，并在大量的出版物中持续予以应用，得到了音乐界的广泛认可，形成了行业内部的"约定俗成"。例如，【银绞丝】【万年欢】【凤点头】等标记法。② 这种标记形式符合曲牌作品的特点，也与独立的其他各类作品的标记形成了差别，可以为各式文本书写之时采用。

（四）省略号使用中的问题

在汉语的标号之中，对于省略号的使用也常常出现一些问题，这些问题在音乐类文本中带有相当的普遍性。我们先行列举两个案例，以检视其

---

① 教育部语言文字信息管理司组编：《〈标点符号用法〉解读》，北京：语文出版社2012年版，第68页。
② 人民音乐出版社总编室编：《音乐编辑手册》，北京：人民音乐出版社1994年版，第247—251页。

中存在的省略号的标点错误：

　　a. 今天的联欢晚会上使用了众多的西洋乐器，如钢琴、提琴、小号……等等。

　　b. 中央音乐学院是国内外知名的一所高等院校，也是艺术教育领域的名校，……它的办学水平代表了当今国内音乐艺术教育的最高水平。

对于如上两则案例的书写，是围绕省略号使用时出现问题较为集中的两类情况的反映。在 a 例的后部，省略号和叠用助词"等等"，都在表达对于所列举乐器名称的节略，它们的实际作用是相同的——将同一作用的两类表达方式并用于一处，是重复书写的表现；在 b 例之中，看似运用恰切的省略号，却在其前面多余地保留了并不具有独立完整意义的逗号——此处施用省略号时，假如没有特定的结构意义，可以将逗号、顿号等起点读作用的小级次标点符号一并节略。对此两例略做修改，可以呈现为如下的书写状态（a 例可以有两种书写格式）：

　　a1. 今天的联欢晚会上使用了众多的西洋乐器，如钢琴、提琴、小号等等。
　　a2. 今天的联欢晚会上使用了众多的西洋乐器，如钢琴、提琴、小号……

　　b. 中央音乐学院是国内外知名的一所高等院校，也是艺术教育领域的名校……它的办学水平代表了当今国内音乐艺术教育的最高水平。

此处所列举两例展现的情形，之所以在音乐类文本书写时常常见到，尤其是 b 例中对于省略号前后所出现小级次标点符号的多余书写，更加不易引起大家的重视。对此类现象多发原因的总结，归结为一点，就是部分人士对省略号的省略效力和符号的精简运用尚不甚了解所致。①

(五) 书名号使用中的部分问题

在音乐文本对标号应用的疏误之中，书名号的错误使用案例可谓十分多见。分析其中的问题及其缘由，大致存在着三条原因：一是对于书名号的使用规则不尽熟悉；二是对于"作品"范畴的判定存在偏差；三是对于标点符号应用规则的调整，没有及时给予关注。

《标点符号用法》对于书名号的使用有着明确的限定："标示语段中出现的各种作品的名称。"② 而对于各种作品的分类，《标点符号用法》列举了多种：标示书名、卷名、篇名、刊物名、报纸名、文件名等；标示电影、电视、音乐、诗歌、雕塑等各类用文字、声音、图像等表现的作品的名称；标示全部为中文或中文在名称中占主导地位的软件名。结合这些明确的对书名号应用范畴的限定，我们尝试以具体的案例来说明所存在的问题。请审阅以下四条例文：

a. 今天下午两点钟讲授《音乐文本编辑与出版》课，请同学们携带由中央音乐学院出版社出版的《音乐文本编辑与出版》一书。

b. 此文为全国艺术科学 2010 年度重点课题《北京地区非物质文化遗产研究》的子项目成果。

c.《华夏雅韵》民族室内乐音乐会

d. 各位代表围绕着《21 世纪传媒环境下的音乐传播》主题展开了热烈的讨论。

---

① 林穗芳：《标点符号学习与应用》，北京：人民出版社 2000 年第 2 版，第 324—327 页。
② 国家标准《标点符号用法》(GB/T 15834 – 2011)，2011 年 12 月 30 日颁布，2012 年 6 月 1 日开始实施。

根据标点符号应用的国家标准，以上四例书写中对于书名号的使用均存在不当之处：例 a 中出现的两对书名号，第一对标示的仅为学校课程名称，第二对标示的虽指同名教程，却已属"书名"范畴；在 b 例中，书名号所标示的内容为科研课题的"题名"，课题的性质仅为一种科研设想或者尚在进行中的科研行为，它尚未成为固定文本形态的科研产品的名称；c 例之中书名号所标示的，既非独立作品名称，也非整场音乐会的名称，仅为音乐会作品所意欲表达的主题思想；d 例中所使用的书名号标记，是为会议研讨的主题名而添加的，此亦非作品范畴的内容。根据《标点符号用法》中对书名号应用的限定，课程名、课题名、主题名、议题名并不是一般所指称的作品，也是不能使用书名号予以标示的。如上四例，应该对其书名标号做出适当修改，建议调整为：

a. 今天下午两点钟讲授音乐文本编辑与出版课，请同学们携带由中央音乐学院出版社出版的《音乐文本编辑与出版》一书。

b. 此文为全国艺术科学 2010 年度重点课题"北京地区非物质文化遗产研究"的子项目成果。

c. "华夏雅韵"民族室内乐音乐会

d. 各位代表围绕着"21 世纪传媒环境下的音乐传播"主题展开了热烈的讨论。

音乐领域文本在书名号使用中存在的误用现象，多数与以上各例所举出的情形相同：误将课程名、课题名、音乐会主题、讲座名称等并非"作品"属性的标题施以书名号。对于以上非"作品"名称的标题，可以按照正常行文书写，不着任何标点；在行文时假如担心其容易混同于普通文字而有意做出强调之时，可以将之施以引号（""），这同样具有很好的辨识并有一定凸显此题名的效果；而对于音乐会主题名，在正常行文时可以将主题名施以引号以作为区别,在海报、舞台背幕、横幅的展示中,则完全可以用美术设计的方式使主题得以凸显。

在此需要提起注意的是,在新版《标点符号用法》(2011)的国家标准中,已将广播电台、电视台等媒体开辟的节目、栏目名称作为"作品"来看待,对之可施以书名号,以区别于普通的语词。比如,国际广播电台《古典音乐》栏目、中央电视台《民歌大会》节目等标记法。①

(六)横线符号——破折号、连接号使用中的问题

此处所讲的"横线符号",只是就符号自身的形态而做出的归类,而非该类符号具有的标示作用。若谈横线符号在文本中起到的作用,则破折号与连接号(包含了一字线、半字线、浪纹线三种形式)存在着极大的差别,关键就在于破折号的基本作用在于"断",而各类连接号的基本作用在于"连"。② 二者也正是因为外在形态的类同,在具体的应用过程中就常常出现相互关联的一些问题。我们仅列举音乐类文本中的常见问题来做出简要分析。

1. 一字线的使用。一字线,是就该符号书写时所占据字格的宽度而命名的、表示不同项目之间连接关系的标号。在一字线符号所连接的两端,乃是具有对等、组合、同类递进等关系的两项甚或多项内容。比如,主位—客位、局内人—局外人、原子—分子论等。另外,表示方位、量值、年代起讫等关系时,也是以一字线的使用为主,有时也可以使用浪纹线来代替。比如,北京西站—南京南站、(1931—2017)、(1945～2015)等。

2. 半字线的使用。在外国人名的汉译表达中,出现的复姓、双名,以及工业产品型号、图书号、门牌号、全数字式日期的表达等内容,其中各项目间的组合应该使用半字线来连接。比如,列维-施特劳斯、巴杜拉-斯

---

① 教育部语言文字信息管理司组编:《〈标点符号用法〉解读》,北京:语文出版社2012年版,第88页。

② 林穗芳:《标点符号学习与应用》,北京:人民出版社2000年第2版,第335页。

科达、(ISBN7-5639-0813-7)、新华路2号17-6-502室、2018-04-26等用法。

  在横线符号的使用中，错误几率最为高发的区域是围绕着一字线的使用而起的——应该使用一字线连接时而错用了二字线或者半字线的，应该使用半字线之时而误用了一字线的，等等。对于其中的二字线，在2011年之前的连接符号中还有它的身影，甚至还有三分线的横线符号在使用，但在2011年底推出的新版《标点符号用法》中，已经将连接号简化为三种形式（一字线、半字线、浪纹线），从而降低了书写时误用的几率。① 由于二字线等横线符号较长时间的应用，一些写作者受其影响较大，仍在不断错误地使用中。这是应该尽快更新的写作技术知识。比如下例的表达：

  国内统一刊号：CN11—1665/J
  电话：86—10—64312857
  音乐——音乐史——音乐史学

  结合上述横线符号的应用细则，以上三例所列连接符号的使用均存在错误，应该将其调整为：

  国内统一刊号：CN11-1665/J
  电话：86-10-64312857
  音乐—音乐史—音乐史学

（七）间隔号使用中应注意的事项

  在涉及西方艺术音乐及世界民族音乐文化的人名或者纪念日的书写时，常常遇到俗称的"中圆点"不知如何使用的问题。这里提及的"中圆

---

① 林穗芳：《标点符号学习与应用》，北京：人民出版社2000年第2版，第335—336页；教育部语言文字信息管理司组编：《〈标点符号用法〉解读》，北京：语文出版社2012年版，第79页。

点",就是标点符号系统中的间隔号(·)。请看下面各例中所呈现的状况:

  a. J·C·巴赫

  b. 比·H·帕蒂

  c. "一二九" 运动

  d. 五·四运动

  如上四例展示的是一种司空见惯的书写格式,对于其中是否存在问题,许多人并不知晓。其中的 a、b 二例,均为对国外人名的简写,虽书写方式不尽同,存在的问题却完全相同;c、d 二例,则为历史纪念日的书写,也都涉及到对间隔号的不当使用问题。

  在汉语标点符号中,间隔号是用来标示某些相关联成分间的分界的,其作用可以归为如下几个方面:用于外国人或者少数族群人名的姓名之间,避免发生姓名成分的混淆;用在作品名中与其下属组成部分之间,以做出题名层次分界;用在构成标题或者栏目名称的并列词语之间;用在以月、日连用为标志的纪念日的中间,以做月、日之间的区隔。① 使用的场合虽已明确划定,但在具体的应用中却有不同的情况需要应对:比如,以上 a、b 二例的外国人名中,当汉字与外文字母同用时,间隔号只能用在汉字之后,缩写的外文字母之后则使用下脚点(齐线黑点);而 c、d 二例作为纪念日的简化书写,假如月份为 1 月、11 月、12 月时,为防止月、日数字连用时在时间辨识上发生混淆,其间必须设置间隔号,其他月份发生的纪念日则无须施以此标号。由此,对于如上案例及相关表达,应该修改为如下的书写格式:

  a. J.C.巴赫

  b. 比·H.帕蒂

---

  ① 教育部语言文字信息管理司组编:《〈标点符号用法〉解读》,北京:语文出版社 2012 年版,第 84—85 页。

  c. "一二·九"运动

  d. 五四运动

  在学术类文本书写之时，常常涉及对文献中次级标题的题名信息的交代，这时容易出现对于间隔号的错误使用。比如下面的四例：

  a.《大唐开元礼》"吉礼·诸州祭社稷"

  b.《新唐书·卷132·韦述传》

  c.《通典·乐》（五）

  d.《碣石调幽兰》

  在诸如上列的种种对于文献题名的书写标记中，存在的问题比较多样，说明书写者对于文献主题名之下的卷册号、分标题名的书写方法还不甚明晰。就文献标记中对于间隔号的使用，根据《标点符号用法》的应用细则，结合其中涉及的其他方面的问题，有这样几点需要引起注意：（1）以书名号标记的文献题名，可以由主标题、分标题共同构成，书名号之内最多可以书写三级标题的内容，须在各级题名之间使用间隔号做区分。（2）由间隔号区分并予列出的次级文献名，乃表达实义的分标题的题名，而非仅为卷册序码；若分标题的题名与序次协同表达的，可以将之一并列出，如"乐志五""礼志一"。（3）文献题名内的词牌名、曲牌名与题名之间，应该施以间隔号做出区分。由此，如上四例的题名标记形式应该修改为：

  a.《大唐开元礼·吉礼·诸州祭社稷》

  b.《新唐书·韦述传》（卷132）

  c.《通典·乐五》

  d.《碣石调·幽兰》

### (八) 斜线号的使用以及巧用

标点符号中的斜线号（/）又称分隔号，在中文书写时有多种的用途，常常表明该符号两端的词语关系密切或具有对等关系，也可以用它表示分数间的分子、分母关系（如½、⅔）。在近年来的音乐文本中，有部分的写作者在行文中需要记写节拍号，因不便输入上下结构的数字关系，便以斜线号来作为表达节拍的标记方法（如¾、4/4拍），这在音乐出版界是不被认可的标记办法。无论是在基本乐理的读本中，还是在《音乐编辑手册》中，都将节拍的标记方法表达为以上下结构呈现的分子、分母形式（如 $\frac{2}{4}$、$\frac{4}{4}$ 拍）作为正确的表达方法。① 其实，在中文的行文里表达节拍号之时，借以汉语小写数字的顺序表达，是既利于书写又利于阅读的一种选择，例如"四二拍""四四拍"等记写法。

对于斜线号的使用，应该留意它所具有的一项职能，即可以作为较之顿号的"含量"还要小的一级点读单位。请见下例：

> 李未明改编的手风琴四重奏《旧友进行曲》、黄立凡根据谭密子、金士英、俞先明作曲而改编的手风琴二重奏《江南好》、杜宁根据小提琴独奏曲《阳光照耀着塔什库尔干》改编的手风琴四重奏《阳光》等。

在出现这种并列成分中再现顿号的情况时，将使得并列成分中的内容陈述发生混乱。此时，假若有斜线号的恰当借用，可以使此类问题有个很好地解决，即只是经过对标点符号的个别修改，以上的案例即可以更加完美地呈现为：

---

① 李重光编：《音乐理论基础》，北京：人民音乐出版社1962年版，第151页；人民音乐出版社总编室编：《音乐编辑手册》，人民音乐出版社1994年版，第67页；人民音乐出版社编制：《音乐曲谱出版规范》，人民音乐出版社2015年版，第12、237页。

李未明改编的手风琴四重奏《旧友进行曲》、黄立凡根据谭密子/金士英/俞先明作曲而改编的手风琴二重奏《江南好》、杜宁根据小提琴独奏曲《阳光照耀着塔什库尔干》改编的手风琴四重奏《阳光》等。

因此，标点符号虽然并无实义内容的呈现，但对它的恰当、有度的使用，可以帮助所书写文本的内容得以最佳的展示。而对于标点应用问题的掌握，除了关注相关的国家标准、使用细则，还应多阅读并留意正规出版机构的出版物，以阅读、观察、思考来带动并改进自己的写作应用技术。

## 二、标题与序码中的标点及其他问题

### （一）标题中的标点应用

各级标题的命名力求高度凝练，在文字的表达上是如此的要求，对于标点符号的应用就更为苛刻，以致尽力减少标点符号在各级标题中的出现频次。但另一方面，在标题中如果能够恰当地使用标点符号，又可以使标题题名更加切题、更加生动，也更具夺目的情感色彩。我们先以几例在标题中使用了标点的题名案例入手，以分析其中的缘由：

a. 不拘一格书音史，广新深精论乐坛
　　——评周畅著《中国现当代音乐家与作品》
b. 上党梆子
　　——从多声腔到梆子腔探析
c. "人"—"艺"
　　——中国传统音乐教育两种体系的存在与启示
d. 何谓打谱

如上四例之中，前三例均以主、副标题的格式呈现。其中，a 例在主标题的上下句连接处使用了在正文行文时普遍会运用的逗号；b 例以上党梆子这一剧种名称为主标题，显得题目庞大却有引题的作用；c 例在主标题的两个单字节概念间使用了一字线的连接号，加上副标题的破折号，本项题名中就出现了两条横线符号；d 例标题中出现了疑问词，但或许考虑到精练标题的缘故，而未在题尾出现问号。

这样的标题呈现情状，尤其是标题中对于标点符号的使用，是值得探讨的问题。首先，标题讲求简练，尽可能减少标题中标点的使用是条命题的原则。像 a 例这般以上下句结构呈现的标题，可在上下句间以空字格的方式做出区隔，而非施以标点符号。其次，标题的主、副标题讲求呼应、互补，副标题前的破折号即表达了这种要求。但是 b 例的主、副标题呈现的是一种副标题对主标题的进一步诠释，并非真正的主副标题结构。再次，标题的设置和标点的运用也要讲究形式美、视觉美。[①] c 例虽然在标题内容的设置上是可行的，但缺乏形式美感，反使得横线号成为夺目的符号。又次，标题中必要而又巧妙的标点运用，将会使整个题名得以"升华"。d 例拟对"打谱"概念做一阐发，假如施以问句形式，将会具有诱人的阅读魅力。基于这些思考，可以将前面几例标题的命名形式做出如下的细微修改：

  a. 不拘一格书音史　广新深精论乐坛
    ——评周畅著《中国现当代音乐家与作品》
  b. 上党梆子：从多声腔到梆子腔探析

---

① 对标点在标题中的作用，编辑出版界人士认为除了常规的作用之外，标点在标题中的恰当应用尚具有修辞作用，包括：标点可使标题更委婉、更含蓄；标点使标题更简洁、更有力；标点使标题更醒目、更传神；标点使标题更新奇、更具魅力；标点使标题词语更突出、更具特色。因此，在标题的命名中不可忽视标点符号的修辞作用。详见骆小所、张盛如主编，冯英编著：《标点符号用法正误辨析》，北京工业大学出版社 2000 年版，第 293—298 页。

c. "人"与"艺":中国传统音乐教育两种体系的存在与启示

d. 何谓"打谱"?

如上几例的修改幅度,体现在 b、c 二例中稍多,主要是以具有提示后半段标题作用的冒号,替代了破折号,从而使得原有的主、副标题结构调整为具有递进关系的主标题形态。而在 c、d 例中的三个具有特定内涵的概念——"人""艺"和"打谱",均被施以引号,也使得它们在标题乃至全文中的地位更加凸显。所有的调整几乎都局限在标点符号领域,但所起到的作用却是显而易见的。

(二)序码应用之时的标点

除了各级标题对文本的统领,在正文的叙述过程中还会出现种种表示序次的词汇或者数字,形成了序码群体。在文本书写之时,充分利用好这些序码群体所发挥的作用,才能够使得文本表达更加条理化。由于表达序次的字符形式较为多样,对于它们的选择和使用需要灵活对待。而依附于它们的标点问题,也是需要引起书写者关注的一个方面。

按照文本序码的字符性质,可以将它们划分为三大类:1.以汉语词汇作为序次表达用语的;2.以单个汉语字符作为序码使用的;3.以外来数字和外文字母作为序码的。

1. 以汉语词汇作为序次表达用语的。对这类用语进行搜集,主要包括了如下几组:

首先, 其次, 再次, 又次,
其一, 其二, 其三, 其四,
第一, 第二, 第三, 第四,
一者, 二者, 三者, 四者,
……

对于这类以汉语词汇为主而形成的序次表达方式，应该以汉语正常行文时的标点和格式，即在词语之后施以逗号作为与其他行文相互分隔的符号。在此处常常出现的错误，是以顿号、下脚点等标点作为其分隔符（比如"其一、""第二."的书写错误）。这是一种明显的认识错误，即把起到序码作用的词汇当作了某类数字序码。对此，必须予以纠正。

2. 以单个汉语字符作为序码使用的。这类序码字符主要为汉语数字（包括大写、小写）和天干地支的用字。主要包括：

一、二、三、四、五、
壹、贰、叁、肆、伍、
甲、乙、丙、丁、戊、
……

对于这种汉语单字符的序码用语，其后应该使用顿号以和其他行文相区隔。在此类情况下出现偏误的，常是以下脚点或者逗号来做标示（比如"一.""甲,"的错误书写）。

3. 以外来数字和外文字母作为序码的。使用此类符号作为序码的情况比较多见，也最为常用，比如阿拉伯数字、罗马数字（含大小写）、英文字母（含大小写）等。常被使用到的起序码作用的标记，包括：

1.　　2.　　3.　　4.
Ⅰ.　　Ⅱ.　　Ⅲ.　　Ⅳ.
a.　　b.　　c.　　d.
……

这类序码所用符号由于均为"舶来品"，其后所标示的标点也以外文的下脚点（齐线黑点）作为伴随符号。在对这类序码进行书写时，常发现的问题是以顿号、逗号代替了下脚点的使用。这种错误的发生，与一些写作者不了解序码标点规则的用法有关，也与当下电脑输入时对于下脚点录入时的操作不甚便利有关。相信只要掌握了其中的道理和操作技巧，对这类序码的不当使用应该是容易得以纠正的。

上页述及的第2、3两类序码形式，除了所提到的以顿号、下脚点进行标示以外，在序码被扩展使用时，也常常出现添加括号加以使用的情况。比如：①

（一） （二） （三） （四）
（甲） （乙） （丙） （丁）
（1） （2） （3） （4）
1） 2） 3） 4）

对添加括号作为序次使用的上述序码格式，无论是双括号还是单括号、圆括号还是方括号，其后均不再标示任何其他的标点符号，因为所添加的各式括号已经做出了最好的标识与区隔。

---

① 对于各类序码所运用的标题级次，请参阅本书第二章第三节中对"章节式序码"格式的相关阐述，此处不再赘述。

# 第四章
# 外文及其标点的应用

在音乐类文本中，无论是文论文本还是乐谱文本，其中对于外文及其标点的使用均十分普遍，应用的形式也甚为多样。在音乐类文论文本中，随着国内学界学人视野的开阔和对外学术交往的日益增多，对于各语种外文资料的直接使用以及参考使用的比率在不断增长；在乐谱类文本之中，自20世纪初西乐东渐的风尚渐浓，来自西方的谱式（五线谱、简谱）已经成为音乐界最为常用的记录音乐的方式，寄附于乐谱之中的各类西文标记、术语被较为完整地保留了下来，成为今天音乐学习者必须要了解的基本乐科知识。由此，在音乐类各式文本之中的外文问题早已经成为一个重要的话题，伴随外文出现的标点问题自然也成为不容忽视的重要方面。

围绕外文符号的应用而伴生的问题类型繁多，但鉴于外文种类多样且差异较大，我们无法一一驻足，只能以最具代表性的英文的使用以及五线谱中各类技术术语的外文应用为主，兼顾其他语种的情况，来探究其中存在的比较具有共性的若干问题。

## 第一节　西文的斜体、缩略词及其他

### 一、斜体格式应用时的一些问题

在英文以及其他西文之中，作品名、专有名词、被特别强调的词语等在书写之时是要使用斜体格式的，以使它们区别并凸显于普通的词汇。但在音乐专业的文本之中，经常发生的一种情况是作为夹注或者解释性内容出现的作品名称（或其组成部分），它们的书写格式该要如何处置？请见下面案例的表述：①

　　a. 创办于莱比锡的《音乐通报》(*Allgemeine musikalische Zeitung*, 1798 – 1848, 1866 – 1882)。

　　b. 16 世纪撰写的 *Musica getutscht*，其书名中的"*Musica*"取自拉丁文，"*getutscht*"则源自于德文。

　　c. 请参见 2001 年版的 *The New Grove Dictionary of Music and Musicians* 中由 Gerhard Allroggen 所撰写的"E. T. A. Hoffman"条目。

在如上的三例之中，a 例中的西文处于圆括号之内，以夹注形式为中文表达的报刊名称《音乐通报》做出原文的解释；b 例中的三处外文，第一处为完整的著作名称，其后的两处则为书名词汇的分解注释，已非完整的作品而只是普通的词汇而已；c 例的西文出现在正常的中文行文之中，乃中文写作时被借用以做直观表达的部分，三处表达共包含了三类的内

---

① 此处及本章随后所用的一些样例多来自日常审稿、阅读时所见，有些乃本人随机撰写，因非学术观点或资讯的完整引用，且多数样例为了标示所谈及的问题，还对其做出了必要的修改调整，故在此不一一列出所举材料的具体出处。

容：书名、人名、词条名。三个例子之中，外文出现的语境不同，意欲起到的作用也不尽相同，对它们的处理方法应该是有区别的。a 例的西文使用意在注解，即对前面已经明确以书名号做出类别归划的报刊名称做出原文解释，而非以此原文区别于同列的其他相同文种的文字；b 例中，除了前面的完整书名之外，位于后面的两处外文属于单一词汇注释，更无独立作品存在的意味；c 例之中，西文所表达的人名、词条名（已使用引号）是必须以正体书写来表达的内容。因此，写在汉语名称之后起解释性作用的以及仅做词汇注释的西文均无须斜体，而 c 例和 b 例中的第一处外文，虽然将西文直接呈现于中文的行文之中是不妥当甚至是错误的做法，但它在此处作为唯一呈现的字符信息，读者需要通过它的表达格式来直观了解其文本属性。也就是说，它们在此处必须以西文的书写要求呈现斜体格式，从而明确该词语的性质和类别。

将 a 例、b 例中的外文表达略做调整，以如下格式来书写（即将其中的三处斜体修改为正体）：

a. 创办于莱比锡的《音乐通报》（Allgemeine musikalische Zeitung，1798–1848，1866–1882）。

b. 16 世纪撰写的 *Musica getutscht*，其书名中的"Musica"取自拉丁文，"getutscht"则源自于德文。

## 二、缩略词的使用及格式

随着语言文字的使用越来越趋于简洁化，西文表述中的缩略词现象也日趋增多，一些场合所使用的缩略词甚至可以略去代表其缩略身份的下脚点，只以大写的首字母来做标记。比如，对于机构、组织、科技术语等做出的缩写即多如此标记。这些缩略词的主要形式，表现在：

对称号、学位、头衔等的缩写。比如：Ph. D. 或 PhD（Doctor of Philosophy)、Mr.（Mister）、St.（Saint）。

结合数字使用时的缩略词。比如：400 B.C. 或 400 BC（Before Christ）、A.D.960 或 AD 960（Anno Domini）。

对于机构、组织及科技术语等的缩写。比如：BBC（British Broadcasting Corporation）、TOEFL（Test of English as a Foreign Language）、Co.（Company）。

在音乐类文论文本的书写中，须格外引起注意的一些缩略现象，包括：

    app.（appendix，附录）

    ch. 或 chap.（chapter，章）

    col.（column，栏目）

    comp.（compiler，编纂者；compiled by，由……编纂）

    dept.（department，系）

    diss.（dissertation，博士论文）

    doc.（document，文件）

    ed.（editor，编辑；edition，版本；edited by，由……编辑）

    e.g.（拉丁语 exempli gratia，英语 for example，例如）

    e-mail（electronic mail，电子邮件）

    etc.（拉丁语 et cetera，英语 and so forth，等等）

    fig.（figure，图像）

    lib.（library，图书馆）

    mag.（magazine，杂志）

    p.（page，页码）

    pp.（pages，其意为 from page to page）

    perf.（performer，表演者；performed by，由……表演）

    pref.（preface，序言；preface by，由……作序）

    pub. 或 publ.（publisher，出版商；published by，由……出版）

S. (德语 Seite，页码)①
trans. (translater，译者；translated by，由……翻译的)
vol. (volume，卷、册)
……

以上缩略词多在文论的索引、注文中出现，不能被应用于正文的书写。另外，这些缩略词多是以小写字母形式书写（德语"页码"的"S."用大写形式），后面还要缀以下脚点。

## 三、首字母大写等问题

作为以借用拉丁字母组合而形成的一种文字，英文在书写时为了区分具有一定独立性的词汇，在体例上要求一些地方的字母使用大写方式。例如，处于句首的单词和专有名词的首字母，均须大写；在各类文论之中，除了不处于句子起始位置的冠词、介词、连词之外，其他各类实义性的单词首字母，也均应为大写的格式。

对于这种常识性的规则，多数书写者是知晓的。但落实在具体的写作时，首字母不作大写的问题较为常见，体现出书写时的极其随意化。

总之，在中文文本的书写时，外文作为异文化的表达符号，在我们的文本中主要是作为借用、转用的目的，以协助中文的表达并使得所传达的信息更加准确到位。因此，使用外文字符时，一方面应该接受外文原本的书写规范，不能出现"洋泾浜式"的混合表达法；另一方面，作为在中文环境下的借用之举，又要求其出现的场景符合中文表达的思维和规范，而非生硬教条地强行借用。唯有如此，方能使得我们的多样化呈现的文本符合出版、传播的条件和要求。

---

① 文论书写所引用的文献为德文之时，标注的参考文献应该以德文呈现，包括注文后部对引用页码的标记也应如此，不能使用英文的页码标记法（p.）。

## 第二节　西文中的标点符号

　　现代新式的中文标点符号诞生于 20 世纪初的"五四"时期，是在西方思想与文化的影响下，国人接受西学之后的成果。由此，中文的标点系统直接受惠自西文体系，是在大胆引进外来文化形式的基础上改革与创新的结果。① 如此说来，中西方的标点系统就有着诸多的形似与意合之处。

　　以西文之中最具代表性的英文标点体系为例，它的形态和用法基本与现行中文标点系统相同。比如，英文中的逗号（,）、句号（.）、问号（?）、感叹号（!）、分号（;）、冒号（:）、破折号（—）、引号（" "' '）、撇号（'）、圆括号［( )］、方括号（[ ]）、斜线号（/）、省略号（...）、连字符（-）等，大多数与中文标点符号形似意似，甚至达到形同意同的境地。在这样具有一定相似度的两套符号体系下进行写作，发生混淆乃至误用的情况就时有所见。

　　就音乐文本应用的现实来说，涉及西文标点领域的问题主要应该在两个方面引起关注。

### 一、形异标点符号的误用

　　对照中英文的标点符号体系，发现其中一些符号"名同"而形异，只不过其中的一些标点虽然如此，却也不易误用，比如中英文的句号标记（。 .）在外形上"圈"与"点"的差别，并不易被误用误解；而其他几种有相似情况的标点格式，在具体的应用中则经常发生书写的错误。这类

---

① 骆小所、张盛如主编，冯英编著：《标点符号用法正误辨析》，北京工业大学出版社 2000 年版，第 2—11 页。

符号包括了破折号、省略号和连字符三种:

破折号(—),由一条横线标示(约相当于中文标点系列中的一字线长度)。它的应用具有两个基本特点,即强调性和非正式性。当文本中需要插入一段文字介绍情况时,可用破折号代替冒号;当断开插入语而又需要进一步强调时,可用破折号替代逗号。①

省略号(...),又叫删节号。英文的省略号是由居于每行文字下端书写的三个圆点组成,与中文省略号的形态差异较大。英文省略号的应用范围和中文大体相同,用来标示文本中的被省略部分。

连字符(-),由一条短横线标示(约相当于中文标点的半字线)。它的使用范围和作用,主要是用来连接意义密切相关的词,使之成为复合词;或者,可用于同一个单词移行书写之时作为放置在行尾的连接标识。

这三种英文标点的形态与中文同名标点的形态差异较大,其作用虽有同有异,但在相同作用下使用时却极易出现以中文标点形态代替英文标点的情况。而发生错误几率最高的,莫过于在列举参考文献时将页码起止的连线书写为中文标点的一字线。例如下面的误用:

George J. Buelow, "Johannes Lippius", Stanley Sadie ed., *The New Grove Dictionary of Music and Musicians*, vol. 14, Oxford University Press, 2002, pp. 731—739.

David Lewin, "Klumpenhouwer Networks and Some Isographies that Involve Them," *Music Theory Spectrum* 12/1(1990):83—120.

另外,英文连字符在表达地名之间或时间之间的"至"意时,是可以使用的;同样的情况,英文的破折号也是可以被使用的。但无论怎样,中文破折号(二字格)都不能被运用于英文的这种语境之中。例如下面的错

---

① 樊振帼主编,秦文、樊振帼编著:《实用英语符号手册》,南京:江苏教育出版社2001年版,第78页。

误书写：

> the 1914——18 war
>
> the Hong Kong——Kowloon ferry

以上二例，应该被修正为：

> the 1914 – 18 war
>
> the Hong Kong – Kowloon ferry

## 二、对作品名称的标示等问题

除了以上三个标点符号使用时易现的问题，在借用西文之时常常出现标点错误的，莫过于对作品名称所做的标示了。我们先尝试查找以下内容相同而书写格式不同的一组案例中可能存在的一些问题：

a. 克拉克（Garry E Clarke）《Essays on American Music》，格林伍德出版集团，1977。

b. 克拉克（Garry E. Clarke）《美国音乐论文集》，格林伍德出版集团1977年版。

c. Garry E. Clarke, Essays on American Music, Greenwood Publishing Group, 1977.

上组案例涉及了在使用西文之时如何表达作品名称，以及如何在中文的文本中插入并正确使用西文作品名称的书写问题。审视此组中的三个例句，抛开不同标注体系间标记格式上的差异，也仍然存在着大小不等的记写规范问题：应该说 a 例中出现的问题最为严重，一是中英文表达混用于一体，二是为英文书名添加了中文专用的标号（书名号）；b 例存在的问题性质较轻,主要在于添加外文夹注缺乏统一规划,只考虑到了作者名,忽略了句内的图书名、出版机构名等的外文原始信息;c 例以外文原文格式呈现,但对"论文集"这一图书名没有采取合式的属性标示(斜体)。

在英文环境中,"书名"问题的简单解决方案一般是:

在印刷体中,书籍与作品的名称可使用斜体,也可以使用引号来做出标记(" ");

在文章名与所载期刊名、析出文献与其"文集"同时列出时,单篇的文章名(含析出文献)应使用引号,期刊及"文集"名则使用斜体格式;

手写体时,书刊名可以用下划线或使用引号的方式来做出标记。

例如:

Boris Schwarz. "Stravinsky in Soviet Russian Criticism." in Paul Henry Lang, ed., *Stravinsky: A new appraisal of his work* [M]. New York: W. W. Norton, 1963. pp. 74 – 95.

另外,对于不同括号的配合使用,英文标点与中文标点中的应用也略存差异。请查找下例中存在的问题:

Picasso influenced generations of artists. [ See pp. 100—108 ( color plates) for examples of his major works. ]

按照英文标点符号的使用规范,此例对于括号和连字符的使用出现了错误,可以对之做出如下修改:

Picasso influenced generations of artists. ( See pp. 100 – 108 [ color plates ] for examples of his major works. )

也就是说，英文标点中的方括号是可以作为起夹注作用的圆括号内进一步做解释时的括号来使用的，即以圆括号包容方括号。

## 第三节　音乐术语及乐器名称等的使用

### 一、作品编号及其他常用缩略语

在西方艺术音乐的发展历程中，逐步形成的对于作曲家创作的作品寻求数码标记的方法，从而追求以简练形式来准确标记作品创写顺序的标码系统，即称为作品编号。

目前较为通行的作品编号的标记方法，是以拉丁文缩写的 op.（opus，作品编号；其复数形式 opuses，缩写为 opp.）加上顺序编码的阿拉伯数字，形成诸如 op.1、op.2……这样的标码格式，以简洁而直观地记录作品的创作顺序。假如一部作品为大型的套曲、组曲等体裁形式，其中往往包含了数首分支乐曲。这时，若具体记写各支分曲的编号，则在作品总编号之后再补以分曲号 no.（number）及其序码。比如，若表示第 1 号作品之中的第 2 首曲目，可以有两种记写格式：op.1，no.2 或者 op.1b。其中的"op.1"为作品的总编号，"no.2"和"b"记写格式有别，但同样是指分曲目所处的编码位置。

作品编号工作是由特定人所完成的。今日的作曲家多数已经有了为自己作品进行编号的习惯，在 19 世纪之前的作曲家，多数并没有为自己的作品进行编列序号的习惯，一些后世的研究者或者是出版商为了规范作品的内在关系并顺序编列的便利，为作品进行了体现创作先后关系的编码。音乐界为了纪念那些为整理、研究作曲家作品并给予编号的人们的贡献，则多以此人名姓的缩写字母为标，配以数字序列为编号，形成特定作曲家的作品编号系统。列举两例以示之。

奥地利作曲家莫扎特英年早逝，他的大量作品生前并未出版，也未在作品上标示创作日期及其编号。莫氏作品的整理编目工作是由奥地利音乐编目学家克舍尔（Kochel－Verzeichnis）所完成的。因此，莫扎特作品的编号格式即标为克舍尔名字的缩写形式"K"或"KV"，后缀数字的序列号。比如，《朱庇特交响曲》（K551，1788）、歌剧《魔笛》（K620，1791）等的标记。

匈牙利作曲家、钢琴家李斯特的众多作品，由英国作曲家、音乐学家塞尔（Hamphrey Searle）编辑成册的，即常以"S"作为编码标记；由德国指挥家兼作家拉贝（P. Raabe）所编订的，则以"R"作为标记。所以，李斯特作品的编码常常标记为如《b 小调钢琴奏鸣曲》（S178、R21，1853）、《浮士德交响曲》（S108、R425，1857）等形式。①

作品编号出现在普通的行文中有益于对作品相关背景的准确把握，利于对作品的进一步理解，其记写格式及书写位置却并无固定模式，应考虑以行文风格和文本表达的需要而定。根据编号编码的性质和作用，使用简洁的标记表达方式为佳，即将作品编号记写在作品标题的名称之后，以夹注方式交代编号、创作年代等相关信息。例如：

贝多芬《英雄交响曲》（op.55，1803－1804）

柏辽兹《幻想交响曲》（op.14，1830）

J.S.巴赫《勃兰登堡协奏曲》（BWV1046－1051，1711－1721）

从编辑角度来讲，需要引起注意的还包括标示作品编号的外文字母的规范化书写问题。这涉及了两方面的细则：第一，对于以拉丁文词汇 opus（作品编号）缩写方式来标记的，按照西文的记写规范，应该以小写字母书写，字母后缀以下脚点的方式（即 op.）为准；第二，对于使用由特定

---

① 缪天瑞主编：《音乐百科词典》"作品编号"（韩宝强撰）、"莫差特"（汪启璋撰）、"李斯特"（沈旋撰）词条，北京：人民音乐出版社 1998 年版，第 797—798、428—429、361—362 页。

音乐学家或者出版商名姓来做出标记的,由于采用的是人物名姓首字母,应该以首字母的正确写法来书写,后面可不再缀用标点符号,比如 SWV3、WoO5、D7 等格式。①

## 二、表演术语的标记与规范

中国近代以来所创作和演出的"新音乐",不只吸收和借鉴了西乐的理念和技法,也包括了西乐的记谱格式与其规范。在如今的专业音乐活动和普通音乐生活中,关于西乐化的各类技术术语与记写格式,已经成为音乐界人士必须要认真面对并谙熟的基本知识和技能。其中,应用符号化的乐谱和表演实践中的各类术语与符号的规范化记写,也就成为需要关注的一个方面。

表演类的术语,按照在表演实践及书面记写时的特点,大致划分为力度术语、速度术语、表情术语和其他基本术语等几大类。②

### (一)力度术语和符号

除了在节拍中规律性的强弱拍之外的力度变化,体现在五线谱和简谱中,表示音乐强弱关系的术语以及符号,被统称为力度术语和力度符号。在今天所使用的力度术语,多是以意大利语或其缩写形式来标记的;力度符号也多使用缩写的意大利语或其特定记号来标示。

根据力度术语和符号在音乐中所发挥作用的不同,可以将其划分为三种类型,即段落(层次)强弱、渐变强弱、突变强弱等力度类型。三种类型力度的强弱关系应该分别标示,当音乐进行至不同的段落时采用不同的段落力度符号;强弱关系发生逐步的变化时,应标记渐变强弱的相关记号;强弱关系突然发生变化的,则在相应的位置标记显示其突变力度的

---

① 樊振帼主编,秦文、樊振帼编著:《实用英语符号手册》,南京:江苏教育出版社 2001 年版,第 153、162、177 页。
② 外国音乐表演用语词典编写组编:《外国音乐表演用语词典》"凡例",北京:人民音乐出版社 1994 年第 2 版。

符号。① 各式标记办法和记写形式简要如下：

1. 段落强弱的标记：往往使用缩写之后的字母形式来记写，比如 *p*（*piano*，弱）、*pp*（*pianissimo*，很弱）、*mp*（*mezzo - piano*，中弱）、*f*（*forte*，强）、*ff*（*fortissimo*，很强）等。

2. 渐变强弱的标记：可以有两种标记方式。以文字做标记的，使用意大利文，比如 *cresc.*（*crescendo*，渐强）、*decresc.*（*decrescendo*，减弱）、*dim.*（*diminuendo*，渐弱）等；以力度符号做标记的，比如 ＜（渐强记号）、＞（渐弱记号）。

3. 突变强弱的标记：也可以有两种标记方式。以文字做标记的，使用意大利文或其缩写形式，比如 *sf*（*sforzando*，特强）、*fp*（*forte - piano*，强后即弱）、*con forza*（强有力地）等；以符号作为标记的，直接记写在音符的上方，比如 >（重音记号）、∧（倍重音记号）等。

作为以外文字母记写的（无论缩写与否）力度术语和符号，在乐谱中标写时均以小写字母书写并以斜体形式呈现。② 在文论文本中被借用出现的话，力度术语和缩略语也应该以小写、斜体形式书写，以使之区别于其他的字符内容。

（二）速度术语和符号

在音乐中，表示速度变化的术语和符号分为基本速度术语、过渡速度术语③两种，通常使用意大利文来标记。

---

① 人民音乐出版社编制：《音乐曲谱出版规范》，北京：人民音乐出版社 2015 年版，第 107—114 页；缪天瑞主编：《音乐百科词典》"力度"词条（杨雁行撰），人民音乐出版社 1998 年版，第 368 页。

② 人民音乐出版社总编室编：《音乐编辑手册》，北京：人民音乐出版社 1994 年版，第 96—97 页。

③ 在《音乐编辑手册》中命名为"过渡速度"，在《音乐曲谱出版规范》中被命名为"变化速度"，二者意义类同。详见《音乐编辑手册》，第 98—99 页；《音乐曲谱出版规范》，第 114—116 页。

1. 基本速度术语，用来表示整首作品或者某一段落作品的固定的速度术语和符号。由于它们是作用于整首（或较大局部段落）作品的基本术语，书写时要求放置在整部作品（或段落）起始之处的节拍号上方，使用正体加黑的字体记写，且首字母还要采用大写形式。例如：

  **Largo**（广板）、**Lento**（慢板）、**Adagio**（柔板）、**Andante**（行板）、**Moderato**（中板）、**Allegro**（快板）、**Presto**（急板）

2. 过渡速度术语，表示在音乐作品中临时的或过渡性的使速度发生变化的术语。由于这类术语或符号作用于乐谱中间的具体某处，要求使用小写字母并且以斜体的方式记写，术语的首字母必须处于对准速度开始变化的音符的上方。例如：

  *accel./string.*（渐快）、*rall.*（减慢减弱）、*rit./allarg.*（渐慢）、a tempo（恢复原速）

(三) 表情术语和符号

在乐谱记谱体系中，表情术语和符号是记录作品意欲表达的基本情绪和情感变化的文本符号。通过创作者所标记的这些符号，向表演者传达作品的情感趋向。表情术语一般使用意大利文标记，如果是记写在速度记号之后的表情术语，则要用小写形式（例如 Andante cantabile，如歌的行板）；如果单独使用表情术语，首字母要大写；在乐谱起始处使用时，要用正体字符书写，乐谱中间使用时则以小写并斜体的表达方式。[①]

---

[①] 关于音乐表情以及其他演奏演唱指示的术语数量较多，不再列举。详参邬析零、廖叔同、陈平等人所编写《外国音乐表演用语词典》，北京：人民音乐出版社 1994 年第 2 版。

### （四）乐谱中的其他术语和记号

在乐谱的记写系统中，需要关注和悉心其格式的方面很多，但多数内容涉及基本乐科的学习领域，在此不做过多赘述。以下仅就经常发生记写疏漏的两个方面做出提醒。

1. 反复记号

  D.C.（从头开始）、D.S.（从记号处反复）、Fine.（意大利语，"曲终"）

注意事项：首字母以大写形式，词或字母之后应缀以下脚点。

2. 八度记号

  8va（或写作"8"，意为将本音"提高或降低八度演奏"）
  con8（根据记写的位置，在演奏本音之外同时演奏高八度或低八度的音）

注意事项：字母均要以小写形式书写，词后不缀写下脚点。

## 三、乐器名称的缩写

在乐谱文本尤其是对大中型乐队作品记录的乐谱文本中，对不同器乐声部标记所用乐器是常见的也是必备的做法。在国内出版领域，乐谱中对西洋交响乐队中常见乐器名称的记写一般采用意大利文；对于轻音乐队乐谱等的记写，乐器名可以使用意大利文或者英文形式记写；而在我国民族乐队作品中，对乐器的记写可以使用汉语拼音的缩写形式（也可以直接使用乐器的中文名称），当缩写形式易发生混淆时可在其中添加一个字母。比如下面的例子：

1. 意大利文记写的西方乐器名称：Vl.（小提琴，Violino）、Vla.（中提琴，Viola)、Vc.（大提琴，Violoncello)、Fl.（长笛，Flauto)、Ob.（双簧管，Oboe)、Cl.（单簧管，Clarinetto)、Fag.（大管，Fagotto)、Timp.（定音鼓，Timpani）等。

2. 汉语拼音记写的民族乐器名称：D（笛)、X（箫)、Sn（唢呐)、Eh（二胡)、Bh（板胡)、Pp（琵琶)、Zh（筝)、Yq（扬琴)、Xg（小鼓)、Gy sh（高音笙）等。

这里需要提起注意的是，按照编辑规则，由于在意大利文的乐器缩写时采用的是保留骨干词素的缩写形式，记写时应该保留后缀的下脚点；而对民族乐器的缩写，采用的是保留拼音大写首字母的做法，可以节略后缀的下脚点而只使用大写的拼音字母即可。

## 四、传统音乐文化英译的常见问题

关于中国传统文化、传统音乐理论成果的对外译介问题，早已经成为音乐学术领域有待攻关、有待人力物力持续投入的一个薄弱环节。在涉及中国传统音乐理论及其相关联的文化对外翻译的诸项难题之中，对于其中的关键术语、概念、各类名称等的翻译，尤其成为争议最多的难中之难。①分析其主要的争议之处，无非是围绕这样两个方面的处置思路与译介方式：第一，是坚持"信、达、雅"思路下的反向意译，② 还是走简朴而直

---

① 进入21世纪之后，这种寻求音乐文化外译的势头与呼声也更加频繁和强劲。围绕其中存在的学术问题、文化问题，多位学者已展开过探讨，比如：张伯瑜《中国音乐术语的英译问题与解决方法》，《中国音乐学》2004年第3期；徐元勇《中国音乐语汇的外文翻译》，《音乐研究》2006年第4期；张伯瑜、［美］Azalea Birch《体会与思考：中国音乐文献英译过程中难以跨越的鸿沟》，《星海音乐学院学报》2011年第2期；喻辉《"乐律学"的英文译名与学科范畴问题》，《音乐研究》2011年第6期；等等。

② 面对中国传统音乐理论中内涵丰富的乐器、特有术语等内容的英译，张伯瑜先生等提出了更为缜密的思路，即以拼音（音译）＋直译（中文原义）＋解释（意译）的三段论，以尽力保证文化交流传播时的准确无误。详见张伯瑜、［美］Azalea Birch：《体会与思考：中国音乐文献英译过程中难以跨越的鸿沟》，《星海音乐学院学报》2011年第2期。

接的音译（汉语拼音）外加汉语夹注之法；第二，即或走汉语的音译之路，是以固定词组为单位的连续拼写，或是对每个汉语字节的拼音做连字符式的隔断处理，还是直至标出每个汉字读音的声调？凡此种种，作为学术问题，可以经过一定时期的研究、交流、争鸣以逐步达成共识，但面对每天必须保证教学、编辑、出版工作顺利推进的人士或者机构来说，目前只能从学界已有的一些翻译思路中进行总结，并尽力达成更多人群内的"统一"认识。①

比如下面所列案例，作为对中国传统音乐及其文化中大量专业名称、术语、概念等进行英语翻译时的一种思路，其方法值得思考。

  *Tang* and *Song* Dynasties（唐宋时期）
  *Xianghege*，或者 *Xianghe song*（相和歌）
  *Sixty – steps temperament*（六十律）
  *Bianzhi*（变徵）
  *Shangdang Bangzi*（上党梆子）
  *Jingzhou Tiange*（荆州田歌）
  *Shifanyue*，或者 *Shifan music*（十番乐）

这种翻译的思路，总体上是以汉语字词发音的直接音译为重点，在不会发生词义混淆并可以简洁给予交代的地方（如上例中的"时期""歌""律""乐"等概念），则将有限的外文意译词汇融入。在字节组合方面，以汉语固定词汇为参照，将同名同组的英译拼音径相连接。作为专有词组，这类术语、概念在外译之后可以使用斜体格式，以区别于其他普通词

---

  ① 作为先行者，一些精通中外文双语的音乐界专家已经就某些传统音乐中的术语、概念做了英译的尝试。例如：蔡良玉编译《古琴艺术汉英双语小词典》，上海音乐学院出版社2007年版；张伯瑜译著《中国音乐术语选译900条》，人民音乐出版社2009年版。

汇的表述。作为不同语种间字符转换时严谨态度的体现，也为了阅读参照方便，同时借鉴外文译为汉语之时常用的以原文随即夹注的方式，将关键术语、概念、名称的中文名称以夹注形式置于译文之后。

以上对于传统音乐术语、概念等的英译尝试，虽然内容上较之意译简洁，但对汉语较为普遍存在的一字多读音、一音多声调现象则是个难题。还有，面对文化内涵更为复杂而深厚的概念（诸如"乐律学""五旦七调""燕乐"等）①，此种翻译方法的实际效果也是有限且值得更加深入探讨的。

无论怎样，随着时代的发展和国力的增长，中国音乐文化走出国门的力度、程度都将越来越大，事关中国音乐核心内容的基本概念、术语、名称等的外译，将被愈以迫切地提出来，还将等待更为严苛的学术争鸣和技术探讨。

---

① 喻辉先生将中文语境"乐律学"外译的难度和意义，与英文"Ethnomusicology"汉译过程中遇到的困难相提并论。通过他的初步总结，目前对于"乐律学"一词的英译表达方法即达四五种之多。详见喻辉：《"乐律学"的英文译名与学科范畴问题》，《音乐研究》2011年第6期。

第五章

# 乐谱符号使用中的相关问题

乐谱是以特定视觉符号的书写来记录音乐、传播音乐的有效工具，对它的规范化记写、准确辨识和其他各种的应用，是音乐界人士从业的基本要求和技术保障。在当今各式各类的记谱方法之中，我们所见、所用最为频繁的是五线谱和简谱两种谱式，其他的诸如工尺谱、减字谱、锣鼓谱、律吕字谱等谱式虽在中国古代音乐历史、中国传统音乐的某些领域仍在传承和使用，但传播范围毕竟有限。另外，本书对于音乐文本编辑问题的探讨，其重点即在文论文本和以完善文论文本而服务的乐谱文本，因此在对乐谱符号使用问题做此番专章探讨之时，将更多地以五线谱、简谱在日常文论写作时遇到的常见问题作为对象，对它们做出初步的分析和规范化应用的概括。同时，对于文论书写时出现的与乐谱符号相关的其他问题，一并予以探讨。

## 第一节 五线谱应用时的常见问题

五线谱因其谱式的简洁、直观且可承载音响内涵的丰富而应用广泛。但由于使用者在识谱方法与基本乐理的学习阶段往往处于人生的青少年时期，加之音乐界部分人士对于基本乐科的不重视由来已久，使得相当数量的音乐人对于乐谱的基本内容和规范化呈现不甚了了。由此造成的后果，就是在音乐领域呈现的乐谱（无论手抄谱还是打印谱），均存在诸多的创作技术之外的记写格式问题，这些问题已然成为影响音乐艺术、音乐文化交流与传播的障碍。

结合音乐出版界编辑人员在工作中所遇到的关于五线谱文本的种种情况，考虑本书的关注主旨，在此呈现部分典型性的乐谱校改案例，借以分析五线谱文本在书写格式方面所经常存在的问题，并结合这些问题来认识文本书写中对于插入谱例时的规范应用。①

## 一、个案展示与简要分析

分析（谱例 5-1）：此段乐谱校样之中，存在着多方面的书写不当甚至记写错误，主要问题体现在：

（1）谱表选择和记谱格式的不当。对于单一声部的乐谱，适用的谱表无须谱号左侧的直连谱号；装饰性的前倚音与其本音之间应该使用弧形小连线予以连接；具有完整符杠的连音符（五连音）无须再使用连音括号；乐谱中的速度术语和符号应该记写在它所开始发挥作用的谱表正上方。

（2）术语或者符号记写的错误。由两个或者两个以上音符组成的复倚音（第 1 小节），应该将其记写为十六分音符的时值形态，而非八分音符（单倚音所用）；各式倚音与其修饰的主音间，在记谱时应该有小连音线连接符头；速度术语 *rit* 为 ritardando（或者 ritenuto，"渐慢"之意）的缩写，应该为其添加表示缩写之意的下脚点（*rit.*）；速度术语 *tempo* 漏掉了字母，完整的书写应该为 *a tempo*（恢复原速）。②

---

① 本节所选用的多数谱例校改样的原始素材，由王建卫编审为人民音乐出版社新任编辑授课时搜集并扫描。特此说明并致谢意！

② ［苏］纽恩堡著，陈登颐译：《记谱法》，北京：人民音乐出版社 1978 年版，第 143—145 页；人民音乐出版社编：《音乐曲谱出版规范》，人民音乐出版社 2015 年版，第 8、74—75、71—72、116 页；外国音乐表演用语词典编写组编：《外国音乐表演用语词典》，人民音乐出版社 1994 年第 2 版，第 27、197 页。

谱例 5-1 《黄河水长流》校样（片段）

郑宏杰 编曲

分析（谱例 5-2）：在这页已被初步排绘的乐谱校样中，主要存在两个方面的编校问题。其一，个别符头音位的错置（如谱例的倒数第一行），导致旋律音型的错误，而音位错置的问题在五线谱出版物中又是存在最多的书写疏误；其二，乐谱中过渡速度术语摆放时的错位，比如首个 *a tempo*（恢复原速）应该被置于第二行乐谱之上，第二个 *a tempo* 的起始位置也应该向后移动。

分析（谱例 5-3）：这首音程跳动较大且速度多变的综合性唢呐练习曲，其"综合"的练习效果必须配有相应的技术术语做出准确标示方可，否则练习效果无从保证。但从所呈谱例的抄件来看，其中缺漏的技术性内容较多，包括速度术语、力度记号等。作为民族器乐用谱，缺漏的变化速度的术语最好以中文书写格式标记在谱表相应的音符上方，第三行乐谱缺失的力度记号标记于乐谱的下方，均应给予准确的对位。

**谱例 5 – 2** 《练习曲》校样（片段）

**谱例 5 – 3** 《综合练习曲》手抄件（片段）

谱例 5-4 《#g 小调音阶、音程、琶音练习》手抄件（片段）

**分析**（谱例 5-4）：此例专门性的练习曲由于为五个升号的 #g 小调谱表，在音阶模进时势必出现重升音符的问题。对于调号中已经出现了变音记号的音位，乐谱之内需要再度变音时，可以直接以重升、重降号予以标记即可；① 否则，将容易发生读谱的误解，使得音阶、音列结构发生变化。另外，根据连音号的使用规则，"如果同一节奏型的连音符连续多小节重复出现，只需在其出现的第一小节标记连音号即可，后边小节的连音号可以节略不记"②。由此，在谱例最后一行出现的连续性的三连音标记，除了保留第一小节两拍的连音符号，之后四小节内出现的七个连音符号均可以做节略处理。

---

① 在 20 世纪中后期所使用的变化音概念，对于升高、降低两个半音的情况称为"倍升记号"（x）、"倍降记号"（♭♭）。详见［苏］纽恩堡著，陈登颐译：《记谱法》，北京：人民音乐出版社 1978 年版，第 40 页；人民音乐出版社编制：《音乐曲谱出版规范》，人民音乐出版社 2015 年版，第 22 页。

② 人民音乐出版社编制：《音乐曲谱出版规范》"连音号的省略"，第 73 页。

**谱例 5-5** 《练习曲》二首（校样）

分析（谱例 5-5）：此例已排绘的乐谱校样中不断出现的换气符号（又称呼吸符号），是乐谱中常用的技术符号。换气符号在乐谱中出现之时，由于五线谱音符之后的留白所起到的时值作用，它应该被尽可能准确地标记在谱中实际发生呼吸或者乐音将要顿逗的地方。① 因此，整页乐谱

---

① 人民音乐出版社编制：《音乐曲谱出版规范》，第 304 页。

两首《练习曲》中的多个换气符号均应该移动其位置。在第二首《练习曲》的第三、四两行乐谱中，多处连音线的标记尚出现疏漏，需要做出调整。

谱例 5-6　书稿校样（片段）

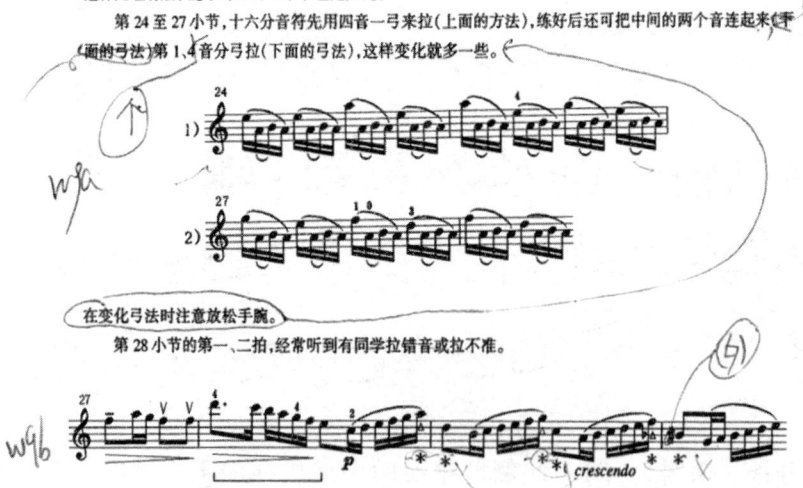

分析（谱例5-6）：作为书稿中插入的谱例样貌，此页校样中存在着一些记谱规范和信息疏漏的问题。主要表现在：（1）表示强弱的力度记号和其他提示性的符号，需要记写在正对应于该音符的位置。（2）乐谱中的临时变化音记号必须记写在符头的前面（倒数第二小节中），跨越小节线之后该变音记号（降号）已经失去效力，为了提醒读谱者注意，可以在新小节开始的第一个同音前做还原符号的提示。① （3）书稿中的插入谱例，也是应该将乐谱的调号、节拍号等必备信息准确标示出来的。

谱例5-7　山西民歌《想亲亲》手抄件（片段）

分析（谱例5-7）：此段手抄谱从记谱规格的多个方面来看，属于比较规整的书写。但以严格的编辑规范而言，乐谱中也存在些许需要修改之

---

① 人民音乐出版社编制：《音乐曲谱出版规范》，第25页。

处，比如第五行和最后一行的两处过渡速度术语 *rit*（*ritardando* 的缩写形式，渐慢），其正确的书写应该在词末添加下脚点（*rit.*），以表示所写术语为缩写词之意。像此例之中的疏误，在乐谱之中对技术术语、符号的书写中是十分高发的疏误形式。

**谱例 5-8**　合唱作品校样（片段）

分析（谱例 5-8）：作为由多声部构成的合唱作品，加上需要对歌词做出对位记录，其谱式结构相对要复杂不少。

在对合唱作品的旋律、歌词进行记录时，当各声部的歌词相同且词曲结合的节拍位置相同时，是不必对每个声部都记写其歌词的，而以相邻声部共用一行歌词的方式即可（如本例的多数内容所示）；当不同声部的曲、词出现节奏不同时,应该对不同节奏的词曲分别记写。① 另外,即使出现了不同节奏声部下的多段唱词同列的情况,也应该由上往下以最靠近唱词的节奏来安排词曲对位。在本例之中,就需要注意类似的词曲记写问题,比如第一小节第三、四声部中唱词"膀砍断"节奏不同导致"砍"字记写位置矛盾、倒数第三小节下面两声部唱词"去送死"因节奏不同导致"送"字记写位置矛盾。此处出现的问题,可以考虑以不同声部配以不同行的歌词,也可以只是在出现节奏不同时临时加行唱词(如本例由编辑临时添加的唱词)来解决。

**谱例5-9**　书稿校样(片段)

这里可以听到抽噎之声,情绪悲痛欲绝,气息悠长。
例8　穆索尔斯基　《图画展览会》中的《孩子们游戏后的争吵》

这个孩子并非真哭,只是用哭声吓唬自己的小伙伴,稚气可掬。
例9　华彦钧　《二泉映月》的引子

例9级进下行,弱奏,拖着一个长的尾音。这沉重的叹息透露出的不正是饥寒交迫的瞎子

分析(谱例5-9):文论中插入谱例的情况十分多见,形式也甚为多样。谱例一旦在文中单独呈现,就应当为其添加调号和节拍记号,即便是小节不完整的谱例,只要是构成了旋律形态,就要考虑添加乐谱基本的谱式要素。此例中《二泉映月》引子的谱例,虽然只有乐曲开头的几个音符,也应该补齐其节拍记号。

---

① 人民音乐出版社编制:《音乐曲谱出版规范》"词曲结合规范",第151—153页。

## 二、文论中插入谱例的应用事项

从以上搜集、罗列并初步分析的多条涉及五线谱谱式的文本材料，我们可以概括得知：在五线谱的日常学习使用中，存在着诸多或明或暗的不规范的记写，甚至是十分错误的书写，需要引起音乐界人士的关注。即使在音乐理论著述和教研活动中，五线谱也已是最为常用的记录谱式，就连各个学术性刊物的征稿启事或者告作者书中，往往都明确告知：文稿中出现的谱例，应当使用五线谱。在这种情形之下，对五线谱书写时存在的诸多问题就更要引起大家的高度重视了。

在文论文本之中插入谱例的用法，是理论研究著述中十分常用的材料例举方式，对作品分析类的文论来讲更是从事研究工作的基础材料。所以，结合以上各例的简要分析，我们认为引用并提交谱例时需要注意如下几点：

1. 乐曲、乐段起行时的"缩头"。文字的书写于每自然段开头需要空开两个字格，意在提示段落的开启；在乐谱记录乐曲、乐段的起始处，也需要有这种给读者以明示的设想。在正式出版的完整乐谱作品中，出版者是具有这种版式设置意识的，但在片段化的文论谱例之中，许多打谱、编排人士就没有了这种在曲首位置做空格处理的习惯，使得谱例的部分作用无法直观显现。

2. 符头前后的间距要视时值的长短而排列。作为直观记录音高、音强、时值等的乐谱，这种"直观"应该体现在多个方面，其中每个音符包括休止符之后的留白就是直观显示其时值的一种方式。

在专业出版机构及严谨的专业人士所绘制的乐谱中，不同时值音符的符头前后间距都经过了细致规划，用心的制谱者会对谱中倚音的使用间距都做出到位的安排，这就使得读谱者不但能够轻松地把握音乐的进行，通过谱面的留白状况还能便捷地了解到作品的结构情况。

3. 连线的使用问题。在各类乐谱之中，连线都是常用的记谱符号且大量存在。根据用途的不同，乐谱中的连线有延音线、连音线、分句线、音节线、弓法连线等许多种类别，其应用场合就更为多样了，但无论怎样，连线在乐谱文本中都发挥着不可替代的作用，诸如常见的拉弦乐器的连弓表达、声乐曲谱中的一字多音连线等，均成为理解作品、表现作品的重要符号。因此，对于各类连线的准确标示与运用就显得不可缺少。① 但或许是因为连线不涉及具体的音高而主要是作为辅助表达的一种符号的缘故，在由文论甚或书稿作者所提交的谱例中，遗失各式连线的现象十分多见。当然，对此现象可以做出辩证的分析：一方面，连线是音乐作品不可或缺的文本记录符号，能够保证乐谱符号完整、到位的书写是引用乐谱资料者基本的职责；另一方面，正是介于连线不具有记录具体音高的职能，在一些为了分析音乐形态而截取的片段化谱例中，如确实无须呈现音高、节奏等音乐要素之外的标记时，在做出必要注释、说明的基础上，是可以适当节略、精简辅助性乐谱符号的。总之，连线在谱例中的存留，应该根据具体情况做出决定；凡是精简的谱例，也应该配以必要的注释予以说明。

4. 单个谱例状态下的调号、节拍号、速度符号、力度符号等的标记。恰如前面列举的谱例 5–6、谱例 5–9 等所存在的一些疏误，于非完整作品状况下的单个谱例是容易出现一些匪夷所思的书写问题的。对于作为引用材料而插入文论中的谱例来说，引用者往往只关注所引用谱例中的"核心内容"、只关注音符自身，容易忽略乐谱表达的整体情况，尤其是忽略只在完整作品的一定位置甚至只在开头位置方出现的一些标记。故此，文论插入谱例中缺失速度、力度等记号，缺失声部完整性甚至缺少调号、节拍号的现象经常发生，已经影响到谱例引证作用的发挥，应该引起引用者的重视。

对此类问题的解决乃至杜绝这类低端错误的发生，无须涉及专业水平

---

① 人民音乐出版社编制：《音乐曲谱出版规范》"连线"，第 79—87 页。

与其他技术的改进,只要引用者多一份严谨细致的审视,往往即可解决问题。它所涉及到的,或只可称之为是写作态度问题。

5. 简单音列、音阶呈现的谱例,可考虑以音名等格式来记写。在文论、书稿的撰写中,经常出现对于所使用的音乐基本材料的交代,诸如三音列、四音列或者某种音阶形态的呈示。这种简单的音乐材料便于记写、易于辨识,但若以乐谱形式记录,则需要另行制谱、植入谱例文件并且还会占用更多的版面;以乐谱形式呈现,对于阅读者来说也未必就是喜闻乐见之事,因为简单且规律化的音列、音阶叙述被文字与乐谱的混排面貌给复杂化了。比如下例:

山西太原义井村出土的新石器时期晚期二音孔陶埙,测音结果如谱例所示。除小三度外,尚包括了大二度、纯四度。

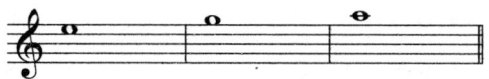

对如此简洁的古代二音孔乐器测音结果的描述,以植入谱例的方式虽然直观、明了,但正如上文所述及的弊端则更为显著。假如将上例的表达方式调整为音名表述的形式,或许也可以视为一种不错的选择:

山西太原义井村出土的新石器时期晚期二音孔陶埙,测音结果为 $e^2 - g^2 - a^2$。其音列之中除小三度外,尚包括了大二度、纯四度。

因此,对于音乐素材简洁文本的使用和交代,尝试以音名、唱名等方式记录,既便于书写,又能够适当节约并美化版面。此种选择,起码也为文论书写者增添了一种选择的方法。

## 第二节　简谱应用中的常见问题

简谱作为由阿拉伯数字代替音名符号来标示音高的记谱方法,自清末传入中国以来,迅速得以普及,早已成为从民间直至专业领域都十分通用的音乐记录谱式。① 在当代中国的音乐学习和生活中,简谱主要运用于大众音乐生活、歌曲和民族器乐的记谱之中。由于识认简单并且记写方便,对它的教学、编辑、出版、应用均十分广泛,由此而存在的一些常见问题、高发问题、关键问题,就亟须引起文本书写者的重视。

### 一、个案展示与简要分析

对于简谱文本中存在的问题的形式和种类,与五线谱文本相比较,可谓有同有异。我们先以文本编辑人员近年修订过的多条具体案例作为依据,并尝试对其中存在的问题予以分析和归纳。②

分析(谱例 5-10):简谱中存在的问题类型与五线谱中有相似者,比如对作品整体情况说明的文字应该直接置于作品标题名之后(《工农一家人》片段)③、对乐器定弦音高的交代等,谱例中供演奏的指法、弦序等符号应尽可能靠近其乐音音符等。简谱中也存在一些因其自身特点而更容易出现的疏漏——遗失调号,这是作为只能记录相对音高的简谱所附带的必

---

① 缪天瑞主编:《音乐百科词典》"简谱"词条(杨雁行撰),北京:人民音乐出版社 1998 年版,第 289 页。

② 本节所选用的谱例校改样,均由王建卫编审早年为人民音乐出版社新任编辑授课时搜集、扫描。特此说明并致谢忱!

③ 主要指该作品的体裁类型、作品状况的说明("选段""片段")等,以标题名之后的夹注形式出现。在此例中,对《工农一家人》作品状况的说明被置放在了曲作者聂耳名字之后是错误的,应该移位。另外,"片断"应该修改为更为精确的"片段"二字。

不可少的谱式要件，如此例中的《孟姜女》一曲，即遗忘了对"1 = D"调号的书写；还有，诸如《工农一家人》在乐谱基本信息呈示部分的缺失和错乱（节拍号位置、速度与表情术语的顺序等）。这些都是简谱谱式容易出现的记谱疏误。

谱例 5-10　琵琶作品二首（校样）

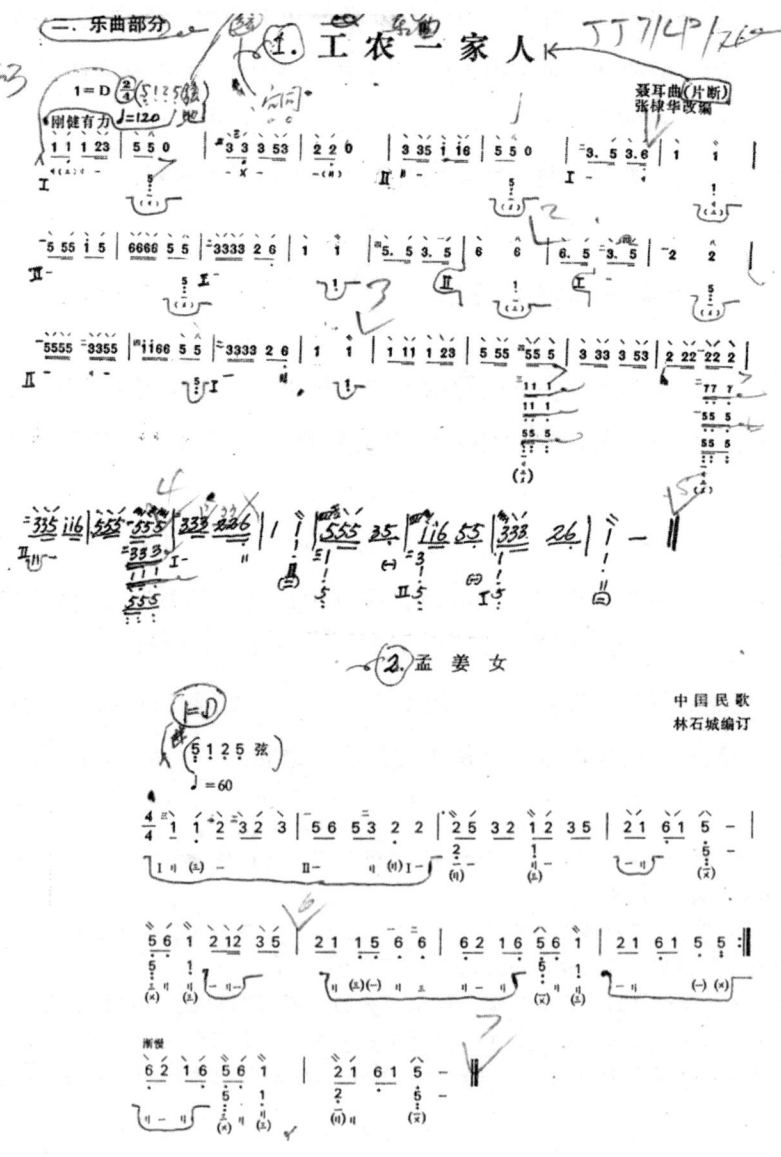

谱例 5-11　电影插曲《湖上之歌》校样（片段）

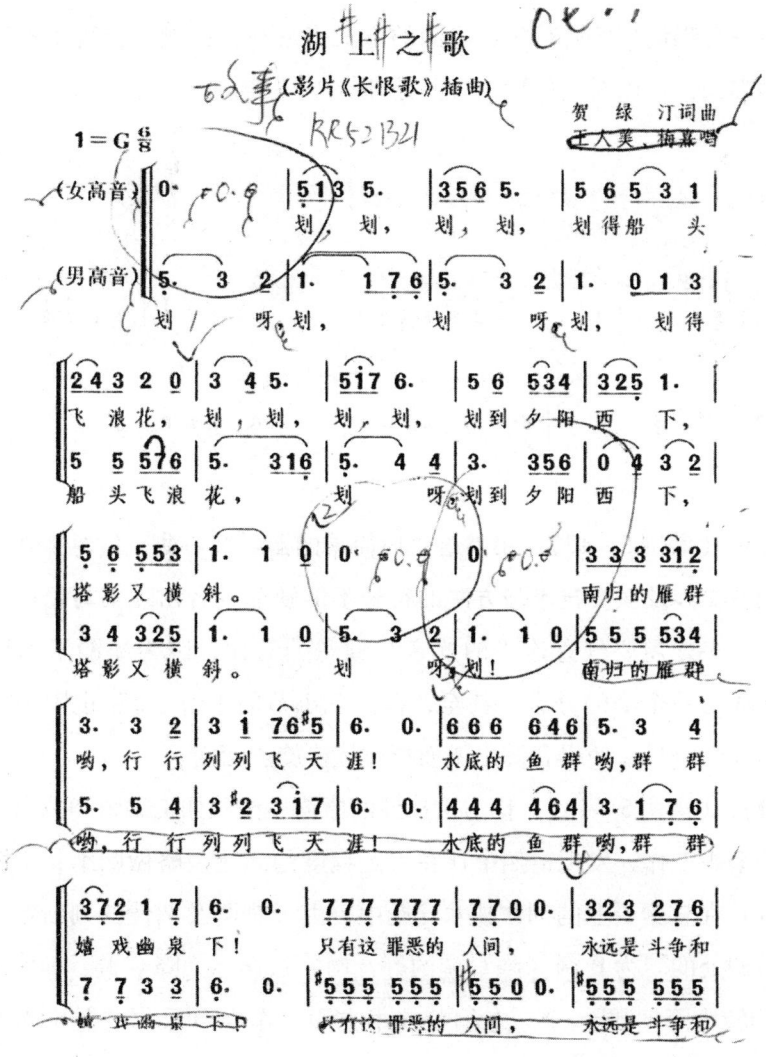

分析（谱例 5-11）：除了专业的编辑出版机构在乐谱文本格式（版式）上的一些常规设计要求之外，这份谱例暴露出的谱式记写上的主要问题有两点。第一，表示音乐的停顿方式存在书写错误，即长时间停顿的休止符的标记是有问题的。简谱在同一小节内的休止符，只以四分休止符（0）和附加减时线方式来表示休止的时长；对于二分休止及之上长度的休止符，应该以多个四分休止符来做累加标记，而非使用延音作用的横线号（增时线）来做记写。① 第二，不同声部的唱词，只要曲调的节奏相同，可以使用一行唱词列于两行乐谱之间的方式来书写，此例中出现了多行重复排列的唱词，可以对它们做出合并处理。

谱例5-12 《综合练习曲》校样（片段）

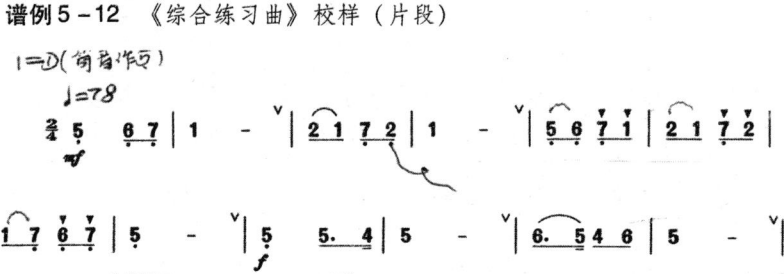

分析（谱例5-12）：虽然这是段简单的器乐练习曲，但对于表达旋律之外的各类涉及演奏技术与方法的符号不能缺漏或者出现书写错误。在本例之中，多处需要气息连贯的连音与顿音的对比，因为缺漏了弧形连音线，而成为一个个的分音。甚至，在第三小节的中音"2"也因为多写了低音八度的符号，使得音高出错而招致旋律旋法骤变。

分析（谱例5-13）：作为手抄件的原稿，按照加工编辑和技术编辑已做出的案头工作，发现谱例中存在一定程度的问题。略做归纳，主要表现在：（1）在较为专业的创作技术问题中，由于对调及调性的判断错误，使得在转调处的转为B调（降C调的等音调）被误标为降G调，即应由原来降D调转为降C调。（2）在编校技术方面，作为声乐曲谱器乐间奏的旋律，应该以小音符置于声乐旋律谱的上端书写，不能使得二者发生混淆；即或在声乐声部进入休止状态，器乐伴奏谱也不要随意混排而闯入声乐声部。

---

① 人民音乐出版社编制：《音乐曲谱出版规范》"休止符"，第252—253页。

**谱例 5－13** 歌剧选曲《十里风雪一片白》手抄件（片段）

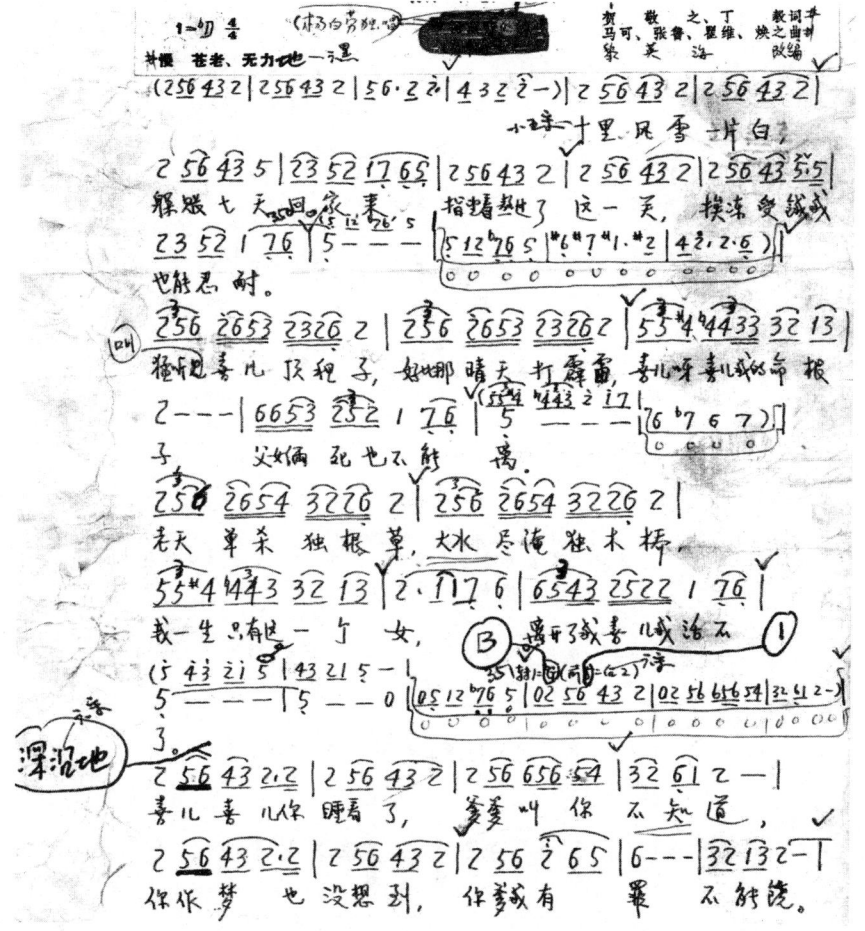

分析（谱例 5－14）：即使作为影视剧插曲，其歌谱也应保持严谨的谱式规范。按照编辑的修改加工，此例中的乐谱文本主要存在两个方面的问题：第一，唱词中的标点错误。在唱词中多处缺漏逗号，使得唱词原意的表达不畅，也造成演唱的语句过于长大；在一字多音（"啊"字）连音线标记清晰的情况下，无须在唱词之后再施以"延音"作用的点号。第二，连音线的缺漏。倒数第三行第三小节以及全曲倒数第二小节中均应为双连线，这里漏标了同音相连的延音线。

**谱例 5-14**　电视剧主题歌《枉凝眉》校样（片段）

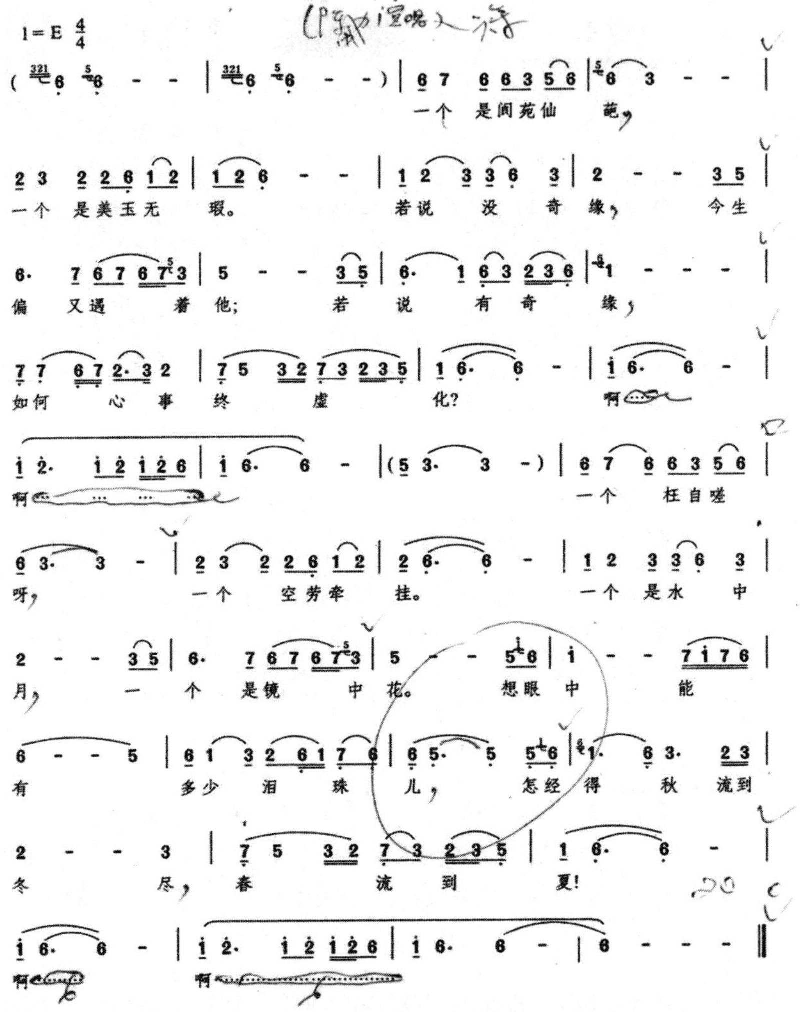

分析（谱例 5-15）：目前，简谱记写时通行的对声乐连音线的标记，是当一个唱字配唱两个以上的音符时，用一条连线把这些音符统一连接起来；在同一旋律有多段歌词的情况下，连线的使用要以第一段唱词的对应为准。在此段谱例中，自第一小节开始，存在多处曲、词对应时的错位现象。另外，多段唱词并用同一曲谱时，可以将相同结构的唱词合并记录，但为了标记清晰，应在唱词起始位置以斜体阿拉伯数字记写段落序号。①

**谱例 5 – 15** 歌曲《二小放牛郎》校样（片段）

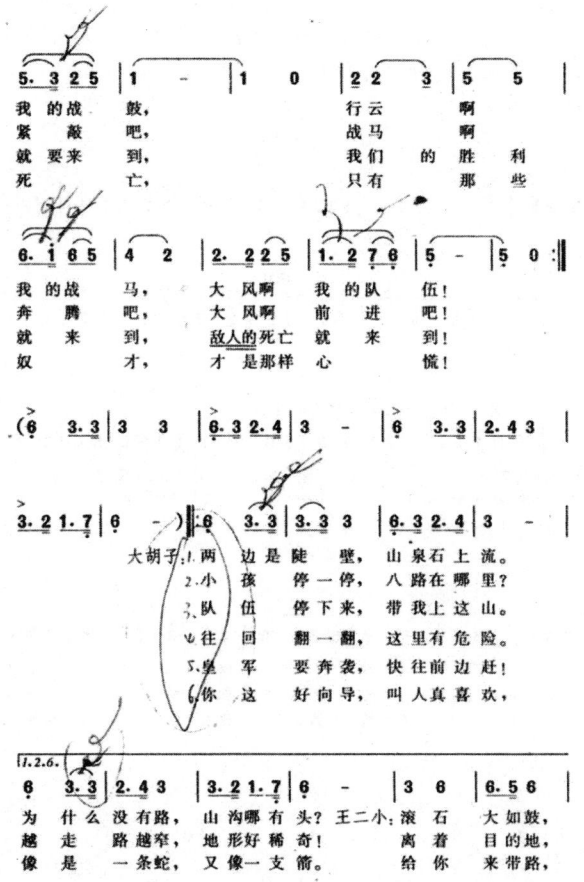

分析（谱例 5 – 16）：以简谱形式记写的合唱作品在大众化的出版物中是比较多见的，对于这类乐谱中存在的诸多问题应该引起关注。比如，此例中的多声部之间的分合变化，就应该标示清楚。在同一声部之内再临时分划声部，乐谱的前后应该使用大括号予以标记。另外，乐谱书写中的非

---

① 人民音乐出版社编制：《音乐曲谱出版规范》"声乐谱"，第 326—334 页。

技术问题也应引起重视，如本例之中第一行乐谱重音记号和延音线的摆放次序、段落序号和声部说明间（唱词首部）的书写顺序等，均涉及乐谱的形式书写规范。

谱例 5-16　合唱作品校样（片段）

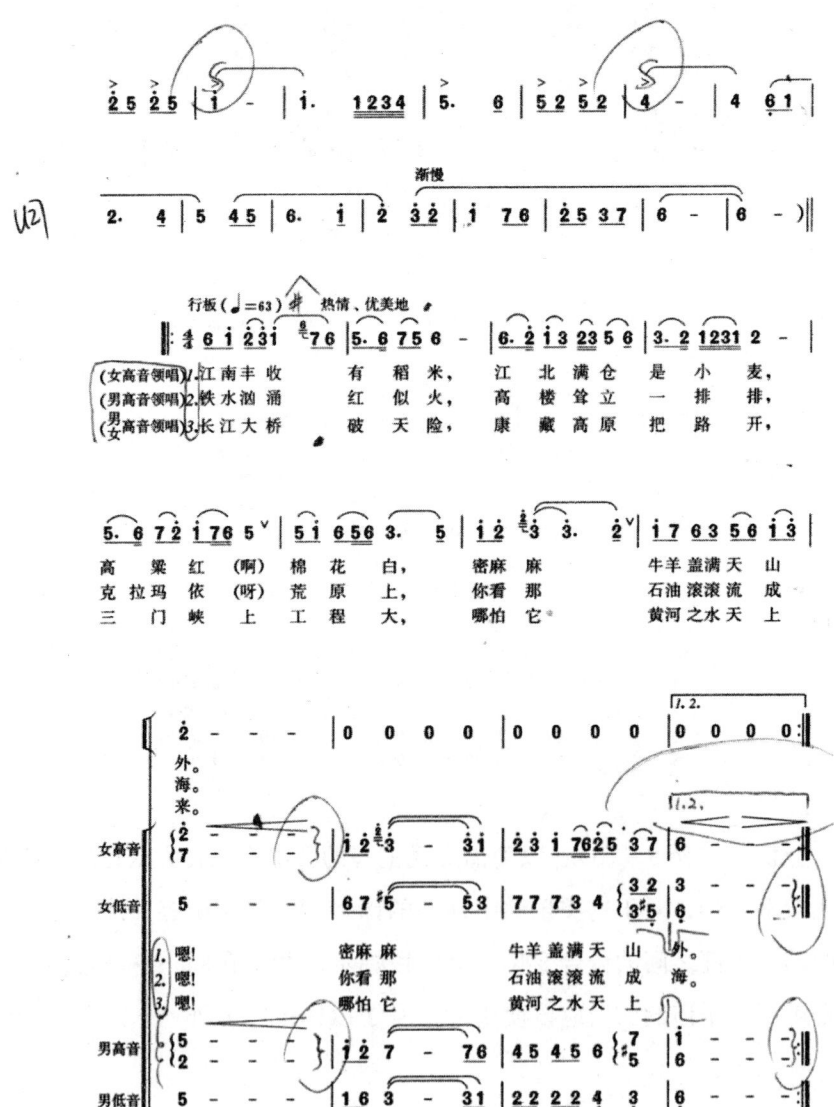

分析（谱例 5-17）：记写声乐谱之时的一项基本要求，就是唱词的书写位置一定要与曲谱中相应的音符准确对位，否则将发生严重的编校质量问题，也会使读谱者对作品的理解发生扭曲。此例之中，在几乎每句唱词的开头都是以节拍弱起方式呈现的，但唱词首字的不恰当排版，使得每句的句首唱词皆被放置于休止符之下，读谱者对之将只能以道白方式做出理解，这就使得作品的表达脱离了创作者的初衷。

谱例 5-17　电影插曲《舞榭之歌》校样（片段）

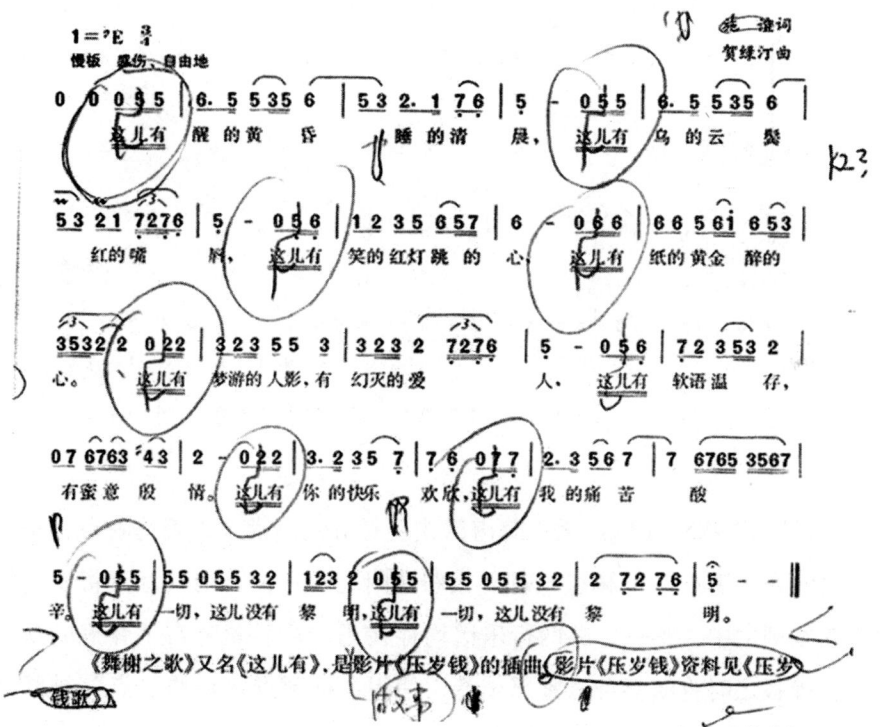

分析（谱例 5-18）：此例声乐曲谱中，除了版式设计方面应该予以注意的方面（比如混合节拍记号之间的字符间距问题），在辅助符号的排列顺序及其位置方面也存在一定问题，即所有的力度符号（*ff*）没有安置于应有的音位之上，有些甚至被排绘在了休止符的上端。这种错位的排放，

将易使音乐的力度变化发生混乱,直接影响作曲家对音乐发展的原初设定意图。另外,全曲结束之处无须标记"曲终"字样,只在乐谱终结处标记终止线符号即可(非双细线规格的段落线符号)。①

谱例 5-18　电影插曲《打回东北去》校样(片段)

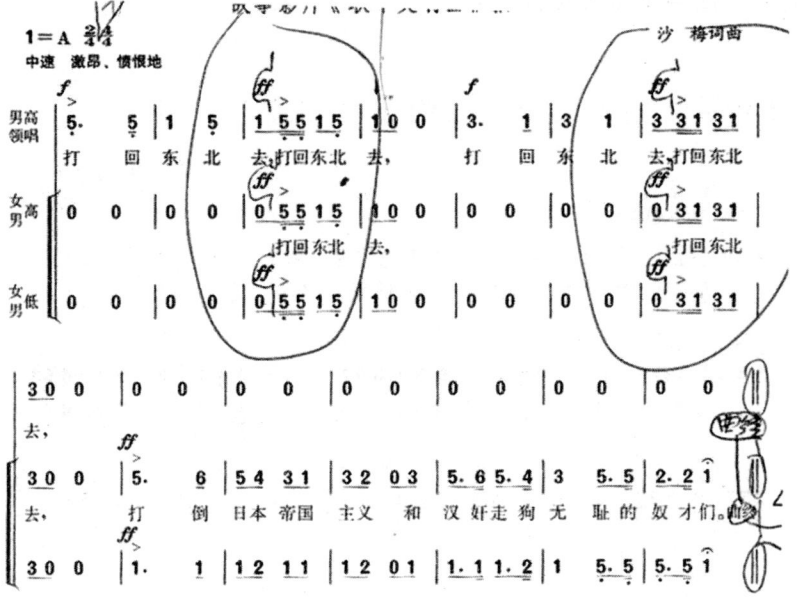

分析(谱例 5-19):无论简谱谱式还是五线谱谱式,表达附点音符后面所缀的齐线黑点(下脚点)都要紧跟所附之本音,否则其意涵将发生转移。在本例之中,第一、二两行乐谱均存在乐音之后紧随右手弹挑的演奏符号,排版之时将演奏符号紧邻乐音,使得象征附点音符的"点"被间隔而离开了所附的本位音。这种情况,极容易造成识谱者的误解(应该如第三行乐谱中的两处相似附点音符的排列法)。

---

① 人民音乐出版社编制:《音乐曲谱出版规范》"终止线与段落线",第 233 页。

**谱例 5 – 19**　琵琶曲《小桃红》校样（片段）

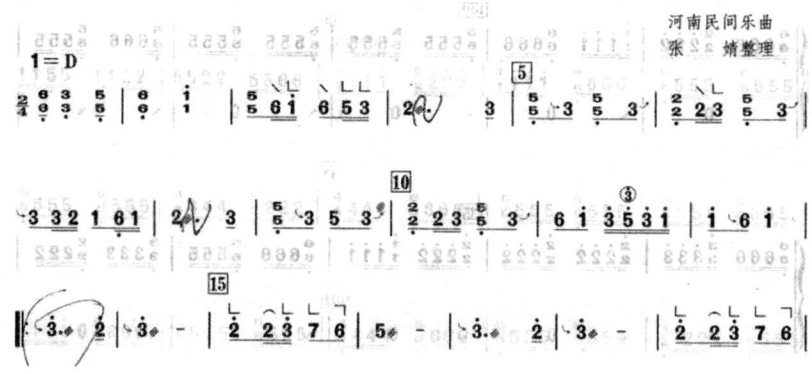

## 二、部分要点提示

通过对以上十条简谱文本片段所做的实例分析，可以较为直观地发现在这类谱式书写时容易发生的各式问题，从而对其投以应有的关注并采取相应的纠正措施。对于诸多插入文论文本所使用的谱例以及文中叙述时遇到的涉及简谱的问题，我们在此也简要地做一提示：

1. 单独使用的简谱谱例，不要忘记为其书写调号、节拍号。这是在五线谱谱式中也容易出现的一类缺失乐谱构成要素的问题，只不过五线谱的谱例更容易遗失的是节拍记号。而在简谱的谱例中，由于调号需要被单独标出，而谱式的基本符号与节拍号所用谱字符号又同为阿拉伯数字形式，这些因素就使得此类符号很容易被遗落。作为以首调唱名法记谱的简谱谱式一旦缺失了调号等要素，其乐谱的许多职能将被削弱。

2. 简谱音符上、下表示音高的"点"很重要。作为简谱记录音高的特点，位于音符上、下端的黑点（高音点、低音点）就甚为重要，但由于绘谱技术的局限以及高音点、低音点的面积微小，使得其丢失率、错误率甚高，尤其是表达倍高、倍低八度音等需要绘制更多层级黑点作为标志时，对于乐谱引用者、书写者的考验就更大。

3. 在文论行文中遇到单独的简谱音级名称时，可考虑以字母唱名代替由数字所表达的音名，比如以 fa、si 代替 4、7 形式的书写等；如果在正常的行文中使用简谱的谱字书写时，最好给数字化的谱字添加引号以区别于其他数字，比如将之标记为"4""7"等形式。这样的建议，其目的就是希望在文本叙述中涉及零星乐音书写时，既能够表达清晰，又不易发生符号间的混淆。

## 第三节　与乐谱记写相关的些许问题

除了五线谱和简谱文本书写中存在的诸多技术问题和格式规范问题，其他与音乐音响记写相关符号在文论中使用时存在的问题，同样不乏遇到。这样的问题类型比较繁乱，涉及的领域也甚是多样，其中与图示、表格相融合使用时的文本附属构件问题将在第七章第二节"图表的使用及常见问题"中述及，这里仅就文论文本中音名、音律、音程表达之时的常见问题阐述一二。

### 一、音名的标记

音名问题是基本乐科讲授的内容，属于知识性甚至是常识性的问题，但也是容易发生书写疏误的一个方面。

探究音名的标记方法，与认识各个国家所使用的标记体系有关；而不同的标记体系又与各国的音律、文字及历史渊源有关。[①] 我国目前所使用的对于固定音高音名的标记，类同于英、美等国家所使用的体系，即以英文字母大小写加阿拉伯数字上下标的方式区分不同的音高组别，比如 $C_2$、$C_1$、C、c、$c^1$、$c^2$……

---

① 《中国大百科全书·音乐舞蹈》"音名"词条（朱少坤撰），北京：中国大百科全书出版社 1989 年版，第 796 页。

在现行音名标记体系下，还有一套主要运用于自然科学的声学领域标记音高的体系。这套标名是以大写英文字母加阿拉伯数字的下标方式统一记写，从大写字母的0组开始往上分组标记。它与我国音乐领域的音名标记体系形成如下的音组对应：

音乐领域：$C_2$、$C_1$、C、c、$c^1$、$c^2$……
声学领域：$C_0$、$C_1$、$C_2$、$C_3$、$C_4$、$C_5$……

之所以将声学领域标记音高的体系予以对比交代，主要是因为近年来随着音乐考古学、音乐声学、乐器学等学科的发展，一些与乐器、声律相关的测音结果不断以声学标记而推出的状况，一些读者不明就里，误将其作为音乐中的音名标记来使用，致使发生不应该出现的讹误。还有一些文集式的学术著述，编辑者将不同音名标记体系的文论不加注释地汇集一册，更易使不谙内中区别的读者产生混淆，造成不好的传播结局。

## 二、对音律、音程等的表达

近年来，在与音乐创作理论、分析理论相关的文论中，经常出现一些异于传统乐理的另类表述方式。比如，"大2度""小3度""纯5度"的音程标记方法等。对于音乐理论领域音程度数的表达，在中文的正常行文之中，无论基本乐理还是在常用工具书中，一直提倡使用汉语小写数字来作为其标记的符号，诸如：纯一度、大三度、纯五度、小六度等书写形式。只有在五线谱的乐谱之中，为了谱式符号的简洁、直观，在表达音程度数时方使用阿拉伯数字，如用1表达一度、2表达二度，余者类推。[①] 一些学习者将文论文本与乐谱文本中的使用方法混为一谈，发生了基本知识的错误书写。

---

① 李重光编：《音乐理论基础》，北京：人民音乐出版社1962年版，第94页。

由此，在与乐律学相关的文论叙述中，经常出现的对于律学体系的称谓、对音律度数的表达等，也时有发生书写错误。比如，将八度关系、十二平均律、五度相生律误写为"8度关系""12平均律""5度相生律"等情况。

这种将基本乐科中常识性问题不断错误书写事例的发生，是音乐专业基本功学习不扎实的表现，也是专业写作尤其是学术性专业写作时十分忌讳的错误类型，应该引起我们足够的重视。

# 第六章
# 标注体系与具体运用[①]

## 第一节  问题缘起及概念辨析

### 一、问题的缘起

在音乐专业领域，无论撰写何种形式的文本都将遇到文献引用及其标注问题，只不过因为文本形式、书写体裁的不同，其引用资料的形式、数量与标注的方法、格式有所区别而已。

那么，什么是"标注"？"标注"问题对于文本，尤其对于音乐领域的文本书写与编辑，为何具有如此重要的意义呢？

对于各式文本来说，它的写作与定型是因为书写者思想、观念甚或只是才情表达的需要。对于音乐专业领域（其他专业领域亦如此）来说，无论怎样的形式与体裁的文本，都是为了以简洁清晰的符号组合来体现并传播书写者在音乐艺术、音乐学术领域的专业造诣的。这种文本有着明确的主旨和写作脉络，文本的性质和形式要求即决定了它不允许书写者以繁冗、拖沓的叙述方式予以文本呈现。但同样是作为专业领域的文本书写，尤其是具有科学研究性质的文论文本的书写，并非作者以符号形式呈现的

---

[①] 作为科研课题的先期成果，本章中的主体内容曾以《音乐文本的标注意义及方法探究》为题，刊发于《黄钟》2018年第1期，第123—135页。

感性抒发的"文艺作品",而是要求文本的呈现达到言必有据、理据充分的状态,并且能够使人阅之可信、清晰易懂。这样的要求与作者文本的叙述客体势必形成某种程度的矛盾,而解决这种矛盾的方法就是在文本之中附加种种形式的"标注"以做"题外"的资讯补充。

"标注"的外在呈现方式,主要包括两种形式:注释与参考文献。因此,这里所讲到的标注问题的具体体现,其实就是注释与参考文献在书写之时所直接反映出来的种种问题。

严格地说,关于文本的注释与参考文献的问题在任何时期都是人们所予关注的,只不过关注的角度、程度、体现方式有所区别而已。在我国古代,文人著述以表达思想要讲求"六经注我",这种以"六经"来"注我"的观念与方法就是早期的"标注"。在我国历代古籍中,对于古典文献点注的引经据典,训诂注疏,无不有着严格的要求。所以,在清代"乾嘉学派"的考据之学中,对于治学者就提出了严苛的要求:

一、凡立一义,必凭证据。无证据而以臆度者,在所必摈。

二、选择证据,以古为尚,以汉、唐证据难宋、明,不以宋、明证据难汉、唐。据汉、魏可以难唐,据汉可以难魏、晋,据先秦、西汉可以难东汉。以经证经,可以难一切传记。

三、孤证不为定说。其无反证者姑存之,得有续证则渐信之,遇有力之反证则弃之。

四、隐匿证据或曲解证据,皆认为不德。

五、最喜罗列事项之同类者,为比较的研究,而求得其公则。

六、凡采用旧说,必明引之,剽说认为大不德。

七、所见不合,则相辩诘,虽弟子驳难本师,亦所不避,受之者从不以为忤。

……①

---

① 梁启超《清代学术概论》,转引自冯天瑜、邓建华、彭池编著:《中国学术流变:论著辑要》(下册),上海:华东师范大学出版社2003年版,第570页。

清末以降，西学东渐，新学兴起。西学中的条分缕析、学科细化、创新严谨，无不对表达学问的各类文本提出类似的要求。特别是随着近代以来科学与文化的快速转型、发展，随着出版印刷技术、其他各类传播技术与手段的不断进步，科学与文化成果的传播、交流方式与效率呈现加速度的样态，对其文本的标记形态、表达方式的规范化随即成为学术界必须落实的事项。

在我国内地，自20世纪70年代末的改革开放国策，促成科技、文化领域的快速发展，也与国际社会先进的科技、不同的文化发生着愈来愈密切的交流。因此，在20世纪的80年代，反映在科研、文化领域的文本表达的规范性问题终于在新时期成为显性的问题被提了出来。

反映在音乐领域，比较早地关注专业文本标注规范问题的是当时留学澳大利亚的青年学者杨沐（1947— ）。作为从事音乐学术学习与研究的海外华人学者，杨沐先生具有"跨文化"的背景优势，既耳濡目染于西方现代学术的氛围之中，又成长自中国内地传统文化的熏染之下。他在关注国内音乐学术成果的文本之时，以"跨界"学者的眼光和责任感，对于国内音乐界重要的学术媒体《音乐研究》（时为季刊）此前刊载的一篇编译文章缺乏资料来历首先提出了疑问。[①] 紧随其后，他以此类问题为切入，撰写并发表了长达一万余言的专题文论予以较为深入的探讨。[②] 在这篇长文章中，杨先生首先以"格式问题——以注释为例"入题，然后以"引文问题"为论域；最后，他以学术研究的方法论为话题，谈及治学中的"实证问题"。文章通过对国内音乐学界学术文本中三个重要方面诸多现实案例的分析，批评了其中存在的严重的治学失范及文本标注规范问题。

杨沐先生的文章发表之后，在音乐学术界产生了一定的积极影响，从

---

① 杨沐先生的文章是以致编者信的方式刊载的，针对《音乐研究》1987年第3期发表的《爱斯基摩人的音乐》及其文中谱例没有写明是翻译、编译或者摘译而撰写的。详见杨沐：《译文应注明出处》，《音乐研究》1988年第2期。

② 杨沐：《我国音乐学学术文论写作中的几个问题》，《音乐研究》1988年第4期。

此后至 90 年代末音乐学界所发表的文论及其标注状况来看，情况虽然有见好的迹象，但并未发生实质性的改变。① 反映在专业文论文本规范化开始有了明显改观的时期，是进入到 21 世纪之后。这种景况的出现，源自几个方面情况的转变：首先，随着改革开放之后二十余年的快速发展，学术研究领域无论从量的积累还是质的自身要求都在求取进一步的提升。其次，前往欧美日等发达国家留学、访学人员数量的增加，对外文化交往日益增多，使得西方学界较为规范的学术文本对国内学界的文本形态产生了直接的影响和促动。再次，文本撰写、保存、出版、传播技术的提高带来的变化，既加速了文本数量的增长，也对文本的规范化书写、编校提出了更高的要求。另外，国内教育、科研、出版领域的管理、评价机构不断出台的规范化指南，对音乐学界文论文本的规范化也产生了指导的作用。

21 世纪初，在高等教育的管理机构不断下发的对于专业文本书写产生具有指导或引导作用的各类规范指南中，可以更加直观地看到这种变革的发生背景和过程。以下是 21 世纪以来由教育部所印发、颁布的部分相关文件或起草的学术规范指南名录：

《关于加强学术道德建设的若干意见》（2002 年）

《高等学校哲学社会科学研究学术规范（试行）》（2004 年）

《关于树立社会主义荣辱观　进一步加强学术道德建设的意见》（2006 年）

《关于严肃处理高等学校学术不端行为的通知》（2009 年）

《高校人文社会科学学术规范指南》（2009 年）

《高等学校科学技术学术规范指南》（2010 年）

---

① 对于此类问题，蔡际洲先生曾经做出过很好的归纳。详见蔡际洲：《一个悄然兴起的研究领域——关于改革开放以来的音乐编辑学研究》，载《中国音乐年鉴》（2001 年卷），济南：山东文艺出版社 2004 年版。

《学位论文作假行为处理办法》（教育部令，2012 年）

《高等学校预防与处理学术不端行为办法》（教育部令，2016 年）

……

在这些由政府主管机构下发的"指南"中，对象所指其实均为学术行为的规范化，而学术规范的直观表象主要就是专业文本引文标注方面的规范化。对此，我们以《高校人文社会科学学术规范指南》（2009 年）所列的条目为例，来观察一下人文社会科学领域科技工作者应遵守的学术规范都包括了哪些选项：①

基本概念

学术伦理

选题与资料规范

引文与注释规范

成果呈现规范

学术批评规范

学术评价规范

学术资源获得与权益自我保护

由上列《学术规范指南》的二级子项目可见，此"指南"所涵盖的领域包括了自科研项目选题之初的申报阶段，直至成果完成并对其进行的评价和应用阶段；在其中起到重要衔接作用的，则是科研文本标注方面的规范化要求（引文、注释、参考文献）。

在教育部于 2012 年 11 月份推出并于 2013 年 1 月 1 日起施行的《学位论文作假行为处理办法》（教育部令第 34 号）中，主要意图是期冀在高等

---

① 教育部社会科学委员会学风建设委员会组编：《高校人文社会科学学术规范指南》，北京：高等教育出版社 2009 年版。

教育学位论文的评定、授予工作中能够更加规范化、严格化地操作并予实施管理。在该"处理办法"的第三条，明确指出：

> 本办法所称学位论文作假行为包括下列情形：
>
> （一）购买、出售学位论文或者组织学位论文买卖的；
>
> （二）由他人代写、为他人代写学位论文或者组织学位论文代写的；
>
> （三）剽窃他人作品和学术成果的；
>
> （四）伪造数据的；
>
> （五）有其他严重学位论文作假行为的。

在《学位论文作假行为处理办法》的条规中，对在获取学位的过程中因成果（毕业论文）的不轨做法乃至造假行为将要付出的代价，给出了严厉的处罚措施（节选）：

> 可以取消其学位申请资格；已经获得学位的，学位授予单位可以依法撤销其学位，并注销学位证书。
>
> 从做出处理决定之日起至少3年内，各学位授予单位不得再接受其学位申请。
>
> 为在读学生的，其所在学校或者学位授予单位可以给予开除学籍处分。
>
> 学位论文作假行为违反有关法律法规规定的，依照有关法律法规的规定追究法律责任。

根据教育、科研主管机构的相关指南和文件规定，各个院校和科研单位结合自身的实际情况，纷纷制定了自己单位内的科研规范或指导文件。

例如，中央音乐学院的学风建设委员会于2009年4月份就制定下发了《中央音乐学院科学研究行为规范及管理办法》。该"规范及管理办法"的适用范围，标定为"在编的教职员工、博士后、研究生、本科生等进行的一切学术活动"，其中的第三章第四条对于标注问题予以明确规定："凡引用他人的论述、观点或数据等时，必须注明出处。不得伪造或篡改数据、文献和注释，捏造事实。"

由此可见，对于专业文本尤其是科研型的专业文本来说，对其规范化呈现的要求已经从学术界自身、教研管理机构到书写者所身处的具体单位，无不以详细的条文予以明确限定。因此，专业文本的标注规范问题已经成为教育、科研领域内文本书写的基本问题。

## 二、重视标注规范的益处

文本的写作规范及至具体的标注规范，为何成为如此重要的问题而被学术界以及各级管理机构所重视呢？

其实，专业领域的各式文本并非普通的书写行为，它的内容体现了知识的汇聚与智慧的结晶，体现了一定领域文明的进步和科技的实力。因此，这种专业文本的写作规范，体现的实质乃是科技的实力与管理工作的规范有序。作为科研行为最后的成果显现，专业文本形式的规范化体现的是整个科研行为过程的科学化、规范化，当然也是科技实力最好的、最为充分的体现。

站在学术界普通一员或者长期从事文论文本书写、审阅者的角度，我们认为，重视音乐文论文本的标注问题，以详细而规范的标注来交代文本中相关资料及所引据观点的出处、来历，还具有以下的多种益处：

1. 能够向读者准确地反映并充分展示写作者从事科研工作或者书写之时的状况。科研型文本的写实与朴素的形态要求，直接体现的是写作者书写时所面临的各方面状况，以及应对各式问题之时的思路、措施、办法。

这些状况对于阅读者了解与文本相关联的信息，对于文本中材料、结论建立起怎样的信任度，都将起到重要的参考作用。

2. 可以为其他研究者进一步的研究工作提供必要的学术线索。规范化的写作和材料的细致交代，对于和文本相关的各类信息予以充分而规范的列述，无疑给阅读者、后继的相关研究者提供了大量延伸的学术信息，为他们的阅读和进一步研究工作积累了众多的参考资讯。这种相关联资讯的集中呈现与接受，也是学术写作、学术传播与交流的目的所在，是每一位学术共同体人士应该认真履行的科研责任之一。

3. 严密的标注是写作者在科研活动中所实施的有效的自我保护措施。正常的资料引用、观点借鉴与不良的抄袭、剽窃之间的区别，就在于借鉴、取用别人的成果时是否给予了公开而明确的标示。甚至可以说，公开而明确的借用资料的标示，就是免于学术不端追责的"护身符"。反思近些年音乐界因学风不良而遭受处分的各位人士，无一不是在自己的著述中有意无意地漏掉了该要明确的标注信息而至祸起"萧墙"。

4. 详细而规范的标注也是写作者对前人及同仁所从事科研、创作活动的应有尊重。通过阅读与理解，最终吸纳他人著述、作品中的既有资料、信息、观点，从而成就了自己的科研成果。在体现自己所取得成就的同时，能够在文本之中将施惠的前人（所借用文献的作者）信息予以公开标示，是对施惠者的尊重与致谢，也是现代社会学术伦理的一种具体表现和最低要求。

21世纪以来，对于文本标注问题的重视已经取得良好的社会引导与教育作用，在音乐界的专业写作中基本形成了一种文本标注规范的学术氛围。特别是在各个高等教育机构中，对文本标注规范的教育已经进入课堂，逐步成为各高校日常教学内容的组成部分。但我们也必须予以明示的是，在专业文本的陈述中，标注只是服务于创新的文论本身的内容，属于科研文本主体的附属品，若站在文本的整体来说，它不是也不应该成为文论文本表述的"主角"。学术界在重视文本标注规范化的同时，也应该关注某种过度追求文论写作形式化的倾向，尤其是以文本中的注释及参考文献的数量多寡来评价文论的科研重要度、规范度——这是一种简单化的不负责任的做法，同样需要摒弃。

### 三、相关概念的辨析

在文论文本的标注专题中，有两对概念常常引起人们的混淆甚或招致曲解：第一对，即"学术规范"与"标注规范"；第二对，乃"注释"与"参考文献"。

#### （一）"学术规范"与"标注规范"

"学术规范"是进入21世纪以来国内学术界及学者提及频率极高的一个概念，而"标注规范"仅在部分场合，尤其是讲授文本规范化的课堂或学术文本的编辑人员那里才会被提及。

从概念意涵的目的指向来说，"学术规范"与"标注规范"的目标均是指专业学术性的科研活动，并提出了范本化的要求。二者的区别在于，学术规范是所有学术共同体中的学者在从事学术活动时应共同遵守的行为规范。这种规范按照其行为过程，将包括了学术活动全过程中的选题规范、研究规范、书写规范、标注规范、发布规范、评价规范等诸多方面，可谓是由多样化的规范要件所组成的一个综合体。标注规范，主要指学术文本写作中在引文、注释、参考文献等环节应遵守的形式化的规范。就其范畴所指，标注规范仅是学术规范概念之下所包含的一个方面。

因此，学术规范是宏观的学术共同体之中各项行为的总体规范，既要求从学之人以自律的精神规范、引导自己的学术行为，也要求在具体的学术书写时能够呈现文本的形式规范；标注规范则仅为学术书写之时体现的引注形式的合式与规范化。不容否认的是，学术规范中各式文本的标注及其规范的具体呈现面貌，往往成为观察学术规范真相的便捷窗口，所以做好标注规范往往成为评价学术规范的重要一极。

(二)"注释"与"参考文献"

"注释",对于文本中所现材料的进一步解释;"参考文献",文本书写之时所参阅资料的具体文献的来历。

在现实学术活动中,对于这两个概念的理解及其使用存在着一定程度的混乱现象。主要体现在两点:

1. 将文本中随文出现的所有有着具体指向的解释性文字均称之为"注释",而将统一列述于文后的没有具体所指的文献题名及其信息称为"参考文献"。如在传统的著述之中,多以此种认识进行分类和命名。在《〈中国社会科学〉关于引文注释的规定》中,对文后"参考文献"有着如是界定:"文后参考文献是在学术研究过程中,对某一著作或论文的整体的参考或借鉴。征引过的文献在注释中已注明,不再出现于文后参考文献中。"① 此处对"注释"与"参考文献"的界定,即如上述所识。

2. 将文本中随文出现的所有对资料做进一步解释的文字称为"注释",而将同样出现于文本之中的有着具体文献出处的资料列举和解释称为"参考文献"。比如,在《中国高等学校社会科学学报编排规范》中即这样定义:

> 注释,主要用于对文章篇名、作者及文内某一特定内容做必要的解释或阐明。使用脚注或统一放置于文末"参考文献"之前。
>
> 参考文献,主要用于对文中直接引文的文献来源进行交代。统一放置于文末。②

---

① 见《〈中国社会科学〉关于引文注释的规定》,《中国社会科学》2007 年第 3 期,第 202 页。
② 中国人文社会科学学报学会学术委员会起草:《中国高等学校社会科学学报编排规范》,1999 年第 2 次修订版。

由以上所列述的两种认识可以发现,"注释""参考文献"两种文本的构件在现代学术类文本中经常被协同应用,它们之间也确实存在着形态、职能的区分。从两个词汇自身的词义来说并无混淆不清之处,关键在于使用者对它们的理解与应用出现了交错,在此偏差之下重新做出的概念界定便出现了分歧:

第一种认识对于两个概念的界定较为直接,将"注释"的外延扩展到文本内部所有附加的说明性文字,虽然有其道理(对于所引用文献来历的进一步说明当然也属"注释"的形式之一),但在当代注重学术评价、学术统计与检索的网络社会里,这种界定容易增加对文本文献再度利用时的工作难度,也不利于电子网络时代知识与学术的传播和交流。对于以纸介质出版物作为最终阅读对象的普通读者来讲,这种简化的区分则是利于辨识、有助于阅读的做法。

第二种认识将文本内部附加的说明性文字依据表现形式和呈现内容做出细化区分,这对于当今网络社会的进一步综合利用是极为有益的,也可以说这种划分的初衷更多所考虑的因素即为这种理由。但这种划分方法所存在的问题也必须被关注到,且值得进一步商榷:(1)这种划分使得本应该尽力简化的文本附设内容(注释、参考文献)更加繁复,书写者不得不对之做分类处理,再施以不同的标码体系以做出明确区分。这种复杂而多样态的外化表现,使得附设内容(注释、参考文献)在整个文本体系中愈加突出、醒目,往往以喧宾夺主之势将其置于全文的主要构件之上,如此反倒弱化了学术文本自身的实体性内容。(2)将文本内部附加的一部分说明性文字冠以"参考文献",使得文末以集注形式出现的对全文有参考价值的参考文献的书写难于标名,并且因没有在正文中给出具体注号而被批评为缺乏实质意义,文末集注式的参考文献往往被有意忽略甚或做删除处理。而学术类文本中又确实会有部分的参考资料不宜给出具体的引注,属于对全文具有宏观或者概括性的"参考"作用,况且部分的学术文本中又被明确要求列举此项信息,比如研究生的学位论文即明确要求列举文末的参考文献。

对"注释"与"参考文献"二者内涵、外延、形态、职能的不同理解所造成的混乱，虽然给写作者带来一定的不便并致使需要投入一定时间、精力来做好此方面的事情，但这只是理解角度与对待方式的不同，尚不至于对文本的书写产生实质性影响。因此，业界同仁不必对此产生过多忧虑，在传播形式、书写理念皆多样化的当代社会，甚至暂无必要将这种不同的认识做出强行的统一。

## 第二节　主要标注体系及学界的选择

不同的历史时期、不同的文化背景、不同的学科特点，就呈现不同的文本标注意识，以及与此相伴随的不同的标注形态。

历史进入 21 世纪，反映在专业音乐领域文本书写中的标注思路与格式可谓多种多样，但无论大家对这种现象怎样看待、怎样思考，包括其表现形式又在发生着怎样的演化，标注构件的使用者都应该抱持共同的书写目的：为专业文本内容的客观、准确、精到的记录与传达而有所作为。

### 一、国外现行的主要标注模式

梳理国外人文社会科学领域现行的涉及文本资料标注的体系，主要有如下几种书写格式：

（一）MLA 模式

该文体书写模式是美国现代语言协会（Modern Language Association）于 1951 年开始创编的一套关于文本编排的体系，当时仅为一部简洁的实用手册，之后经过修订，于 1998 年推出了第 2 版，2009 年又推出了第 3 版的读本。

这套书写模式编写的本初目的，是针对正式的出版物和专业化文论写作而准备的形式规范化的参考书。全书共包含了前言、八章正文以及附录，其中的正文章节主要为：

1　学术出版物

1.1 学者与学术出版

1.2 经评审和未经评审的出版物

1.3 决定提交手稿

1.4 将手稿作为期刊文章发表

1.5 将手稿作为书籍出版

1.6 制作和出版

1.7 结论

2　学术出版中的法律问题

2.1 版权

2.2 出版合同

2.3 毁谤

2.4 隐私权

3　学术写作基础

3.1 听众、体裁与学术研究的传统惯例

3.2 语言和文体

3.3 拼写

3.4 标点符号

3.5 斜体字（下划线）

3.6 人名

3.7 大写字母

3.8 手稿中的作品名称

3.9 引语

3.10 数字

3.11 音译和用拉丁字母拼写

3.12 进一步的指导

4 学术手稿的准备

4.1 文本的分配

4.2 印刷手稿的具体特征

4.3 供印刷出版的手稿

4.4 供电子出版的手稿

4.5 对电子文件进行标识的进一步指导

5 学士、硕士论文和博士论文的准备

5.1 作为专业出版物的学生出版物

5.2 规定的准则

5.3 选择题目

5.4 准备论文简介

5.5 特殊的版式要求

5.6 通过国际大学缩微胶片出版公司来发表博士论文

5.7 电子出版物

6 文献注释：准备论文中被引用的作品名单

6.1 文献注释与抄袭

6.2 现代语言协会文体规范

6.3 被引作品名单和其他参考书目

6.4 被引作品名单的位置

6.5 条目的排列

6.6 被引用的书籍和其他非杂志出版物

6.7 引用期刊中的文章及其他出版物

6.8 引用各种印刷的和非印刷的原始资料

6.9 引用电子出版物

7 文献注释：在文本中注明原始资料

7.1 圆括号注释与被引作品名单

7.2 圆括号注释中所必须有的信息

7.3 易读性

7.4 实例参考

7.5 使用与圆括号注释有关的注解

8 缩写词

8.1 导论

8.2 时间标识

8.3 地理名称

8.4 普通学术性缩写词和参照词

8.5 出版社名称

8.6 文学与宗教作品的名称

8.7 语言的名称

8.8 校对符号

MLA 模式的主要应用对象被设定为研究生、学者和专业化的写作者。这套书写模式在西方世界所应用的学科领域主要是人文科学，尤其是语言、文学、艺术学等方面。鉴于这套文体书写模式在西方学术界的广泛影响，在 21 世纪之初国内已经有译者将其第 2 版翻译为中文出版，随后又在国内印行了该模式第 3 版的英文原版本。[①]

---

[①] ［美］约瑟夫·吉鲍尔迪著，沈弘、何妹译：《MLA 文体手册和学术出版指南》（第 2 版），北京大学出版社 2002 年版；美国现代语言协会编：《MLA 格式指南及学术出版准则》（MLA Style Manual and Guide to Scholarly Publishing，第 3 版），上海外语教育出版社 2013 年英文版。以上书稿的章节框架即参考自此两种版本。

## (二) APA 模式

由美国心理协会（American Psychological Association）于 1929 年开始创编并推出，当初只是 7 页篇幅的关于期刊论文书写格式的一篇短小文章，在随后的使用中不断修订，于 2009 年时已经推出了第 6 版读本。

关于"APA 模式"，通常包含了三种意思：一是指该协会所编撰此书的所有内容；二是指这部书中的关于文内引用和参考文献方面的著录格式；三是指参考文献项严格按照 APA 模式著录，但文内的引用只采用 APA 的著者—出版年制。①

这部书稿共包含了导言、八章正文及附录等内容，其章节的设置为：

1　行为科学和社会科学写作
　1.1　文章类型
　1.2　出版发表中的伦理和法律标准
　1.3　保证科学知识的准确性
　1.4　保护研究参试的权利和福利
　1.5　保护知识产权
2　稿件的结构和内容
　2.1　学刊文章报告标准
　2.2　稿件的组成元素
　2.3　样板论文
3　使文章意义清楚、语言简练
　3.1　组织结构
　3.2　写作风格

---

①　美国心理协会编，席仲恩译：《APA 格式：国际社会科学学术写作规范手册》（Publication Manual of the American Psychological Association，第 6 版）"译者前言"，重庆大学出版社 2011 年版。以下呈现的章节框架即参考自此中文版。

3.3 减少语言中的偏见

3.4 减少偏见的通用导则

3.5 减少偏见专题

3.6 语法与用法

4 APA格式中的硬规则

4.1 标点符号

4.2 拼写

4.3 首字母大写

4.4 斜体

4.5 缩写

4.6 数目

4.7 公制化

4.8 统计内容和数学内容

4.9 方程式

5 展示结果

5.1 关于图表的一般性指导

5.2 表

5.3 图

5.4 电生理学、放射性及其他生物学数据的展示

6 援引资料

6.1 什么时候引用

6.2 引用和转述

6.3 在文本中援引文献

6.4 参考文献单

6.5 参考文献单中文献的著录成分

7 参考文献单中文献的分类例解

7.1 文献种类及其变异

    7.2 格式分类例解
      附录：法律材料的引用
  8  出版发表过程
    8.1 编辑过程
    8.2 作者的责任

APA 书写格式的使用范围，主要设定为心理学、教育学、社会科学、医疗护理、工商管理等学科领域。目前，该套文本模式也已经出版了中文的译本。①

(三)《芝加哥手册》

《芝加哥手册：写作、编辑和出版指南》(The Chicago Manual of Style: The Essential Guide for Writers, Editors and Publishers)，简称《芝加哥手册》，是一部内容宏富的大型文本书写规范指南。该"手册"在 20 世纪初只是由芝加哥大学出版社的资深编辑所撰写的小册子，经过一百余年的使用和反复修订，该模式如今已经推出了第 17 版（芝加哥大学出版社 2017 年 9 月修订），有着广泛的使用人群。"手册"分为三个部分共十六章内容以及前言、附录等，其中的主要章次包括：

    第一部分　出版流程
      第一章　图书和期刊
      第二章　原稿准备、原稿编辑和校对
      第三章　插图和表格
      第四章　权利、许可和版权管理
    第二部分　格式与用法

——————
① 中文译本的书名《APA 格式：国际社会科学学术写作规范手册》，由席仲恩翻译，重庆大学出版社 2011 年 8 月出版。

第五章　语法和用法

第六章　标点符号

第七章　拼写、词汇的特殊处理与复合词

第八章　名称和术语

第九章　数字

第十章　缩写

第十一章　外语

第十二章　数学排版

第十三章　引用和对话

第三部分　文献资料

第十四章　文献资料Ⅰ：注释和参考文献制

第十五章　文献资料Ⅱ：作者—出版年制

第十六章　索引

由于《芝加哥手册》书写模式的规定事无巨细，风格上也更显保守一些。目前，在中国内地也已翻译出版了该手册第16版的中文版本。①

以上三种文本书写与标注模式，在美国及西方文科学术出版领域具有引领学术文论体例的潮流"三巨头"作用。其中，MLA模式主要应用于人文科学领域，APA模式广泛应用于社会科学领域，而《芝加哥手册》篇幅庞大，著写格式上更为遵循传统书写的要求。

## 二、国内现行的标注格式

在人文社会科学领域，当前国内的标注格式主要呈现两种样态，而音乐界作为人文学科的组成部分，其文本的标注情况也大抵如此。

---

① 芝加哥大学出版社编著，吴波、余慧明等译：《芝加哥手册：写作、编辑和出版指南》（第16版），北京：高等教育出版社2014年版。以上所列书稿的框架即参考自此中文版。

(一)《中国高等学校社会科学学报编排规范》的标注体系

该体系主要应用于全国各高等院校所主办的社会科学版的学报、学刊,由中国人文社会科学学报学会学术委员会主持起草,于1990年印发试行稿,1996年12月推出修订稿,1999年进行了第二次修订。这套体系虽然名为"学报编排规范",但由于高校学报占据着刊发理论学术成果的重要一极,因此它势必成为写作者应该重点关注并遵从的文本书写规范。

对于这套编排体系中"注释""参考文献"等事关标注的基本信息,已在本章第一节中有所阐发,本节主要探讨其对主要文献类型标示格式的约定(以其标记符号书写案例):

1. 专著、文集、学位论文、报告类文献及部分示例

[序号] 主要责任者. 文献题名 [类型标识]①. 出版地：出版者,出版年. 起止页码.

[1] 孙继南. 黎锦晖与黎派音乐 [M]. 上海：上海音乐学院出版社,2007. 43 - 45.

[2] 于润洋. 音乐美学史学论稿 [C]. 北京：人民音乐出版社,2004.

[3] 冯长春. 20世纪上半叶中国音乐思潮研究 [D]. 北京：中国艺术研究院研究生院,2005.

---

① 国内目前使用的文献类型标识代码为：[M] 专著（含古籍）；[C] 论文集；[N] 报纸文章；[J] 期刊文章；[D] 学位论文；[R] 报告；[S] 各类标准；[P] 专利；[A] 专著、论文集中的析出文献；[Z] 其他未说明的文献。详见中国科学技术情报研究所起草：《文献类型与文献载体代码》（GB 3469 - 1983）,1983年发布并实施。

2. 期刊文献及示例

［序号］主要责任者.文献题名［J］.刊名，年，卷（期）：起止页码.
［1］刘再生.导向作用与实践检验——"编者按"作为音乐批评之存在方式［J］.音乐研究，2009，(3)：25-34.

3. 文集中的析出文献及示例

［序号］析出文献主要责任者.析出文献题名［A］.原文献主要责任者.原文献题名［C］.出版地：出版者，出版年.析出文献起止页码.
［1］居其宏.相知未必往来多——回忆我与人民音乐出版社的几件事［A］.人民音乐出版社编辑部.乐·书·社：人民音乐出版社建社60周年纪念文集［C］.北京：人民音乐出版社，2014.184-188.

4. 报纸文献及示例

［序号］主要责任者.文献题名［N］.报纸名称，出版日期（版面）.
［1］陈荃有.乐评人的执业底线［N］.音乐周报，2007-07-12(5).

5. 电子文献及示例

［序号］主要责任者.电子文献题名［电子文献及载体类型标识］.出处或可获得的地址，发表或更新日期/引用日期.
［1］项阳.增强构建中国音乐理论话语体系的自信心［EB/OL］.http://www.cssn.cn/ysx/ysx_ycjx/201808/t20180814_4541139.shtml，2018-08-14/2019-01-17.

## 6. 各种未定类型的文献及示例

*[序号] 主要责任者.文献题名* [Z].出版地：出版者，出版年.
[1] 缪天瑞.音乐百科词典 [Z].北京：人民音乐出版社，1998.

由以上例举的文献类型中最为常见的图书、期刊、报纸、电子文献等的标注格式可见，这套标记体系在强调学术引注信息的规范、有序、完整呈现的同时，显然考虑到了计算机系统在进行信息资源处理时的便利——以西文的标点符号体系区隔中文的语义表达，为提取相关信息奠定基础。另外，过于教条地直接向西文书写体系等标准、规范文本借鉴学习的痕迹较浓，比如对于"参考文献"著录格式的设定，"出版地：出版者，出版年"，即没有顾及中文出版机构的现实情况，所以诸如"北京：北京大学出版社""上海：上海音乐出版社"等标法比比皆是。正是由于这样的中英文混用体系以及繁冗的格式设置，在高校学报编辑领域也一直存有不小的争议和批评，一些学报结合自身办刊实际，已在逐步调整自己的编排格式。①

## （二）社会力量所主办学刊的标注办法

这种标注思路与办法不同于高校学报的标注系统，它主要应用于高校之外机构所主办的各类学术期刊、评论类期刊及其他普通理论类的刊物，也包括多数理论图书中的标注办法。

在这一类型的办刊力量中，以中国社会科学院、中国文联以及各类出版机构所主办的期刊为主。其中，音乐界由社会力量所主办的学刊则以《音乐研究》（人民音乐出版社主办）、《人民音乐》（中国音乐家协会主办）

---

① 对于学术标注理念与格式的种种争议，可以参阅学术规范建设或编辑出版领域的相关文论。比如邓正来主编：《中国学术规范化讨论文选》（修订版），北京：中国政法大学出版社2010年版。

为主，其标注方法与《中国社会科学》《历史研究》等非高校学报的学刊体例大致相同："注释"即正文中出现的所有需要进一步补充信息或给出解释的内容；"参考文献"为文末出现的没有标明具体指向的泛指"文献"，并非为必须选项，假如需要呈现此项内容时，则以集注方式统一排列于文后。

这种标注的格式大致体现为（以主要文献类型为例）：

1. 近现代书著文献及示例

（序号）著作者及著作形式：《著作名》，出版机构出版时间（版次），起止页码。

① 乔建中编著：《中国经典民歌鉴赏指南》（上），上海音乐出版社2002年版，第14—17页。

② 王光祈：《东方民族之音乐》（1929），冯文慈、俞玉姿选注《王光祈音乐论著选集》（上册），人民音乐出版社1993年版，第125页。

2. 古籍文献及示例

（序号）〔朝代〕原著作者，整理者及形式：《著作名》（卷册），出版机构出版时间（版次），起止页码。

① 〔明〕朱载堉撰，冯文慈点注：《律学新说》卷2，人民音乐出版社1986年版，第90页。

3. 期刊文献及示例

（序号）作者：《文章名》，《期刊名》出版年期。

① 陈应时：《"同均三宫"三议》，《音乐研究》2003年第4期。

### 4. 报纸文献及示例

（序号）作者：《文章名》，《报纸名》出版年月日，版次。

① 陈荃有：《学术期刊：与知名专家保持距离》，《中国新闻出版报》2003年2月21日，第3版。

### 5. 电子文献及示例

（序号）作者：《文章名》，网络名称（网页），发表或更新日期，查阅日期。

① 项阳：《增强构建中国音乐理论话语体系的自信心》，中国社会科学网（www.cssn.cn/ysx/ysx_ycjx/201808/t20180814_4541139.shtml），2018年8月14日发表，2019年1月17日查阅。

由实例观之，这类标注在强调学术文本中所引注信息的规范、有序、完整呈现的同时，也顾及到了中文字符体系的相互协调，即以规范的中文标点符号系统作为区隔中文实义信息的工具，保证了中文出版物符号体系间的完整、统一。另外，在这套标注体系之中，对所涉及的各式文献的著作情况、文献状态、出版机构等做了更加精细的交代，甚为符合中文环境下的现实情况。比如，书著文献中凡为"著"者即不再标示，其他的各式著作方法（编著、编、主编、校释等）则须明确标出；文献为多卷本、多册构成时需要明确其卷册数，并以阿拉伯数字标出卷册的号码；中国内地的出版机构无须标示出版地，或者出版者名称中已经包含城市名的不再标示出版地，港台版书著可以通过夹注方式把出版者所在城市标出来；等等。①

---

① 详见：《〈历史研究〉关于文献引证标注方式的规定》，《历史研究》2001年第6期；《〈中国社会科学〉关于引文注释的规定》，《中国社会科学》2007年第3期。

（三）《中国音乐学》杂志标注格式的转变

2002年底之前，由中国艺术研究院音乐研究所主办的《中国音乐学》杂志的标注格式与《音乐研究》等社会力量办刊的格式相似，但具体形式不甚固定。自2002年第4期开始，该刊参照《芝加哥手册》的标注体系，对引文标注办法做出重大调整，即以时行西文的标注方式直接转换并运用到中文的文本书写之中。① 根据这样的思路，《中国音乐学》在登载的各式文论的引文与标注环节采取将标注类型区分为注释和参考文献两大类：注释类文字自成标码体系，以每篇文论内部通码，采取脚注方式以随文注释；正文内出现的参考文献，则自成编排体系，以所引用文献出版年代的先后次序，集中列载于文后（集注）。因为参考文献涉及的文献种类较多、信息形式有别，其标注样式的设定呈现如下形态：

著者名，区分为中文著述、翻译、编辑三类。其中，著述类文献不标类型，"翻译""编辑"两类简写为"译"或"编"，翻译及编者名字，排列在原著书名之前；假如著者为多人，则在主要著作人名（限一人）后加"等"，译、编类著述同此；假如为单位集体著、译或编，则需要出示单位的全称；假如由多个单位时，要求在主要单位（限一个）后加"等"字。

年份，指文献正式出版的时间，使用阿拉伯数字予以标示；假如引文出自报纸，应将出版月、日与年份同时标出，并需要注明版面。

文论标题，列出标题之余，如果尚配有副标题，需要在副标题前添加破折号"——"。在图书名、书内文章名同时出现时，应以〈书内文章名〉《书名》的顺序列出；如果为期刊中的文章，则以〈期刊内文章标题〉《期

---

① 该刊在2003年4月出版的杂志上，公告了改变文本标注体系的事项，并称自2002年10月出版的第4期即已开始执行。该套标注体系所借鉴的西文体系乃是《芝加哥手册》第14版（1993）。详见：《〈中国音乐学〉脚注、书目样式》，《中国音乐学》2003年第2期，第143—144页。

刊名》的顺序标示；假如出现再次一级的标题，即以引号""标示。此项例如：

　　姚亚平2001:"概述"〈第一编：古代希腊和罗马音乐〉于润洋主编《西方音乐通史》（中国音乐教育大系／音乐卷）上海音乐出版社。

出版地，如果出版物中已包含了出版地所在城市名称，则不必单独列出。例如，上海音乐出版社，即无须再标记出版社所在的城市名。
　　出版物如为编、译类型，须在此前添加主编、译者姓名的全称；假如为期刊，需要标示刊名及期号。期号使用大写罗马数字，也可以用阿拉伯数字加"期"（如：1期）的方式标示。
　　出版机构，指出版权的归属单位，必须书写出版机构全称。
　　如果引文为古籍，须将作者隶属朝代及引文的版本标出。假如有校、注、编者，则请同时标示。
　　如果为转述他人及参考性质的引文，需要在正文"引文"之简洁标记处，标"转"或"参"字，所涉及书目的上述各项规定不变。
　　如果引文出自互联网，须将引文的年、月、日及具体网址标出。
　　如果引文出自多卷本的辞书、古籍，需要在随文的简洁标记处将卷号标出。
　　所有引文的书目，必须在正文的引文之后，以"（作者名 年份：起止页码）"的格式标示。其中，如果为中文作者，以姓名全称标示，外文名字仅标姓氏（last name）；如果为译、编类著作，单位或作者为复数，即按照前述规定执行；"起止页码"处如为同一页，仅标记起始页。在正文中，如果著、译、编者与引文相邻，则不必将作者写出，相邻之同一出处，标示"（同上）"即可。
　　常见的几种参考文献类型的标记，如下面示例所书写的格式（以其所刊载格式而列举）：

1. 原著类

冯文慈

1998：〈西方音乐东流的渐趋高涨和中国音乐的西传〉《中外音乐交流史》长沙，湖南教育出版社。①

2. 编著类

黄翔鹏

1994：〈祝词〉刘靖之等编《中国新音乐史论集——国乐思想》香港大学亚洲研究中心。②

3. 译著类

马利坦·雅克

1991：〈艺术的善〉刘有元等译《艺术与诗中的创造直觉》北京，三联书店。③

4. 古籍类

［唐］杜　佑

1988：《通典》北京，中华书局，王文锦等点校本。④

---

① 此为列于文后的书目文本的书写样式，在正文之中则在引文后使用夹注，将著者名、出版年、引用页码的信息予以正体简记，形式为（冯文慈1998：228）。下同。
② 正文之中，以正体简记为：（黄翔鹏1994：XI～XIV）。
③ 正文之中，以正体简记为：（马利坦1991：46～49）。
④ 正文之中，以正体简记为：（杜佑1988：3725）。

### 5. 期刊类

周勤如

2016："音乐——源于民歌，高于民歌；超越传统，不离基因"〈自觉、自为、自信——从三个实例看安波的创造精神〉《音乐研究》Ⅱ。①

### 6. 报纸类

陈荃有

2007：7月12日〈乐评人的执业底线〉《音乐周报》5版。②

……

这种直接借鉴自西文标注体系的标记方法，甫一推出即受到学界不少写作者的质疑，总结起来大致有这样两点认识：第一，以如此繁琐的文内夹注、文后集注相结合的标记格式，究竟使得学术书写与传播交流更加复杂化还是精练化了？正文之内不断插入的圆括号以及其中的作者名、页码信息，使得读者的阅读不断被打断；文后的集注，一方面缺乏参考文献的具体页码信息，另一方面又必须重复交代文献作者名和出版年的信息，使得阅读文献时对资料的获取、采集皆增加了难度。第二，中国文化的传统、中文书写系统的规范是否得到了很好的遵守与延续？文后集注中对于中国古代文献的呈示方式，很难将传统文化的信息得以准确的传播，反而容易使版本情况混淆；对于著作内的章节、期刊报纸文章的篇目交代以单书名号格式标记，违背了标点符号使用的国家标准；对期刊期次的标记与报纸版次的标记等使用不同的数字体系，使得自身的标记格式更加混乱。

---

① 正文之中，以正体简记为：（周勤如 2016：76～79）。
② 正文之中，以正体简记为：（陈荃有 2007：5版）。

至 2010 年第 3 期（总第 100 期），该刊参照各类标注办法，包括《中国社会科学》《历史研究》等其他人文学科学刊的标注，对自己的标注格式再度做出调整。① 此番调整之后，《中国音乐学》的标注形态更多地考虑了中文出版的特点，其格式更加接近由社会力量所主办学刊的标注方法。

## 第三节 标注的位置、内容与应用方法

在具体的文本书写中，越来越多的书写者已经知晓在资料引用或者特别阐明之处需要体现各式的"标注"。但是，当面对选题或文本初稿而需要施以标注时，却常常使人提出这样的问题：如何添加标注？在何处添加标注？标注的具体项目及注号的插入位置在哪里？标注中显现的各类符号如何使用？……

面对如此这般的各式困惑，看似只是文本书写的技术问题，背后隐藏的却往往是现实的学术命题。对此，我们做如下的简要分析。

### 一、注号的添加及其所在位置

注释号，简称注号，依附于文本内容，为在行文之外对文中相关信息做进一步注解而服务的特定序码。作为理论学术性文本中标注的体现形式之一，注释号具有十分重要的标示意义。

对于注释号的标记形式，因着对注释的理解不一，其形式亦有区别：有以阿拉伯数字顺序编码为注释号的，于序码数字之外括以圈码、方括号、圆括号等形式为标示；有以某种特殊符号为标记形式的，如"＊""☆"等。但无论对其形式怎样约定，注释号以编码等形式附于拟做进一

---

① 《中国音乐学》编辑部：《〈中国音乐学〉注释格式调整说明》，《中国音乐学》2010 年第 3 期。

步注解的内容之后的基本格式是统一的。由此,对于文本的书写者来说,注释号的标记形式可以按照所在单位的具体约定而执行,但关于注释号的插入位置,却成为文本写作者、编辑出版者均须面对的问题。

对此具体的技术问题,正式的文本规范约定中并无详述,大家的使用也可谓见仁见智、各行其道。北京大学历史系的荣新江教授在所开设的课程"学术规范与论文写作"中十分难得地专门讲授到了此类问题。他在其课程的第十四讲"注释体例与参考文献"中,用一个题点"注号和引文"将之简单地做了说明:①

> 注号,一般行文时放在标点符号的前面,如:
> 　　陈寅恪先生认为所谓"杂种胡"大多数情况下是指九姓粟特胡人②。
> 引文时则有两种处理方法:
> (1) 如果引用一个完整的句子,句号在引号内,则注号放在最后,如:
> 　　《安禄山事迹》开头即称:"安禄山,营州杂种胡也。"③
> (2) 如果引用一句话,逗号、句号在引号外,则注号放在引号和逗号、句号之间,如:
> 　　安禄山"作胡旋舞,其疾如风"④,也是粟特人的长技。

对于如上添加标注及注文的写作方法都无可多议,但在插入注号的位置选定上值得进一步探讨。(1) 对引文中第一个注号的位置判定,即将注

---

① 荣新江:《学术训练与学术规范:中国古代史研究入门》,北京大学出版社2011年版,第229—230页。
② 陈寅恪:《唐代政治史述论稿》,上海:商务印书馆1947年版,第21—23页。作者按语:此为荣著之中的脚注注文。以下两条注文情况相同,将不做修动。
③ 姚汝能:《安禄山事迹》卷上,上海:上海古籍出版社1983年版,第1页。
④ 《安禄山事迹》卷上,第6页。

号设立于句号之前是否合适？从注文看，此处所引用的内容是根据陈寅恪先生著述中相关表述的综合性间接引用，此注号意在对前面一句话的整体内容做出注解，而将注号设置于句号之前的做法，容易把注释对象引导到句末的词汇"粟特胡人"。因此，当面对这类情况，将注号设置于全句终结之后（即句号之后）方为妥当。（2）荣先生对直接引文区分为两种情况来设置注号的分类，意义有限。对于直接引文来讲，无论引文最后的标点符号置于何处（后引号之内或之外），对引用者来讲都应该将注号设置在后引号之外，以明确其针对的对象就是此段直接引用的所有内容。

因此，谈及注号的设定位置，我们需要特别关注注释号码的首要作用——准确标示位置并予简洁定位的功能。依据所要标注对象及注文内容的形式不同，我们将注号设置划分为如下几种情况并予区别对待：

对于文本中某词语（概念、术语、名称）做标注，可以将注释号直接放置于该词语之后；

对于文本中某句话语的表达做注释，可以将注释号放置于本句话语结束的标点之后；

对于文本中某直接引语而添加的注号，可以将注释号放置于引号之后；

对于文本中某括号内的书写内容做标注，可以将注释号放置于括号之后；

对于文本中某段落的整体内容做注释，则可以将注释号放置在段落最后终结的句号之后。

按照现行各类文本标注的办法，注释号的具体位置多放置于文章中需要解释说明的语句后面的右上角，呈现上标格式。

## 二、对需要标注内容的限定

在书写过程中，面对长大的文章和其中处处容杂着的学术观点、知识陈述、资料讯息等内容，究竟怎样的内容才需要做出标注呢？

对于理论学术类文本，由于它的书写目的重在创新、探索新知，加之它的传播者、受传者均为具备一定专业基础的人群,对该类文本中常识性、本领域知识性的内容必须有所了解方可。这样的文本环境,是无须对常识性、专业领域内知识性内容做出标注的。

需要考虑做出标注的内容,主要应该包括:

为说明或论证自己观点而必须借用他人的各类材料直至使用引语的(含直接引语、间接引语)内容;

为说明或论证自己观点而利用了本专业之外其他专业领域的知识与方法,而本专业之内对此较为陌生的内容;

文本中出现了少有使用的或只是由书写者独创的概念,或者易使他人疑惑、误解的表述。

以上几种情况,一般应对涉及的内容做出必要的标注,以使文本在传播过程中能够更好地发挥其应有的作用。

## 三、标注的具体应用

不谙学术文本书写的人士,常困惑于书写过程中于何处添加标注,以及随文标注的注号究竟放置于何处为恰当等具体的技术问题。下面通过对几则案例的分析来尝试阐明这类问题:①

案例1:

> 任何有关香港的"话语"( ),自然而然地和"殖民"( )及"后殖民"( )的概念拉上或多或少的关系。香港位于珠江口东部,六千

---

① 几则案例所选用的文本素材,乃随机摘取自日常审阅或研读学界同仁成果之时的文稿片段。在本书之中,为了阐明所论及的标注应用问题,对多数文本的文字、标点、标注方法甚或行文格式都做出了必要的调整,故于此展现的已非所刊登文献的原貌。另外,此几则案例是为了说明注释号的添加,而注号的通行用法为序码上标格式,不易被识别。为了便于读者阅读辨识,在案例之中以普通的方头括号(鱼尾括号)代替上标的注号;案例文本中的圆括号,则代替随文的夹注格式。

多年前已有先民在此居住，以捕鱼为生。一直以来，香港是中国的一部分，以中原文化为主导。【】直至 1842 年，中英政府正式签订《南京条约》，港岛被正式割让给英国，从此也开始了英国在香港 150 多年的殖民统治。【】香港开埠时，人数只有数千，到了 20 世纪初，人口也只有三十万。一直以来，香港是一个过渡城市，移民人口和外籍劳工占人口比例的很大一部分，因新移民的过客心态而产生的"游离身份"深深影响香港的文化。【】不过，和其他殖民城市不同，香港在殖民统治前并没有明确和丰厚的历史，所以 1997 年后也无须马上回归到被切断的历史及对其的延续。再且，香港是英国殖民统治的一个极成功的例子，在这一百多年间，香港由小渔村发展成为国际大都会，这亦引证了安东尼·金（  ）所提出的"殖民城市可被视为现代资本主义城市的先驱"之说。【】而香港 1997 年回归前已达至的经济及制度上的现代化，加上大陆在 1949 年后独特的历史发展轨迹，使香港在后殖民阶段和其母体的关系与其他后殖民城市的经历有所出入。【】例如香港的殖民地历史，不以成功争取独立的形态出现，而是以回归母体为依归，而香港在没有回归以前，自 20 世纪 70 年代始，已经孕育出一套属于它的、有其独特性的本土文化形态，尤其在大众文化的领域，如电影、电视、流行曲、漫画等。但回归母体之后，却要重新学习及融入祖国的文化，这在后殖民的历史上却是独特的例子。①

分析：在此案例之中，假如原设定的标注共有 9 处（含 5 处参考文献注号、4 处随文夹注）。其中，4 处夹注的添加均是对文本中引号内的特有词汇或者外国人名做进一步说明；5 处参考文献的标注，乃是对文本所借用资料或者观点来历的交代。按照学术文本的一般标注需求，第一处夹注中的"话语"作为普通名词施以引号，显然隐有突破了原有词汇含义的深

---

① 案例 1 原始文本素材参引自：杨汉伦《对香港音乐话语的反思》，《音乐研究》2012 年第 5 期，第 99 页。

层表达；第四处"安东尼·金"的外国音译名字，需要做外文原名等信息的补充；而第二、三处的"殖民""后殖民"，作为文化领域常用的概念，已为多数人所知晓，可考虑节略其标注信息。在参考文献标注类型中的多数设定，涉及香港社会、文化的基础知识，在学术化文本的书写时可以对其资料来历不予标注；只有涉及特有表述"游离身份""殖民城市可被视为现代资本主义城市的先驱"等时，需要对其意涵或者观点来历做出进一步的说明，方值得添加标注的标号。因此，对例1中的各类标注可以做出必要的精简。

案例1 标注形式修改（参考）：

　　任何有关香港的"话语"（discourse），自然而然地和"殖民"及"后殖民"的概念拉上或多或少的关系。香港位于珠江口东部，六千多年前已有先民在此居住，以捕鱼为生。一直以来，香港是中国的一部分，以中原文化为主导。直至1842年，中英政府正式签订《南京条约》，港岛被正式割让给英国，从此也开始了英国在香港150多年的殖民统治。香港开埠时，人数只有数千，到了20世纪初，人口也只有三十万。一直以来，香港是一个过渡城市，移民人口和外籍劳工占人口比例的很大一部分，因新移民的过客心态而产生的"游离身份"深深影响香港的文化。【】不过，和其他殖民城市不同，香港在殖民统治前并没有明确和丰厚的历史，所以1997年后也无须马上回归到被切断的历史及对其的延续。再且，香港是英国殖民统治的一个极成功的例子，在这一百多年间，香港由小渔村发展成为国际大都会，这亦引证了安东尼·金（Anthony King）所提出的"殖民城市可被视为现代资本主义城市的先驱"【】之说。而香港1997年回归前已达至的经济及制度上的现代化，加上大陆在1949年后独特的历史发展轨迹，使香港在后殖民阶段和其母体的关系与其他后殖民城市的经历有所出入。如香港的殖民地历史，不以成功争取独立的形态出现，而是以回归母体为依归，而香港在没有回归以前，自20世纪70年代始，已经孕育出一套属于它的、有其独特性的本土文化形态，尤其在大众文化的领域，如电影、电视、流行曲、漫画等。但回归母体之后，却要重新学习及融入祖国的文化，这在后殖民的历史上却是独特的例子。

案例 2：

20世纪60年代初，江西的戏曲工作者在偏僻的广昌县甘竹镇发现了一种专演孟姜女故事的族规戏——孟戏，至80年代初，孟戏被认为是海盐腔的遗存，因在唱句末尾或加入帮腔时曲调会突然翻高，有大量用假声唱"yi"音的现象，被命名为"孟戏高腔"，又因孟戏只在旴河地区流行，又名"旴河高腔"，这就是海盐"高腔"。【】将孟戏认定为海盐腔，是因为研究者发现，孟戏作为一种高腔，其唱腔明显不同于历史上的弋阳腔，很多唱腔、乐段是江西地方音乐中没有的，其史料依据来源于清初朱彝尊《鸳鸯湖棹歌》【】中的一首诗：

曲律昆山最后时，海盐高调教坊知。至今十棒元宵鼓，绝倒梨园弟子师。【】

进入21世纪，一批研究者积极关注江西的广昌、浙江的海盐县及其周边地区，对孟戏、海盐文书（骚子歌）、永嘉昆剧、义乌"草昆"、"黄岩昆"、浙东浙西"三合班"等进行研究，举办研讨会，加快了海盐腔研究的进程，并先后出版了《海盐腔研究论文集》【】、《论江西海盐腔音乐》【】、《江西广昌孟戏研究》【】、《孟戏》【】等论文集和专著。但是，江西的学者对广昌孟戏中的海盐腔的声腔属性的认定，与浙江学者对海盐文书等的海盐腔声腔属性的认定，是不一样的，前者强调孟戏的"高腔"特征，特别重视孟戏中翻高的假声唱法，后者则只谈海盐腔的一些"低腔"特征，而江西的学者在其他场合论及海盐腔时，却又很注重海盐腔的低腔特征。由此可见，学界对海盐腔声腔属性的认识,是存在分歧的,并没有形成一致的意见。或者说,已有的研究对海盐腔声腔属性的认识还不全面。①

**分析:** 案例2中,本著拟定它出现了7处参考文献的标注号,以对文本中呈现的观点、文献题名、直接引文等内容做进一步注释。但通过阅读文本可以发现,对《鸳鸯湖棹歌》文献题名和其直接引文的两处标注,有些多余,这样的标法极易发生信息的重复表述;对同时排列的四部戏曲书著的题名均给予单独的标注号,虽然显见而分明,但作为普通文献的例举即施以如此标法,将使得注文排列过于繁琐;同时,文本前部文字中的"族规戏"概念对多数读者来说鲜见,因此就极易诱发读者对其各异的解读;后部叙述中的关于浙江、江西学者对海盐腔声腔属性的不同观点,因为缺乏对其资料出处的详细交代,则容易被读者理解为泛泛而谈的个人主观之见。顾及以上诸条分析,可以对案例2的标注做出适当调整,请见修改后的参考方案:

20世纪60年代初,江西的戏曲工作者在偏僻的广昌县甘竹镇发现了一种专演孟姜女故事的"族规戏"【 】——孟戏,至80年代初,孟戏被认为是海盐腔的遗存,因在唱句末尾或加入帮腔时曲调会突然翻高,有大量用假声唱"yi"音的现象,被命名为"孟戏高腔",又因孟戏只在盱河地区流行,又名"盱河高腔",这就是海盐"高腔"。【 】将孟戏认定为海盐腔,是因为研究者发现,孟戏作为一种高腔,其唱腔明显不同于历史上的弋阳腔,很多唱腔、乐段是江西地方音乐中没有的,其史料依据来源于清初朱彝尊《鸳鸯湖棹歌》中的一首诗:

曲律昆山最后时,海盐高调教坊知。至今十棒元宵鼓,绝倒梨园弟子师。【 】

---

① 案例2原始文本素材参引自:傅利民、戴和冰《论海盐腔"高"、"低"兼容的声腔属性》,《音乐研究》2011年第4期,第53页。

进入 21 世纪，一批研究者积极关注江西的广昌、浙江的海盐县及其周边地区，对孟戏、海盐文书（骚子歌）、永嘉昆剧、义乌"草昆"、"黄岩昆"、浙东浙西"三合班"等进行研究，举办研讨会，加快了海盐腔研究的进程，并先后出版了《海盐腔研究论文集》《论江西海盐腔音乐》《江西广昌孟戏研究》《孟戏》等论文集和专著。【 】但是，江西的学者对广昌孟戏中的海盐腔的声腔属性的认定，与浙江学者对海盐文书等的海盐腔声腔属性的认定，是不一样的，前者强调孟戏的"高腔"特征，特别重视孟戏中翻高的假声唱法，后者则只谈海盐腔的一些"低腔"特征，而江西的学者在其他场合论及海盐腔时，却又很注重海盐腔的低腔特征。【 】由此可见，学界对海盐腔声腔属性的认识，是存在分歧的，并没有形成一致的意见。或者说，已有的研究对海盐腔声腔属性的认识还不全面。

对案例2的标注调整，除了保留第一自然段中部和直接引用诗作后的两处标号之外，原拟的其他标注做了压缩、合并处理，最为明显的是对四部戏曲文献信息的交代聚合为一条注文。新设立的两处标注，均期望能够对于专门概念（"族规戏"）、所述观点（江西、浙江学者的成果）做出进一步的阐述或对其观点来历做更具体的说明。

案例3：

传统笙管乐是否一定与宫中雅乐有某种联系？这里首先有必要梳理一下"雅乐"的概念，以往学界将中国历史上的音乐都以雅乐和俗乐统而概之，《中国大百科全书·音乐舞蹈》中的解释为："中国古代统治阶级用于宗教、政治、风俗的各种仪式典礼中的音乐。后世称之为雅乐，盛行于周代"。【 】修海林认为"自周代始，以西周王畿一带方言为通行'官话'（即'雅言'）并用以演唱的乐歌，即称之为'雅乐'。后'雅乐'概念扩大到一切仪式用乐"。【 】基于这样的认识，他把雅乐制度与礼乐制度等同起来，认为"雅乐制度即自周初便已定下来的礼乐制度"，"吉礼用乐和嘉礼用乐是两类最主要的雅乐行乐方式，规范与准则"。【】李方元虽然认为"周代宫廷雅乐主要用于祭祀……金石之乐在周代是雅乐的典型形式"，【】但在对雅乐乐器的应用与仪式场合的关系做分析时，仍然是把雅乐当作是五礼用乐看待的，例如他把雅乐乐器与仪式的结合分为两类："一类为起到'天人交通'作用的仪式（即吉礼中祭祀仪式）；另一类为起到'人际交流'作用的仪式（宾礼、嘉礼、军礼的仪式）"。【】其后，他在把吉礼用乐与嘉礼用乐进行比较时得出"周代雅乐用乐可用两大类别进行区分：祭祀用乐与非祭祀用乐。"【】显然，在这里李先生依然是把雅乐与"五礼"用乐等同起来或者说是作为"五礼"用乐的总体来进行观照的。学者王秀臣则认为"《诗》、'雅乐'和'礼乐制度'是一种同源同构关系"，"'三礼'所反映的雅乐体系保存了周初雅乐的精神"。【】作者因限于凶礼和宾礼用乐情况缺乏足够的文献材料，因而只是详细论述了雅乐中吉礼、嘉礼、军礼的艺术构成。①

分析：案例3中，本著述虚拟使用了7处参考文献的标注，意在对几篇文献相关观点的直接引用，做出严格的一对一式的引文来历注明。但通过审读此段文字发现，文本中的引用只涉及4篇（部）文献，其他3个多出现的注号势必导引出重复性的注文信息；况且，所引用的文献都比较集中体现于一个自然段落内，并没有发生引用文献的大幅度跨越或频繁交叉，假如合并其标注项也不会引起信息间的混淆。因此，对标注数量做出适当节略就成为可以考虑的选项。我们将其合并调整之后，请见如下参考性的修改文样：

---

① 案例3原始文本素材参引自：李新现《民间笙管乐称"雅乐"之辨析》，《音乐研究》2012年第1期，第26—27页。

传统笙管乐是否一定与宫中雅乐有某种联系？这里首先有必要梳理一下"雅乐"的概念，以往学界将中国历史上的音乐都以雅乐和俗乐统而概之，《中国大百科全书·音乐舞蹈》中的解释为："中国古代统治阶级用于宗教、政治、风俗的各种仪式典礼中的音乐。后世称之为雅乐，盛行于周代。"【　】修海林认为"自周代始，以西周王畿一带方言为通行'官话'（即'雅言'）并用以演唱的乐歌，即称之为'雅乐'。后'雅乐'概念扩大到一切仪式用乐"。基于这样的认识，他把雅乐制度与礼乐制度等同起来，认为"雅乐制度即自周初便已定下来的礼乐制度"，"吉礼用乐和嘉礼用乐是两类最主要的雅乐行乐方式，规范与准则"。【　】李方元虽然认为"周代宫廷雅乐主要用于祭祀……金石之乐在周代是雅乐的典型形式"，但在对雅乐乐器的应用与仪式场合的关系做分析时，仍然是把雅乐当作是五礼用乐看待的，例如他把雅乐乐器与仪式的结合分为两类："一类为起到'天人交通'作用的仪式（即吉礼中祭祀仪式）；另一类为起到'人际交流'作用的仪式（宾礼、嘉礼、军礼的仪式）。"其后，他在把吉礼用乐与嘉礼用乐进行比较时得出"周代雅乐用乐可用两大类别进行区分：祭祀用乐与非祭祀用乐"。【　】显然，在这里李先生依然是把雅乐与"五礼"用乐等同起来或者说是作为"五礼"用乐的总体来进行观照的。学者王秀臣则认为"《诗》、'雅乐'和'礼乐制度'是一种同源同构关系"，"'三礼'所反映的雅乐体系保存了周初雅乐的精神"。【　】作者因限于凶礼和宾礼用乐情况缺乏足够的文献材料，因而只是详细论述了雅乐中吉礼、嘉礼、军礼的艺术构成。

对案例3所设定的标注形式，乃是当今理论学术界较为普遍存在的标注现象的缩影。学术界对于引文、标注问题给予重视之后，一些书写者简单化地对待引文和标注问题，使得引文成为增添无谓标注数量的最好借口。由此，正文中布满了星星点点的注号，注文中也充斥着大量重复交代的信息，本应精干简约的科研文论变成拖沓重复的教条文字。这一现象已经背离了学术精神，不啻为学术文本书写与编辑出版界的一记公害。

以上所列举的案例，均为比较学术化的研究型文本的常规标注使用情况。从中可以看出，学术标注不只是凡遇引用资料即添加注号并施以注文那么简单的事情，它涉及书写者对学术发展及相关课题的了解程度，对文本全局各式材料使用时的统一掌控，对文本内容质量、形式质量的全面要求，更体现了书写者的学术态度和书写水准。

当然，除了研究型文本必须使用有效的标注，在专业化写作的评论类等其他文本类型中，也时时需要考虑是否能够将文本书写得更加理据充分——适时适地添加标注信息，亦不失为一种提升文本水平的手段。下面即分析一例评论类文本对标注的选择与使用个案。

案例4：

> 第一次密切接触到金湘先生的作品是歌剧《杨贵妃》。这是一部委约的作品，创作时间很短，要求很高，由中国歌剧院2004年5月上演。由于种种原因，《杨贵妃》的演出场次并不多；也有其他院团排演，如天津歌剧舞剧院就上演过该歌剧。这部歌剧的故事取材于杨贵妃东渡日本，具有一定的浪漫色彩。该剧内容与史实并不一样，剧本并不是上乘之作。但由于金先生的音乐把整个歌剧作品升华了，没有让该作品落入到中国近年常常出现的大制作大投入的形式主义陷阱里。总算还能看下去。当然这也离不开导演的功劳。①

作为一段观点分明但又颇具主观色彩的评价型文本，一些书写者、阅读者或许认为此处无须对其详加标注，其实并非如此。就这段由本著述借用来的文本来讲，虽然以直抒胸臆的方式评价了金湘先生的歌剧作品，但

---

① 案例4原始文本素材参引自：冯广映《论金湘音乐语言》，《黄钟》2011年第4期，第120页。

文中有多处叙述在资料交代时出现缺省的状况，使读者难于全面把握"乐评"观点的依据及其他内在信息；从文字叙述看，这段文字又属于较大型评价文本中的节选，如果施以合适的标注亦并不为过。据此基本设想，我们可以尝试为这段评价型文本添加适当的文本之外的标注，意在协助增加文本对所评价作品、对个人观点等所做的阐述（供参考）：

第一次密切接触到金湘先生的作品是歌剧《杨贵妃》。【】这是一部委约的作品，创作时间很短，要求很高，由中国歌剧院 2004 年 5 月上演。由于种种原因，《杨贵妃》的演出场次并不多；也有其他院团排演，如天津歌剧舞剧院就上演过该歌剧。这部歌剧的故事取材于杨贵妃东渡日本，具有一定的浪漫色彩。该剧内容与史实并不一样，剧本并不是上乘之作。【】但由于金先生的音乐把整个歌剧作品升华了，没有让该作品落入到中国近年常常出现的大制作大投入的形式主义陷阱里。总算还能看下去。当然这也离不开导演的功劳。【】

在案例 4 中增添的三处标注，其编辑设想为：第一处，对歌剧《杨贵妃》作为综合艺术的其他信息予以适当交代，诸如编剧、创作时间、创作背景等；第二处，对于重要的观点"剧本并不是上乘之作"进行文本之外的延伸解释，以使读者知其然亦知其所以然；第三处，就文本中所述及的近年来歌剧舞台的"形式主义"表现、歌剧《杨贵妃》导演的艺术贡献等做进一步的解说。

## 第四节　各类标注形式的恰当应用

提及标注问题，不少书写者会将它与"参考文献"的书写事宜等同起来。其实，"标注"既有"标"的标志、记号，也有"注"对所"标"之处而书写的"解释字句的文字"。也就是说，"标注"乃为组合词汇，它体现了书写过程中两个方面的工作——"标示并注明"。① 我们在阐述了标记时"标"号的植入问题之后,也需要对"注释"的内容与方式展开相应的讨论。

对于"注释"来说,出版界一般根据标写记号所在的位置、注文的形态,将"注释"形式简化为几种类型:②

夹注,又称文内注。在行文中表现为需要暂时脱离叙述主题,对某一观点、事项、词语等做出即时解释或说明,也可能是对叙述中的简洁引语做出即时的来历注明。

脚注,又称页底注。一般是对正文中的某个问题、词汇等做补充说明和解释的独立文字;对于正文之中引用文献来历的信息交代,便属"参考文献"的注文部分了。脚注形式的各式注文,一般被放置于对应正文同一页版心的底端。

篇末注,又称尾注、文后注、集注。指将全篇文论中的注解文字集中列载于正文(含图书)之后的注释形式。这里的注解文字,包括了解释性的"注释"注文和交代引用文献的"参考文献"注文两部分内容。

图谱注,对文本之中插入的图片、图示、表格、谱例等内容所做的补充说明或解释性的简明文字。有些内容简洁的图谱注文字,甚至会以图题的组成部分而出现。

对于如上不同的注释类型,在音乐文本中有着各异的表现和不同的使用方法。我们尝试予以解读:

---

① 中国社会科学院语言研究所词典编辑室编:《现代汉语词典》,北京:商务印书馆2016年第7版,第84—85、1715页。

② 在由国家新闻出版广电总局发布的《学术出版规范·注释》(CY/T 121 - 2015)中,将"注释"细化为脚注、尾注(文后注)、夹注、边注(旁注)、出处注、内容注、作者注、他人注等八种。科技出版界对"注释"的类型分为文内注、脚注、文后注、图(表)注,详见汪继祥主编:《科学出版社作者编辑手册》,北京:科学出版社2004年版,第146页。结合音乐学科的特点和文本情况,本书将"注释"类型予以针对性的归类和简化。

## 一、夹注的使用

夹注的形式特点，在于其使用时是被"夹"在文本书写之中的。为了尽力发挥其所长而避其短，形小意简，则为其最佳展现。

在音乐类文本中，各个分支学科领域的文本均经常需要运用夹注形式。但在现实书写中，夹注被呈现最为频繁的学科方向则是与国外音乐文化相关联的领域。比如，西方音乐史、世界民族音乐、音乐美学、音乐分析学等学科，其成果文本中经常会出现国外音乐家名、作品名、机构名，以及生僻术语、资料出处的交代等情况，这些信息因语种符号的转换，最好能够及时做出对原文信息的夹注处理。

文内夹注的办法和内容取用相对简单，即以圆括号形式，紧接于被注解词语之后；当被注的事项是一句完整的话语，括号及注文应放置在句号之后；当注文自身即为完整的句子时，注文的句末（后括号前）应加上句末点号，否则不加。

夹注的注文应该力求简洁，最好以十数个字符之内的篇幅就能阐明清楚。对于常见的国外音乐家名字的夹注，往往标出外文原名和生卒年即可；对于作品名称，则将外文原名、创作或发表年份列出；技术术语和机构名称，可以选择列出外文原名即可。例如下面的表述方式：

> 这部作品的故事由阿里奥斯托（Ludovico Ariosto，1474－1533）的史诗《疯狂的罗兰》（Orlando furioso，1516）改编而成，作品讲述的是善良的女巫梅丽莎（Melissa）将骑士鲁吉埃罗从邪恶的女巫阿尔齐纳（Alcina）的爱情咒语中解救出来的故事。

当注文比较长大时，为了避免打断文章叙述的连贯性，应该考虑放弃夹注而改用脚注的形式。另外，面对需要明快、简洁成文的评论性、知识性文章，假如于文本内需要对某些材料做出进一步注释时，也可以选择施以夹注的形式。

## 二、脚注、篇末注、图谱注的使用①

对多数书写者来说，了解最多的注释形式应该就是随文脚注。与脚注有相似特点的，是集于篇末（章末甚或书末）统一呈现的注释形式，即篇末注。之所以称二者具有相似性，是基于正文文本内部所使用的夹注而言的。由于脚注和篇末注均施注于正文行文的文本话语之外，基本不存在会打断文论正常叙述的弊端，因此这两类注释方法均可以按照书写者表达注文时的正常表述而布排行文。

对于何时、何处使用脚注或篇末注，没有更多行文技术上的要求，主要依照写作者对不同情况、不同书写意图而做出的选择。需要提醒的是，虽然不同的学刊、不同的机构对这两种注释方法的倡导不一，但仅从阅读之时方便读者的角度来说，我们建议书写者多多考虑使用脚注——使阅读者在不翻页的情况下可以随时在正文和注文间转换，这样无疑能够提高阅读者的阅读效率。

在选择使用脚注之后，为使正文与注文有着明显的区分，请注意在正文和注文之间添加脚注线；各条注文的开头也须缩进字格，并在句末添加句号。假如为译文、汇编的文本添加脚注，还应注意译者、编者添加的注释与原文注释间的区分。最便捷的方法，是在译者、编者注文的开头或结尾明确标记"译者注""编者注"等字样，以与原文本之中的注释相区分。

音乐类文论中经常会使用图、谱、表等形式的资料，以直观且简明地呈现各式信息，从而协助正文完成文论叙述或论证的任务。对文本中所使用图谱资料的来源、责任者、术语数据等的进一步解释或者仅对图谱的格

---

① 关于图谱注的表现形式、运用方法和存在的问题，以及篇末注中属于"参考文献"信息的交代，将在本著述第七章"附属材料的设定与优化"中另行探讨。

式等做出的说明，均属于图谱注的范畴。

对于图谱注的选择和使用，可以在图谱标题的题名之后添加注号，与整个文章的注释统一编码相承接；也可以单独在图谱下方以"注""说明""＊"等形式做引导，即在图谱之下直接列出注文，但其字体、字号应该做出变化，字号可以略小于正文字符，以便明确区分正文和图谱的注文。假如图谱注的注文简短，可以用圆括号方式紧随在图谱标题的题名之后，也可以在文论叙述时采用文内夹注方式来做注解，甚至也可以将注文简化为图谱题名的有机组成部分以做交代。比如，图片标题"参演人员合影（XX 摄，2018 年 7 月 3 日）"、谱例标题"《山林之歌》第一乐章中的'山林'主题"等书写方式，均有在题名项融入注文的倾向。总之，对图谱注的使用应视图谱与行文的具体情况，灵活而定。

### 三、"参考文献"的类型

目前在用的"参考文献"列述方式主要有两种类型，即"顺序编码制"和"著者—出版年制"。

顺序编码制：按照正文中引用文献之时的出现次序，用数字形式（多为阿拉伯数字）从"1"开始连续编写序码；在书写注文之时，依照相应的序码而编列注文。

著者—出版年制：文本内标注的内容包含参考引用文献的著者姓氏、引用页码、文献出版年等信息，以夹注方式列于拟标注之处；其他关于所引用文献的详细信息，统一在文后以集注方式按照一定的格式排列。

对于这样两种差别明显的文献列述形式，在中文出版领域多选择使用"顺序编码制"，而在西文和个别的中文出版物中使用"著者—出版年制"。根据中文出版与读者阅读的习惯，建议在音乐领域多以"顺序编码制"的应用为宜，原因在于：（1）"顺序编码制"仅以标码显现于文本之内作为引导，不在文本中插入过多文献信息，这样有利于文本流畅表达和读者的阅读，也便于书写者选择自己的注文书写形式（脚注或集注）。（2）有人认为"顺序编码制"在多次使用相同的文献时容易引起注文的重复书写（其实"著者—出版年制"插入文中的标示信息同样发生重复），对此可以用文献首次显现时标注完整信息、之后即适当简化的方式来应对。比如，下例中的这种处理办法：

> 而《乐记》二十三篇，再录于"乐"六家之中，并云："武帝时，河间献王好儒，与毛生等共采《周官》及诸子言乐事者，以作《乐记》。"① 《乐记》为儒家典籍，知识体系源出先秦，或汉儒加有发挥。《汉志》云："儒家者流，盖出于司徒之官，助人君顺阴阳明教化者也。游文于六经之中，留意于仁义之际，祖述尧舜，宪章文武，宗师仲尼，以重其言，于道最为高。"② 同样在《汉书·艺文志》中，《吕览》列于"杂家"一脉，言其流脉时说："杂家者流，盖出于议官。兼儒、墨，合名、法，知国体之有此，见王治之无不贯，此其所长也。及荡者为之，则漫羡而无所归心。"③

或者，也可以考虑将以上的三条注文做另一种办法的处理，即在文献首次出现时将其资料信息做出完整交代，注文的后部使用夹注做按语，指示随后相同版本的文献不再详述各式信息，而只是在版本发生变化时再行详注。如下面所列的注文书写格式：

> ① 〔汉〕班固撰：《汉书·艺文志》卷30，北京：中华书局1962年校点排印本，第1712页。（以下所涉《汉书》文献皆为此版

---

① 〔汉〕班固撰：《汉书·艺文志》卷30，北京：中华书局1962年校点排印本，第1712页。

② 出处同上，第1728页。（作者按，此注及下注的注文，均为引用的原有格式。）

③ 出处同上，第1742页。

本。作者按)

②《汉书·艺文志》,第 1728 页。

③《汉书·艺文志》,第 1742 页。

总之,对于参考文献列述方式的选用要根据实际情况,两种书写类型各有特点,更有着它们所寄附的文种与文化之间的差异,书写者依照自己所处的现时语境做出选择,则为最佳。

## 第五节　标注中的其他注意事项

除了上述于文本标注时需要了解和慎重对待的问题之外,尚存其他一些与标注相关联的事项需要引起关注。这些事项的内核,实际也已经涉及标注运用的原则性话题。

### 一、标注之时的补充事项

1. 在文论文本书写时虽未直接引用他人观点或材料,但已显露意取他人、借鉴他人,无非经由书写者另行组织语言并做出表述的部分,也应该以注释形式明确交代所参所感的来源及出处。这是因为,涉及到具有深度的专业性问题,并无诸多的偶然巧合因素,对于其中的"似曾相识"往往存在后来者对前人的借鉴与效仿,假如意欲用瞒天过海的形式变化来树立"首创""新说",多数情况只能招致学术共同体内众人一致的非议甚或声讨,这在海内外均是不被允许存在的作假行为。①

2. 文本书写时,对于已在工具书、教材等文献中不断出现的常识性内容,假如只是作为一般性的知识呈现,而非为专门探讨此类问题,就无须

---

① 周勤如:《引文、注释和参考文献目录应该进一步规范化——关于音乐论文写作的通信之三》,《黄钟》2000 年第 2 期。

再行添加标注予以交代。例如，对于20世纪20年代叶伯和所撰写的"近代中国最早出现的中国音乐史著"一说，假如只是作为普通的历史学知识予以讲述，是无须添加注释的；但假如文本叙述中涉及对此问题的专门探讨，以期论证叶著是否为近代中国最早的《中国音乐史》专书时，则要将最早施以此说或者此说的代表性倡议者等资讯予以列举，以切实树立起自己将要论证观点的实际存在状况。

3. 标注时应尽可能追求"一手"文献的呈现，即使由"二手"文献中所得到的信息，也最好能够追及原典予以查核并同时在注文中标明，不做"转引自"的贩卖者。对此问题，不得不说目前音乐领域存在较为严重的"转引自"现象，即以对"二手"文献的引用来替代"一手"文献的客观信息。这其中还存在两类比较隐蔽且不易被学界重视的以"二手"文献替代"一手"文献的情况：一类是随着出版业的繁荣，大批的专家、学者结集出版了自己的文集、曲集，将自己数十年来的专业成果以新的版本重新推出，这对于成果的搜集、传播是有益的，但不少的使用者在引用时只以结集的最新版本做注而忽略原始"一手"文献的观照。另一类较为隐蔽的"转引自"现象，是随着博客、微信等自媒体平台的大众化、便捷化，借用各个理论报刊所载内容进行重新包装上线的现象日益多见，直接以自媒体信息作为引用文献的现象越来越多；加上自媒体平台信息提供者、管理者不规范的文本标注，使得这类"二手"文献的使用不只涉及学术问题，甚至已经上升为对知识产权的侵害。[①]

4. 尽力客观地标注文献并列出相关的书目，不要使用"伪注"。这种现象比较多地存在于一些青年学生学位论文的文后"参考文献"之中，以堆砌转借来的相关书目、文目为表现方式。这种做法属于极为低级的作假行为，青年学生与学者应该于从学之初就摒弃这种不良的"伪注"企图，树立起真实、客观、随时接受学术检验的标注习惯。

---

[①] 音乐界十八家期刊联合"申明"：《关于对网络材料引用及期刊文章转载的申明》，《音乐研究》2016年第1期，第128页。

## 二、参考文献书写案例举析

面对文本中所编列的标号，无论采用脚注还是集注，"参考文献"的条目该要如何书写？书写哪些信息？以怎样的顺序排列这些信息呢？下面，我们以日常所能见到的脚注样本为例，来尝试分析此类文献条目在呈示时常常发生的问题，并探讨其寻解之道：

a.〔明〕朱载堉：《律吕精义》，××少儿出版社2004年第1版。

b. 黎英海：《汉族调式及其和声》，上海：上海文艺出版社1959年第1版，P25。

c. 见《曾国藩家书》，第322页。

d. 孙继南：《黎锦晖与黎派音乐》第36—46页，上海音乐学院出版社2007年出版。

e. 陈荃有：《乐评人的执业底线》，《音乐周报》2003年7月。

f. 王光祈：《中国音乐史》，《王光祈音乐论著选集》，人民音乐出版社1993年版。

g. 蒋英. 布依族铜鼓"十二则"鼓乐研究 [J]. 中南民族大学学报，2009（3）.

h. 冶鸿德. 二十世纪（五种）音乐分析法研究 [D]. 西北师范大学. 2003.

i.《美科学家研究发现语言模式会影响音乐创作》，http://news.xinhuanet.com/st/2004 - 11/15/content_2221303.htm.

对如上多条注文所列"参考文献"，我们暂且放下各套标注体系间的"个性化"细则，只以标注体系间的"共性"标准来讨论，即检视每条注文该要具备的有效的信息呈示能力。

a例，作为古代典籍，此例虽然已标明了责任者的朝代（明朝），但对于现代版本的责任者、责任方式没有注明；对古代文献的整理、出版，无论是整理者、出版者均要求具有极高的学术水准，因此最好选择专业的对古代文献进行整理出版机构的版本；对于图书版次的标记，由于多数图书的版次标记仅为"1 版"，因此可以忽略"1 版"的版次记录（仅标注出版年即可），只标记"2 版"及之上的版次情况。

b 例，无论何种语言的出版物，均讲求文本文种使用上的规范统一。在此例的页码标记项，出现了英文页码的字母标法，使得注文之内不同文体混用，而且对英文的使用还是错误的标记方式（应该为小写字母加下角点，即 page 的缩写形式 p.）；出版地的标示，虽然在西文书写体系和国内的一些规范文本内有此要求，但国内出版社名称大多已经包含了明确的出版地信息，起码此类出版社的出版地标示可以节略；版次为第 1 版的图书，也可以节略对版次中"第 1"的记录。

c 例，这是缺省了太多信息的不完整的一条注文，也是直至当今仍然存在的面对常见的古文献时容易出现的标注方式。必须认识到，即使古代文献，也存在诸多的古今版本的存世；假如是点注本的文献，更因为点注者的不同而差异明显。因此，对待古代文献的引注，同样需要给予完整的版本情况的说明。

d 例，在现行的标注体系中，并无将引用材料的页码标示直接与书目名称相连接的用法，页码一项均是被安排于版本信息之后，即注文的最后位置；孙继南先生的《黎锦晖与黎派音乐》与他之前出版的《黎锦晖评传》关系密切，堪称"再版"书目。[①] 但由于图书名、出版机构均做了更换，更重要的是此书的版权页明确书写为"2007 年 2 月第 1 版"，因此不

---

[①] 据孙继南先生自称："(《黎锦晖评传》杀青，笔者注) 十五年过去了，随着时代的前进和史料的继续发掘，尤其新世纪以来，日益感到旧著在历史阐释、作品评论诸方面都存有一定的缺漏和遗憾，为更好地体现当年著书初衷，深感有重新撰述之必要，于是便有了这本《黎锦晖与黎派音乐》的问世。"（参见孙继南《黎锦晖与黎派音乐》"后记"，上海音乐学院出版社 2007 年版，第 351 页。）而他的《黎锦晖评传》，由人民音乐出版社于 1993 年出版发行。

能以"第2版"作为版次标注,只能仍以"第1版"新著来书写。

e例,作为报纸类文献,因其出版周期较为密集,且许多报纸版面众多,因此对其引文信息的交代应该具体到何日、何版面。对音乐界的报纸媒体来讲,因为品种少、出版周期较长,一些书写者就放松了对它注文项目的严格要求。

f例,这条注文对于信息交代所存在的问题具有一定隐蔽性。从普通书著文后"参考文献"的角度看,它似乎已将该要交代的信息书写到位,但站在相应的学科内来分析此注文,就会发现它存在较大的问题:王光祈的《中国音乐史》作为个人专著,由中华书局首版于1934年;此处引用的"选集"则出版于1993年,必为后人选编而成。假如依照现行的注文标记法,将使得诸多学术信息缺失,更可能因此而误导读者。

g例,单从此注的表面看,很难发现其中存在着哪类问题。许多书写者在使用高校学报所登载的文献时,往往忽略了高等院校尤其是综合大学的学报基本是由两个刊物构成的——自然科学版与社会科学版。两个刊物分属两大学科领域,差异明显,在高校的管理中往往各自编辑办刊;在新闻出版机构的管理中,两刊则各有独立刊号。因此,标注中忽略学报版本的情况应该予以纠正。

h例,在现行的《中国高等学校社会科学学报编排规范》中,学位论文类的文献类型码为D,因此本条注文已经明确了其文献类型。问题在于,我国现实行三级学位制(学士、硕士、博士),不同的学位层级其毕业论文的学术性差异明显,即使在中国知网(www.cnki.net)收录的论文库中也包括了硕士、博士学位的论文,假如不对论文层级做出标示,将直接影响到对所引文献科研程度的判定。

i例,在现时的专业写作中,网络信息进入"文献"群的情况越来越常见,比例也会进一步加大。如何规范和正确地使用并引用网络信息,是个需要专门探讨的领域。对于当下的普通书写者来讲,网络引用的标注细则在各套标注体系中均已明确列入,只是多数人已习惯于想当然式的随手标注，致使缺漏信息甚多。

结合这样的粗略分析，我们尝试对上列的多条注文做出基于原标注格式基础上的微调，以尽可能使它们符合"参考文献"信息应有的效用：

a.〔明〕朱载堉：《律吕精义》，冯文慈点注，人民音乐出版社2006年版。

b. 黎英海：《汉族调式及其和声》，上海文艺出版社1959年版，第25页。

c. 见《曾国藩家书》（ⅹⅹⅹ选注，北京古籍出版社1998年版），第322页。

d. 孙继南：《黎锦晖与黎派音乐》，上海音乐学院出版社2007年版，第36—46页。

e. 陈荃有：《乐评人的执业底线》，《音乐周报》2003年7月28日，第5版。

f. 王光祈：《中国音乐史》（1934），收入冯文慈、俞玉滋选注《王光祈音乐论著选集》，人民音乐出版社1993年版。

g. 蒋英. 布依族铜鼓"十二则"鼓乐研究［J］. 中南民族大学学报（人文社会科学版），2009（3）.

h. 冶鸿德. 二十世纪（五种）音乐分析法研究［D］. 西北师范大学硕士论文. 2003.

i. 谢培：《美科学家研究发现语言模式会影响音乐创作》，http://news.xinhuanet.com/st/2004－11/15/content_2221303.htm（"新华网"），2004年11月15日/2014年4月23日。

就本章所论，涉及音乐文本且主要是文论类文本较为常见的标注问题，谈及的对不同标注类型的运用、具体标注方法、标注的意义等话题，乃容杂了学界不同观点和本项课题研究者的个人见解，多数的认识也只是研究者本人在长期编辑实践基础上结合理论研习之后的一管之见，总结出来以接受学界同仁及有心人士的批评。

# 第七章
# 附属材料的设定与优化

在文论类文本的书写中，作为各式材料交代的方式或者作为一种辅助的手段，经常需要在正文的表达之中或者之外使用一些其他类型的文本形式——摘要、关键词、图表、附录、参考文献等，以之更好地协助实现正文所欲表达的主题或者更加简明地呈现正文的写作意图。这些文本的附属材料，也将使得文论的后续传播、交流、检索变得更加便捷与精准。对于此类文本形式的特点、恰当使用以及在使用中存在的各式问题、解决途径等，尝试以专章将它们做出简要梳理并予以粗浅探讨。

## 第一节　摘要的编写与关键词的遴选

作为学术型文论文本的组成部分，摘要的编写与关键词的遴选乃是文本前部附属构件的需求，其作用有愈来愈显重要的趋势。在数字化网络时代来临之前，各式文论基本上无须在文前添加摘要，更无须遴选、罗列关键词，但随着各领域文献数量的快速增长和数字化网络传播环境的日益成熟，摘要和关键词随之成为学术文论文本书写者、编辑者、传播者、阅读者均需要面对且不得不予重视的一个方面。

摘要和关键词，看似简单且无创新体现的文前构件，在音乐学术界的文本书写中却是存在问题既明显又较为严重的一个领域。

## 一、摘要的作用与编写

何谓"摘要"？顾名思义，从已有文本之中摘取要点要言并使之连缀成简短文字，以便于受众快速而准确地了解既有文本撰写的主旨。

摘要并非文论文本构成的必须要件，尤其对于篇幅简洁、通俗易懂的文本类型，诸如现场乐评、知识普及类的文本，在其文前设置摘要更是多余之举（后续的文献摘录、汇编工作所涉摘要不在此列）。但对于篇幅长大的学术性论文、调查报告等文体，为其设置表达到位、篇幅适中的摘要，在当今数字化网络时代，已经成为文本书写者必须面对并应予积极处置的事项。可以说，摘要已经成为学术性文论文本撰写者必须给予重视的文前要件。

那么，摘要有着怎样的作用和书写特点呢？根据它所处的文本位置、编撰形式以及使用者对它的期待，可以将之归纳为如下两点：

1. 附属地位与其相对独立性。摘要并非文论文本正文的组成部分，它的首次出现只是作为文前的附属构件，同时它又需要无条件地忠实于正文的写作主旨。在网络时代来临之前，即使数万言的长大学术文论，除非后续编辑出版文摘集萃式的出版物，无撰写并设置摘要的必要，因为文论文本各级标题所寓涵的信息已经可以使受众大体了解整篇文论的主旨。随着数字化网络时代的来临和学术统计、评价、检索等的愈来愈普遍化，摘要（包括关键词）的作用与地位就显示了出来。但无论怎样，在整个文本体系之中，摘要乃因文论文本的撰写而设立，它只能作为文论的附属构件而存在。同时也须知道，文前摘要既已形成，它便也具备了自身的独立性，即受众"不阅读报告、论文的全文，就能获得必要的信息。摘要中有数据、有结论，是一篇完整的短文，可以独立使用，可以引用"①。因此，摘

---

① 全国文献工作标准化技术委员会起草：《科学技术报告、学位论文和学术论文的编写格式》（GB/T 7713-1987）"摘要"项，1987年5月5日发布。

要既有其从属的地位，也有其独立承担学术文本交流、传播的功能。

2. 高度概括、简洁表述与尽可能全面地信息呈现。摘要不同于文论正文的书写，表述时需要做出先期铺垫，还要有理据充分的引述、分析、论证、总结，对摘要文本来讲，需要的是以简单明了的语言交代正文文本在书写时所施行的思路、运用的方法、得出的结论，以及最终所具有的学术价值和意义，书写者不能试图在摘要文本之中也引经据典、详加论述，使得其文字冗长繁琐。因此，对单篇文论摘要的书写篇幅，一般要求仅为200—300个字符即可，长则不宜；对于篇幅更加长大的研究生学位论文、学术专著，可以适当增加摘要的篇幅，这时一般也只是以500—1000个字符左右的篇幅量为宜。① 但是，在对摘要文本如此简洁的书写建议中，呈现的内容同样应该是正文全文构架的微缩式的面貌，且比较多地呈现的应该是正文文本各分支标题所凝练的意涵，以及正文结论部分总括性内容的变体陈述②。

对摘要文本的特点有了初步的认识，在提炼、概括并书写摘要时就应特别留意它与文论的正文在书写时所具有的不同表达思路和行文方式。

在现时的学习与科研活动中，通过对大量期刊论文、学位论文摘要文本所具有面貌的审视，对于摘要书写之时最容易出现的问题，是将摘要当成了文论的序言、导语，在其表述中充满了对于正文书写背景的铺垫或入题前的导引文字。比如，某青年学者在为其中国近代音乐史学文论所编写的摘要初稿：③

---

① 李虻：《音乐研究的方法与论文写作知识问答》，北京：人民音乐出版社2011年版，第167页。

② 之所以称为"变体陈述"，是基于"摘要"文本乃全文主题内容全面而凝练的表达，而文论的结语往往是正文在论证之后最终观点的概括总结；况且，以文论结语（即使对其部分内容）直接复制粘贴作为"摘要"，于当代学术规范的细则而言也非值得提倡的做法。因此，摒弃种种复制粘贴行为，由书写者结合全文主旨编写独立的"摘要"，有其必要性。

③ 两处"摘要"引文均为本书作者日常指导青年学者学习之时的习作，考虑此处仅作为示范案例，故不再详标出处。

育才馆是阎锡山于1918年间在山西太原创立的高级行政专修学院。1921年秉承阎氏振兴雅乐之理念,在育才馆设雅乐专修科,特聘张鸿藻、杨树森、顾梅羹、彭祉卿、沈伯重赴晋教授雅乐,并编撰有《山西育才馆雅乐专修科讲义》等用以作课程教材。雅乐专修科虽然存续时间不长,却对20世纪上半叶山西地区的雅乐教授提供了规范模式、培养了雅乐人才,同时也掀起了一阵研习雅乐的热潮,为当时山西雅乐的振兴及推广起到了一定的导向和推动作用。本文拟通过对育才馆雅乐专修科相关史料的收集与解读,对在其影响下的20世纪上半叶山西音乐教育、雅乐复兴活动、地方音乐文献进行初步了解,以期对这一时期育才馆雅乐科的诸种音乐事项加以考证。

　　以上摘要文本以大量篇幅交代了文论涉及的主要史事,只是在文本行将结束之时才谈及正文所要开展的科研工作的思路。在这样由基础材料连缀而成的摘要之中,阅读者虽然先入为主式地了解了正文将要开展研究的历史背景和主要领域,但对于全文的主要研究思路、采取的具体步骤等并未很好地了解到;而上述所谈及的背景、论域等铺垫,在马上就要阅读的正文序言部分会再次谈及,势必形成基础材料的重复交代。因此,这样的"摘要"书写格式是不恰当的,需要重新做出调整的。经过相应的提示与指点,此份摘要文本被书写者最终修改确定为如下的表达方式:

　　为秉承阎锡山振兴雅乐之理念,1921年在太原育才馆设立雅乐专修科。该机构虽然存续时间不长,却对20世纪上半叶山西地区的雅乐存续产生了一定影响。本文以对育才馆雅乐专修科相关史料的收集与解读为基础,从办学性质及初衷、课堂教学与社会音乐活动等方面为切入,对该雅乐科的诸种音乐事象加以考证。通过对这一史事发生、发展的缘由与脉络的梳理,旨在明确雅乐科在当时山西音乐文化发展中所扮演的历史角色与所起到的价值导向,并冀引起学界关注,以促进对相关历史的深入研究。同时，也对现有资料于相关史事阐述中所存疏误做出反思。

对比之后可以看出，二者的差别已从原初偏向"序言"格式的导语式的编写思维，转换为真正以概括全文主旨为诉求的"摘要"文本。

再如，将本书第二章第二节"音乐作品的标题设定"的内容视作一篇独立的文论，尝试将其摘要文本编写为上述不同思路下的两条案例，可以更加直观地对此类问题做出对比：

    a. 作为艺术活动的直观呈现和成果展露，音乐作品的标题以概括而凝练的字符体系作为标记形式，与作为理性思维活动成果的学术文论的标题有着质同实异的作用。所谓"质同"，是指无论哪一类文本形式的标题，其意欲达到的指代、标示作用均是毋庸置疑的；所谓"实异"，作为主体由文字符号展现的理论学术型的文论文本，它的标题无论以怎样的风格体现，其"以最恰当、最简明的词语反映报告、论文中最重要的特定内容的逻辑组合"的特征明确，而音乐作品的标题所体现及设定的内涵则要复杂许多——这与作品类型的繁多、音乐表达方式的丰富有着直接关系。本文即根据音乐作品的形式与风格特征，将涉及对中外、古今、雅俗的音乐作品做简要的类别划分，并对其标题命名规律和现当代创作作品标题的常见问题做一简析。

    b. 作为指代和标示音乐作品的概括化的字词短语，标题的题名及设定甚为重要。论文将古今中外音乐作品按照标题的功能和风格的不同，划分为中国古代及传统音乐作品的标题，内含意象化、技术化、意象与技术混合型、替代型四种类别的题名；西方艺术音乐及现代创作作品的标题，内含标意性、标名性两大题名类型。根据现当代音乐作品的标题命名情况，针对其创作作品的标题命名以及书写与编排时存在的主要问题，即题名文辞与音乐意涵的相符、题名范畴的厘定与恰当标示等，进行了详细阐述与案例分析，以期通过此项研究引起音乐界人士对于作品命题的共同鉴识。

显而易见，上述 b 例的书写形态是将全节内容作为整体观照材料，以简练的表述来概括其各部要旨，起到了"摘其要点"并予简洁汇纳的作用；a 例虽然在文后意欲对全节内容做出概括，毕竟行文过于简短，只是形成了些许入题之前的提示作用，其文本的主体还是在承担着"序言"的作用而非行使"摘要"职能。

而对于摘要文本在书写之时所用的人称表达方式，学界认识可谓仁智不一。有学者认为当前摘要编写中存在的问题之一就是"口吻不对"，书写者"喜好用第三人称写作，好像这篇论文是别人写的，他只是加以转述而已"；① 有的学者则认为，"论文的内容摘要是对论文的主题和内容做实质性描述的文献条目，是以第三人称方式不加注释和评论的简短陈述"，并明确提出"摘要的语气应尽量避免使用第一人称，应该站在他者的立场上使用第三人称"。② 这种截然相反的认识，反映了即使在精于探讨文本书写技术的行家面前，一些具体的书写格式仍然存在争议。在对学术论文撰写格式具有指导意义的《科学技术报告、学位论文和学术论文的编写格式》（GB 7713-87）"摘要"中，只言及摘要"应具有独立性和自含性"，没有对具体的编撰形式做出说明；③ 即使在为学术期刊编排工作而推出的《中国高等学校社会科学学报编排规范》中，对"摘要"项的要求也仅为"应能客观地反映论文主要内容的信息，具有独立性和自含性"。由此，对

---

① 居其宏、冯效刚：《音乐学文论写作》，南京大学出版社2007年版，第317页。
② 李虻：《音乐研究的方法与论文写作知识问答》，北京：人民音乐出版社2011年版，第166—167页。
③ 虽然在国家标准《文摘编写规则》（GB 6447-86）"编写文摘的注意事项"中写有"要用第三人称的写法"的要求，但是《文摘编写规则》的适用范围乃由他者"编写作者文摘""编写文摘员文摘"而设，与文论书写者自行编写文论文摘的情况并不吻合。

于附属于文论的"摘要"的人称表达方式，可以具有一定的自由掌控度。但不能不予指出的是：从摘要文本的编撰初衷——缘于传播、交流、统计机构的需求，而非为论文作者甚至期刊办刊者的需求；摘要文本应具有"独立性"和"自含性"的形式特点——脱离文论自身亦能进行无阻碍的传播交流。从这样两个方面来讲，"摘要"应该摒弃使用第一人称，尽可能站在他者的角度进行撰述，即叙述时尽力避免"我们""笔者"等成为句子的主语；可以在符合行文逻辑时使用"论文""本文"等作为摘要句子的主语；也可以使其叙述成为无主语的泛指句形式，由受众在阅读时自行补充必要的主语成分。①

当然，在编写摘要文本时，更有在摘要文本之中引用论据材料、详述其过程，甚至在摘要陈述中添加表格、谱例、脚注等等，这些做法更是与摘要所欲达到的目的相去甚远，编写时应予力戒之。

## 二、关键词的作用及其遴选

在现时的各类学术活动中，以关键词（Key Word）作为资料搜寻、检索的手段，已经成为科研活动初期就开始频频应用的基本方法；日常研读时，通过浏览关键词，也可以快速了解文论的主要学科基点、文论骨架以及全文的闪光之处。由此来讲，关键词所具有的作用是不言而喻的。

究竟怎样的词汇才能对全文起到"关键"性的作用呢？仅以词义来理解，关键词是书写者在其所撰写的文本中择取的能承担涉及文论主要概念、观点、方法、思想高度的"词汇"，也是具有学术代表性的"词汇"。对于学习者而言，就关键词相关问题的理解与体会，应该从两个方面入手：一是理解它对于文本来讲所具有的关键性的作用，即涉及文论主体或

---

① 高建群、吴玲、施业：《学术论文摘要的规范表达》，《东南大学学报》（哲学社会科学版）2003年第2期，第116页。

其某方面典型性内容的指代作用；二是它的外在形态应该是"词汇"，包括概念、术语、名称，而非短语甚或更为长大的语句形式。若舍此两点，皆非文论中所述及的典型的关键词。

在实际的文论书写中，由于对关键词概念的理解、词义性质的把握不甚到位，使得由书写者所遴选的关键词存在着一些问题，以致部分的"关键词"难于达到它所应该达到的指代作用。结合关键"词汇"的词义与形态特征，这里提出两点在现时应用中常常存在的问题，以作为遴选关键词时的参考：

1. 所遴选的关键词不具有专业内的典型指代作用，甚至不具有学术性的独特存在价值。关键词的使用场合，主要在于文献检索之时所呈现的对于文论某个主要方面的代表性作用。这种代表性的作用，是由所遴选"词汇"于专业性、学术性、典型性、独特性等几方面综合得以体现的，具有难于被替代的专门功用。在现时一些文论所遴选的关键词中，出现了将"音乐""历史""科学""创作""表演""出版"等过于宏大的学科领域或者以行业、专业名称作为"关键词"的现象；也有将"研究""考察""学习""发展""未来"等总体方法或者事物状态作为"关键词"的现象。这些词汇的广义特征，使得它们并不具备关键词的"专业性、学术性、典型性、独特性"的基本要求，自然就很难承担起应有的指代作用，也便成为无甚检索效力的"关键词"。

2. 所遴选关键词超越了"词汇"应该具有的基本形态，成为"非词"状态。"关键词"的形态特征，按照《中国高等学校社会科学学报编排规范》的定义，应该表现为"反映论文主题概念的词或词组"[①]，即"关键词"要么为"词"，要么为词与词的组合形式。同样，反映在音乐文论中的"关键词"，它的形态应该表现为技术术语、学术概念、专有表述、各类名称（音乐家、作品、出版物、机构、场所）等具有独立意义的词或者

---

[①] 中国人文社会科学学报学会学术委员会起草：《中国高等学校社会科学学报编排规范》"关键词"项，1999年第2次修订版。

词组形态。这些词或词组，既要有独立、完整的词义，又要高度凝练、固化；若非已有的较为固化了的专门表达，词组之间最好不出现连词、助词等其他辅助元素。比如，若是对杨儒怀教授音乐作品分析理论体系开展研究的文论，杨先生代表性著述《音乐的分析与创作》势必成为重要的支撑文献，在所遴选的关键词中可以将杨著以书名号标记直接列入关键词（即《音乐的分析与创作》），还可以将文论涉及的主题内容"音乐分析""音乐创作""杨儒怀"等学科领域或人物名称列入关键词范畴；但如若将"音乐的分析与创作""音乐分析与创作"等组合表达方式列为关键词，则已突破了词汇的表达形态，成为短语式的表达方法，也就失去了关键词的形态限定。

下面摘取专业文论中两段简洁的文字，请大家尝试从中各遴选出 3—6 个适宜的"关键词"①。

第一例

潮尔稚拙的外形之美，独特的制作方式，罕见的持奏手法，奇妙的音响色彩和以自然为中心的乐曲表现内容，无不是游牧民族生活状态的真实写照，同时也折射出了游牧民族的音乐审美趋向和审美心理。莫尔吉胡先生认为，阿勒泰地区的双声"潮尔"音乐"绝非产生在近现代甚至中古年代，无论是从乐器形制和制造方法来看，还是从曲目内容以及特色与风格来看，都是极为远古年代的产物，人类文明曙光时期最早的东方绝响"。此言不妄。潮尔双声结构的音响观念，应该是早已深植于阿尔泰山脉草原游牧民族的内心之中的。时至今日，当地的音乐文化在延续、发展过程中发生了巨大改变，潮尔在当地音乐生活中也处式微之势，甚至基本的传承都面临着巨大困难，但

---

① 在普通的学术文论中，一般每篇遴选 3—8 个关键词即可。本段文字无非数百言而已，遴选 3—6 个关键词只为说明相关问题而临时设定。有关"关键词"的遴选数目，详见《科学技术报告、学位论文和学术论文的编写格式》(GB/T 7713-1987)、《中国高等学校社会科学学报编排规范》中的"关键词"项。

其双声结构的音响观念一直未曾消散，始终存活于"双声音乐文化区"诸族群的灵魂深处。

潮尔作为古代音乐文化的"残存物"，至今仍以活态的方式在阿勒泰地区传承（虽然生存环境堪忧），其原始的定律方法、泛音的频繁运用、二重结构的音乐程式等，为草原民族古代音乐的研究提供了重要参照。潮尔无论从其形制结构、制作方式，还是从其吹奏方法和曲调构成来看都较为"原始"，但在这"原始"的背后却蕴藏着较为复杂的机理和深厚的文化内涵。①

对于这段阐述主旨清晰的文字，它所面对的首要研究对象——潮尔，无疑应该首列其为本段文字的关键词。

这件古老乐器乃流传于具有一定地域范围内的特色性民族乐器，是国内外研究、认识阿勒泰地区图瓦文化的重要器物，因此它的流传地域——阿勒泰地区、流传族群——蒙古族图瓦人，均是可以作为段落内的关键词而被选择的。

从文字叙述看，本段文字在阐述潮尔演奏的"双声"问题，涉及双声结构、双声音乐文化等相关概念，而"双声"问题是横贯草原丝绸之路族群的特殊音乐现象，因此可以从中择取一个关键词。

这段文字围绕乐器的结构、发声机理等问题而展开论说，探讨的问题涉及古老乐器生存环境不佳，有可能面临失传的传承话题——从学科领域来讲，探讨的问题显然与乐器学的学科范畴更为接近，可以考虑从学科归属方面列入一个关键词；从第二段文字涉及的话题看，又与"非遗"传承与保护密切相关，故可以从此方面再列入一个关键词。

由此，按照各个概念间的相互关系，本段文字所需的关键词数量已经齐备，即"潮尔""乐器学""双声音乐""阿勒泰地区""图瓦人""'非

---

① 张寅、陈荃有：《阿勒泰地区双声管乐器潮尔（斯布孜额）钩索》，《中国音乐学》2018年第4期，第70页。

遗'传承"六个词汇。

第二例

　　音乐史学著述（史书）乃音乐史学史之源，也是音乐史学史首要的研究对象。想方设法挖掘处于"隐性"地位的音乐史学著述，从而丰富史著的库存，是梳理并研究中国音乐史学史及其相关理论之要务。

　　中国近代乃至现代以来的音乐史学发展是全方位、多层次的，对于它的梳理与研究也应该给予全方位的思考并区别对待。就中国古代音乐历史来讲，清代中期及之前的音乐史著述无论其文本样态为何，它们定然能够引起学术界的高度重视——无论其文、谱符号还是所附着的介质自身，均已经成为历史学领域的研究对象。而对于清末以降的近代、现代社会来讲，由于社会传播形式的多样以及出版技术的演化，学术界对不同历史时期史著的价值认知与学术利用存在尚值反思的方面：笔者认为，对于近现代历史中的音乐史著述，应该采取多维度的观察和思考，即历史维度、地理（地域）维度、学术程度、成果形态及传播效度等方面的观察与分析，从而客观、公正地认识这一历史时期的史学成就，并给予合适的有目的的发掘与整理。通过对于不同历史著述的学术研判，分别以公开出版、内部印制、电子化处理、科研成果"再现"、实物（文物）保存等不同的方式予以不同的"后发掘"处理，从而尽可能地发挥它们最大的学术效度。①

　　这段文字主要阐述了中国近现代时期尚未被发掘、认知音乐历史著作的学术价值，并对这些史学著作的发掘思路、操作方法、"后发掘"整理与研究等提出建议。鉴于这般主题与主要的内容，其关键词的遴选可以如

---

① 原始素材引自陈荃有：《对中国近现代音乐史著的发掘与认知》，《音乐艺术》2018年第3期，第45页。

此思考：

　　这段文字阐述的主体对象乃音乐史学著述，属于历史学著述中的专题门类，因此可以将"史学著述"作为备选关键词，这对整个历史学界的读者或许都是有益的。

　　整段文字围绕的学科领域乃中国近现代音乐史学，属于当代音乐学建设中具有相对独立发展意义的学科；而对音乐史著述的挖掘，是为了音乐史学史研究增添更多的史料。因此，可以选择"中国近现代音乐史""音乐史学史"这样的学科方向及分支领域的概念作为关键词。

　　阅读整段文字，集中探讨的问题均离不开音乐出版行为及出版物的保障，尤其"音乐史著"的直接体现就是各类出版物，所以将近现代音乐史著挖掘涉及的"音乐出版物"列为关键词，也是可以选择的对象。

　　由此，第二例可酌列举的关键词即为"史学著述""中国近现代音乐史""音乐史学史""音乐出版物"。

## 第二节　图表的使用及常见问题

　　图表，字符文本之中经常使用的一类辅助表达形式，乃"表示各种情况和注明各种数字的图和表的总称"①。也就是说，"图表"是由"图"和"表"两种表达形式而构成的，它们在具体的应用中有相似的问题存在，也有各异的特征表现。对于图和表在字符文本中的使用，一些具有国际视野的学者甚至给出了应该"善用图示及表格表达自己的想法"的建议，"只要让别人能更清楚地了解你的想法和理论架构，其实并没有规定图表要在哪个部分才能使用"。因此，这些学者认为即使在文本写作的背景介绍

---

①　中国社会科学院语言研究所词典编辑室编：《现代汉语词典》，北京：商务印书馆2016年第7版，第1324页。

(Introduction）或讨论（Discussion）部分，穿插和使用图表也是可行的。①这种极力倡导对图、表广泛使用的做法未必能够得到多数人士的赞同，但起码告诉书写者对这样两类文本表达形式应该引起必要关注。下面围绕图、表的呈现形式，以及恰切地理解其使用规律并予精准应用等方面展开必要的讨论。

### 一、图的类别与应用

"图"，根据在字符文本之中被绘制和表现的形式，又可以做出图片、图示的形式区分：

图片，是"用来说明某一事物的图画、照片、拓片等的统称"②。在音乐类的字符文本中，以摄影设备拍摄的被定格了的照片最为多见，应用的范围也最广；其他的图画、拓片等图片形式相对来讲使用范围有限，主要在音乐史学、音乐考古学、音乐图像学等学科领域有较为集中的使用。

图示，指以手工或者辅助设备绘制的图案，意在直观、形象地表达书写者在文本之中的某种写作意图。图示的形式在音乐领域各类文本之中均有着较为广泛的使用，而且结合本专业特点，还有不少与乐谱符号相结合的文本形式，其表达方式已经处于图示、谱例相间的形态。比如，下例所示（图7–1）：③

---

① 早年获得美国哥伦比亚大学哲学博士学位并担任我国台湾科技大学讲座教授的蔡今中教授，曾长期兼任国际社会科学期刊的编辑委员或审稿委员，并在国际期刊发表了百多篇的论文。他在为"北大高等教育文库·学术道德与学术规范系列读本"而撰写的《如何撰写与发表社会科学论文：国际刊物指南》中，于书稿第五章"写作及投稿技巧"中第二项的标题即设为"善用图示及表格表达自己的想法"。该著由北京大学出版社2009年出版，此节内容载于第70—71页。

② 《现代汉语词典》（第7版），第1325页。

③ 材料引自贾达群：《韦伯恩〈六首管弦乐小品〉中的材料、程序及结构》"例1–10"，《音乐研究》2017年第3期，第95页。这里只是借用了图谱形态，图谱的编列序码、图题文字，均由本著述根据自身需求而另外拟设。

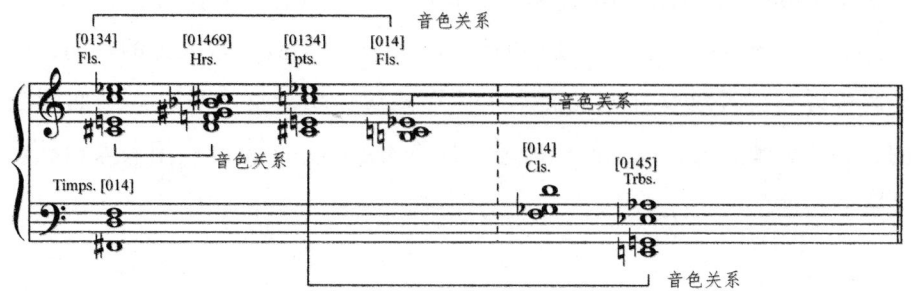

**图 7-1** 韦伯恩《六首管弦乐小品》第四首（8—15 小节）的集合音色序进

图 7-1 所表达的形态，在音乐分析学领域是十分常见的表达形式，即以乐谱片段或乐谱构件为基础，在其中进行必要的归纳、分析、标画，其最终形成的文本形态往往脱离了谱式原貌，而处于图示、谱例相间的格式。对于这类文本的编序编码，要根据其实际情态和文本的需要，做出合适的编列规划。

总体来说，图片和图示这两种表现形式在音乐专业的各式文本之中都可能被运用得到。在期刊登载的文论中，图片、图示在编列图序之时由于类别相近（包括上述图、谱相间的形态），一般情况下是无须再做出更详细类分的，均简之以"图"类即可；在书著之中，假如所用图片、图示数量较多，则可以将之分开单独做图题的序列标示。由于音乐文论文本中谱例属于经常用到的附件材料，在编列序码时往往对之单独编列，以"谱""谱例"或"例"命名。

梳理音乐类文本之中对于各式图形的使用，其中所存在的主要问题可以区分为以下三个方面。

（一）该用图时而弃之不用

作为文本表达的一类辅助形式，图有着文字符号无法替代的优势——直观、形象、简明。这种直观而形象的表达，往往使得文本易于被理解，也使得文本表达形式显得鲜活。但在现时的书写中，部分的书写者容易忽略或者忽视图的作用，以致出现应该用图来做出简洁、直观呈现的地方却往往找不到图的"身影"。

分析其中的原因，可能存在两个方面的认识误区：一是有些书写者没有从理论上认识到图的重要价值，在文本内容的研究阶段、资料搜集阶段就没有拍摄、绘制并积累应有的图片资料的意识，写作阶段更不会去绘制并使用相对应的图示；二是有些书写者不愿在文本之中插入文字、乐谱之外其他形式的表达手段，担心多样化的表达形式会使文论显得低幼化，从而影响到文本的专业水准。对于如上这般的认识，过去老一代学者于文论文本之中的多样化呈现、使其文本通俗易懂而获得的读者好评，还有今天专事图像研究的音乐图像学的学术影响日益壮大，或许已经能够给予每位书写者具有说服力的回答——无论图片还是图示，均为专业文本书写之时有益有利的表达形式。

就音乐领域的各式文本来讲，多数以字符形式来呈现的文本皆可考虑对图形文件的适当选用。比如，评论类文体对于评价对象的直观形象化呈现——乐评对象的演出场景、舞台剧照、乐谱文本形态呈现，书评对象的书影或图书作者的图片，人物评论中的当事者近照、历史图片，等等；论证类学术文体中，对于所涉事象的直观呈现——民族音乐学（或传统音乐学）对田野作业中典型场景的反映、所涉猎器物的图片、仪式过程的图示，史学领域文论对关键史料样貌、历史人物形象的图片翻拍、资料扫描，哲学、美学领域对抽象思辨、逻辑推理过程的图解图示，等等。

应该说，无论哪个学科或专业领域，假如将"图"作为文本呈现的一种材料、一种表达工具，即可以在适当的场合以适当的方式予以巧妙地应用。

（二）用图之时而缺乏标注

在专业文本之中，所呈现的各种形式的材料均有着相应的作用，图片、图示材料亦不例外。但专业文论文本书写时对所有材料提出的"言必有据""论有所出",部分的写作者只将其体现在了对文字、乐谱材料的引用方面,对于各式图片、图示材料则缺乏必要的标注意识。

按照出版界更加细致的划分,各类图形文本的标示方式应该区分为两个主要部分:图题(含图序号、图题名),图注。

图题,每幅用图应该施加的专用标题,与图序的编码一同放置于图的下方位置;① 图注,视情况对图及图中信息做出说明或者注释的文字,往往以变换字体的方式放置于图题之下,短小的图注也可以用夹注形式紧随图题之后排列。② 凡是文论之中使用了图片、图示材料的,即必须考虑图题、图注的编排设置问题。

我们以下面一幅图片的使用为例(图7-2):③

作为一幅具有现代史料价值的老教授合影,在必要的时候呈以原版图片,就使得许多历史信息、历史景观得以直接呈现,它所起到的资料价值和对文本内涵的提升是其他材料无以替代的。其中,在使用图例之时对于图题、图注的设置和精确表达,起到了促图发挥的重要作用。图序与图题文字"图7-2 中国音乐学院和北京师范大学时期的老教授及老同学",既标示了此图在文本中定位清晰的序码,又交代了图片涉及的主题内容;图注将图片中现代历史人物按照排列顺序一一注明,并将该图片的拍摄地点、拍摄时间、资料来源做了简洁交代。由此图及图题、图注的完整呈现,使得该图片所具有的资料价值得以充分彰显。

---

① 图序编码(包括表格、谱例)提倡使用阿拉伯数字,可以结合文著内第一级标题的序码共同排序,比如第七章的用图则标"图7-1""图7-2";图序号与图题名之间可以空开一字格,也可以使用下脚点或者冒号。

② 汪继祥主编:《科学出版社作者编辑手册》,北京:科学出版社2004年版,第118—119页。

③ 图例资料参考自陈荃有采访、编著:《音乐学人冯文慈访谈录》,北京:文化艺术出版社2017年版,第61页。其中,图题、图注文字根据此处的需要做出了相应的调整。

第七章 附属材料的设定与优化　　227

图 7-2　中国音乐学院和北京师范大学时期的
　　　　老教授及老同学

图中左起：李雁宾、张畴、耿生廉、老志诚、杨
大钧、张肖虎、冯文慈、茅匡平（1985年夏于中
国音乐学院前海西街旧址，俞玉姿供图）

　　而对于一些意在直观传达相关信息的图片，其自身已经成为可以替代文字叙述而存在的资料展示方式。这种情况下，对于图中所内含的各类细节，就必须以图注的方式予以标明。而这类细节或许在图片内不甚显眼、甚或使读者不易辨识，对文论及书写者所欲表达的主题来讲，这些细节却往往能够起到"点睛"的关键作用。比如，在民族音乐学家呈现的采自田野作业时的一幅大鼓的鼓面图片（图7-3）：①

---

① 图例资料引自王文君：《村落与城镇：麻山锣鼓的场域共存》，《音乐研究》2018年第1期，封三。

图7-3　麻山锣鼓鼓面（每张鼓面都标记了"湖南宁乡县麻山杨奇"，王文君摄）

由于作者在文论行文之时已经交代了此次田野作业的时间、地点、具体事项、参与者姓名等信息，此处在图7-3中给出一面大鼓图片的主要意图在于展示民间制鼓艺人的手艺，并将艺人在自己作品上署名的信息明确转达于读者（图题之后的夹注文字）。此时，图片中本不显眼的艺人署名的标记，通过图注文字的简明交代，以图片、图注"双重"证据呈现于读者面前，从而将当代民间艺人的制鼓技艺、品牌意识、责任观念、审美情趣等多重意涵均呈现了出来，形成一条完整的信息展示链条。

而对于一些由文论书写者自己所绘制的图示，由于其较多地体现了书写者个人的主观认识、设想与期望，这时图注的作用就不只是简单的客观信息交代，它往往成为该图必须配备的解释性文字，以对所绘制的图样、特色形象或者符号标记等做出必要的阐释；否则，融会了文论书写者主观意图的许多信息未必能够被广大读者所准确地体会。

比如，下例（图7-4）的图示及图注信息：①

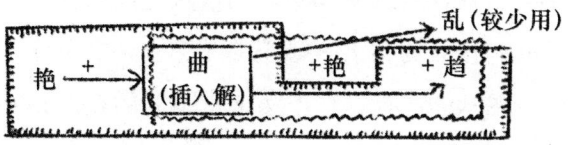

**图7-4** 相和大曲解、艳、趋、乱间的构成关系

说明：囲，表示可独立。

——，表示附加办法以丰富"曲"。共有三种。

☐ ☐，表示更为复杂的结构。前者多见，后者少见。

图7-4的图示，是冯文慈先生于20世纪80年代在编写中国音乐史教程时为了直观讲解相和大曲的构成及各部之间的关系而手绘的一幅插图。相和大曲作为汉魏至南北朝时期北方流行的重要音乐形式，它在曲体结构上往往由解、艳、趋、乱四部分构成，各部分之间的独立性、内在关系、容易出现的结构组合等较为复杂，如果仅以文字阐述将难于使读者、听者明白其中的关系。于是，冯先生自制了这幅示意图，并在图示之下配以简洁的图注文字（"说明"），通过对图示中四类符号的注释，希望使读者尽快理解图示的意涵。这样的话，结合教程中的讲解文字、图示、图注，将会使复杂的曲式结构问题得以轻松阐明。

如上提及的用图意识以及信息呈现方式，对于一篇（部）专业化的文论来说，无疑是具有加分作用的，确实也很有其必要性。

（三）施加标注而信息不全

对于图片、图示而言，自身的展示方式已经相当直观甚至可以达到喻理透彻的地步，这样的形式特点也容易使得文本书写者放松对图题、图注信

---

① 本例的图示及图注材料来源于冯文慈编著：《中国古代音乐史纲要》（初稿），中国音乐学院音乐学系1985年10月油印。详见陈荃有整理、校释：《冯文慈未刊著述二种》，北京：文化艺术出版社2018年版，第64—66页。

息的恰当应用。那么，图题、图注需要交代或者添加哪些必要的信息呢？

1. 图的责任者。无论图片还是图示，均涉及图的责任者问题，即图片的拍摄者或者图示的制作者为何人（或其拥有者）。作为具有特殊形态的文论材料，图片或者图示往往有着与正文字符不同的相对独立性，它的呈现需要以合适的方式交代其责任者；若没有对图片或图示的归属做出明确说明，作为文论文本的组成部分，图的责任者自然被读者将其归入文论作者的名下。因此，在文论文本的书写中，假如所使用的图片、图示为他人所拥有相关权属，就应该准确无遗地交代责任者；若为文论作者自我拍摄或制图，鉴于图与文论间的隶属关系，则可以视情况忽略此项目的标注。

2. 拍摄时间及地点。作为对现实场景的即时定格，图片涉及所摄取之时的地点和具体时间的交代，尤其作为学术性的文论，其中应用的图片往往作为重要的论据材料而出现，其拍摄的具体时间和地点成为此论据能否有效存在的重要信息，不能不做出必要的交代。对于图示来讲，此项信息应该酌情处置，即图示形式所涉及的绘制时间或者场所等信息应根据文论情况而做处理。

3. 图中讯息阐释。图片与图示虽然表达形式直观，但图中往往仍会涉及具体的形象、人物、寓含信息难于被一目了然地读解、识真的问题，这时就需要对图中相关内容做出必要的阐释。图中讯息的阐释包括场景描述、人物交代、图例说明等，阐释的形式可以视书写者的风格、文论的行文格式随机而行，但均应讲求文论内部标注的格式统一。比如，本章图7-1在图谱中即植入分析结果和引导标示、图7-2对图片中人物的逐一介绍、图7-3对鼓面文字标记的交代、图7-4对于图示中图例的逐条说明等，均属于图中资讯的进一步阐释。

4. 图的出处。凡借用、引用的图片或图示材料，即涉及对于图的相关资料来历的标注问题。关于图的出处，有时与图的责任者同源，但均应给予来历的说明。于今天的学术环境来讲，对于各式图的出处做详细标注，既是学术规范、标注规范的直接要求，也是尊重知识产权的一种具体表现。标注的形式并无定规，应以文本书写者的统一安排而行，无非三种呈现方式：在正文的行文之中予以阐释；视作被引用材料的一种，用系列编码方式做脚注（或文后集注）；在图注之中直接予以说明。

由上述而言，对文论的书写者来讲，认识到各式图的重要地位以及对其附属各类信息做出交代，并使得这些信息得以准确、恰当的展现，也是自己科研行为与写作素养的一种具体展示。

## 二、表的特点与应用

"表"，字义甚多，但在此处的字义指向主要是针对"表格"而言，也即"按项目画成格子，分别填写文字或数字的书面材料"①。

对于音乐类文本来讲，表格中能够填写的内容较之普通的学科更加丰富，除了文字、数字符号之外，还经常会出现音名、音符、演奏符号甚或乐谱的片段。

对于由线和格子绘就的表格而言，呈现的方式因表达的内容不同而有许多的组成样式，比如挂线表、无线表、卡线表等。在每幅表格之中，又因为不同的表达需要和它应当担负起的作用的区别，表格的元素往往由数个部分构成：表题、表头、表身、表注等。② 此处将要探讨的内容，并非表格自身的绘制技术，而是在表格使用中存在的常见问题及其解决方法。

我们以一幅表格的绘制及其内容构成来做简单的分析。下例的表格（表7-1），乃是研究者对杨立青先生创作的音乐作品《唐诗四首》进行解读时由文论作者所绘制的。③ 从表格的构成看，绘制者以简洁的框格结

---

① 《现代汉语词典》（第7版），第87页。
② 汪继祥主编：《科学出版社作者编辑手册》，北京：科学出版社2004年版，第105—112页。
③ 表格素材选自唐荣：《杨立青〈唐诗四首〉音乐分析》，《音乐研究》2018年第6期，第35页。为了使得所引用表格在本著之中编排有序，书著者添加了表格序码以及表题的文字。

构，使得这部复杂作品的乐章、曲式、调性、技法、乐队编制、情绪特征、音乐进行中的内部关联等诸般项目汇聚于一表，清晰易识，发挥了表格在文本中该要具备的作用。

表 7-1 《唐诗四首》音乐构成

| 《唐诗四首》 | | | | |
|---|---|---|---|---|
| 乐章 | "期 待" | "夏 日" | "咏 萤" | "送 别" |
| 曲式结构 | 变奏性<br>二段曲式 | 带有尾声的<br>变奏性二部曲式 | 对比性<br>二段曲式 | 一段曲式<br>（连续变奏三句式） |
| 调性中心 | $^\flat$E/E/C | B | B/C—D—$^\flat$E—B | $^\sharp$F/F/C—$^\flat$E—D |
| 主要技法 | 多调性结合<br>音块、四度叠置与附加音的三度叠置和弦 | B 为主音的两个"人工调式"<br>两个旋律型的贯穿发展 | 单一音调技术<br>多调式结合<br>大小调音阶、全音阶片段 | 三音动机贯穿发展<br>多调性结合 |
| 音色/编制 | 女高音、钢琴 | 女高音、沙管、金属板琴、马林巴、邦戈鼓、康加鼓、木鱼与钢琴 | 女高音、钢琴、马林巴与金属管琴 | 女高音、钢琴、管钟、大锣 |
| 情绪特征 | 音色、情绪均较为多变 | | | |
| 音乐关联 | $^\flat$E 与 E 半音调关系的对比 | 不同音响特征的两个调式与旋律型的对比 | B 与 C 小二度调关系/$^\flat$E 爱奥里亚与多利亚的结合（同主音） | 结束在 D 调上，与《期待》的 $^\flat$E 调形成半音关系的首尾布局 |
| | 第一乐章中$^\flat$E 与 E 小二度调的对比关系成为全曲统一的重要因素 | | | |

假如对上表的绘制与使用提出些许改进建议的话，可在两个方面进行思考：第一，表头的使用。该表已经添加了对其内容予以陈述的表题（即《唐诗四首》音乐构成）①，横表头予以直接分述四个乐章名称（"期待""夏日""咏萤""送别"）即可，无须再罗列一级横表头（即位于表中首行

---

① 在出版界，对于表格、谱例的序码及题名，乃是被排放于谱表文件之上的位置。此有别于图序、图题的排版位置。

的"《唐诗四首》")。第二,对于列述的表身内容,应该予以必要说明,即表格中出现的对作品曲式的判断、调性的认定、编配材料的交代等,皆由何处而来?以何方式而得来?作为专业文论中出现的材料及相关结论,应该给予必要的注释即添加表注文字对上述问题予以注明为佳。

其实,在音乐领域的文论文本中,存在着不少难于被准确界定的图表形式。它们的内容表达可以被施以线框而呈现较为典型的表格形态;也可以将图示与表格线框相结合而具表格的外在表象;还可以用无线表格方式予以呈现,使其走向图示形式。这类图、表相间的形态,多出现在音乐分析学、民族音乐学等领域的成果之中。比如,下例(表7-2)为了对作品结构进行剖析而绘制的表格,就属于似图似表的中间形式:①

表7-2 韦伯恩《六首管弦乐小品》第三首的结构图表

| 三分性结构 | 呈示段 | | | | 中段 | | 再现段 | | | |
|---|---|---|---|---|---|---|---|---|---|---|
| | 起 | 承 | 转 | 合 | | | | | | |
| 小节数 | 1 | 2 | 3 | 4 | 5 | 6 | 7 | 8 | 9 | 10 | 11 |
| 木管组 | | | b. Cl. | | c. Fl. | | | b. Fag. | | | |
| 铜管组 | | Trp. | | | | | | | | a. Trp. | |
| 打击乐 | | | | | Glock. | 音色化器板展 | | | | | |
| 弦乐组 | a. Vla. | | | 弦乐组 a. Kb. | | | b. Vl.II | | | | |
| 起承转合结构 | 起 | | 承 | | 转 | | 合 | | | | |
| 集中对称结构 | A | | B | | C | | B | | A | | |

---

① 图表素材引自贾达群:《韦伯恩〈六首管弦乐小品〉中的材料、程序及结构》"例3-3",《音乐研究》2017年第3期,第110页。这里只是借用了图表形态,它的编列序码、表题文字由本著述根据自身需求另外拟设。

音乐文本中更有一些图表形式以无线表格方式绘制，其图示的意味就更加浓厚。比如下例所示（表7-3）：①

表7-3 德彪西《大海》第一乐章的结构图表

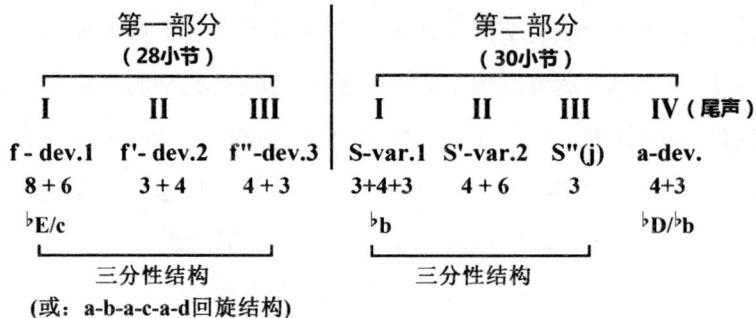

无论以怎样的形式表达，或者以怎样的概念予以命名（"表"或者"图"），最终能够将图、表形式活学活用于文本之中，并能够准确、清晰地传达书写者的意图，这就是最好的应用方法。

从表格的文本表达形态来讲，以线、间、框格形式对各类内容做归类并集中列举式呈现，使得文本表达既明晰、条理化又朴素而简洁，因为线条与框格在使内容的表达显出条理化的同时也势必会限制内容的自由陈述。因此，表格的运用虽然利于内容的表达和读者的接受，同时也存在着不利于文本自由表达的弊病，必须适可而止、恰到好处地运用这种文本形式。

结合现实学习、研究工作中多样化的表格运用案例，我们认为有些类型的内容是需要谨慎选用表格形式予以表达的。

1. 以文字叙述为主体的内容。在音乐类文论中，有时需要呈现对于声乐歌词分析、仪式音乐过程描述以及其他由文字叙述形式所呈现的内容。若由这类内容构成表格内容主体之时，极易出现因文字叙述段落的不一、

---

① 图表素材引自贾达群：《德彪西：印象的抽象表述观念及其新变奏方式和意识流结构》"图示4"，《音乐研究》2015年第3期，第89页。

长短句的句式差异等而造成的表格内部框格疏密无度，由此表格的内容既难于有效对位，又容易使得版面错乱，失去表格形式应该具有的表达优势。对此，可酌以引文设置的方式（包括变换字体、字号等）来代替表格形式的表达，或许效果会更佳。

2. 表格行列中的内容呈现较严重的点状分布。这种情况在表格的应用中是经常可以见到的，即在表格线框内除了少数框格有内容陈列，多数的框格呈现空格状况。下面，以本书作者所整理出版著作中的个案为例予以说明（见表7–4）：①

表 7–4

| 音 位 | 调名（作品量） | 可能属于燕乐音阶的调名（数量） |
|---|---|---|
| 黄 钟 | 宫调 5 曲 | |
| 大 吕 | 应调 1 曲 | |
| 太 簇 | 商调 25 曲 | 宫调 25 曲 |
| 夹 钟 | | |
| 姑 洗 | 角调 14 曲 | 商 调 |
| 仲 吕 | | |
| 蕤 宾 | 变徵调 13 曲 | 角 调 |
| 林 钟 | 徵调 8 曲 | |
| 夷 则 | | |
| 南 吕 | 羽调 25 曲 | 徵调 25 曲 |
| 无 射 | | |
| 应 钟 | 变宫调 13 曲 | 羽 调 |
| 清黄钟 | | |

例表 7–4 中的首列框格虽然以十二律的律名整齐排列，使得音位展示十分清晰明了，但另外关于"调名"的两列则有一半的框格处于空格状

---

① 表格的序码在原著之中为"表6"，此处为了统一本书的表格顺序而做出了调整。详参陈荃有整理、校释：《冯文慈未刊著述二种》，北京：文化艺术出版社 2018 年版，第 136 页。

态，且表格中展示的项目和内容的字节数目都十分有限，表格的空白和表格所占用版面的空白率均较高。面对这种内容的呈现情况，其实可以考虑以更加简单的变换字体的引文方式（或图示方式）予以表达。比如下面的表达形式：①

  黄钟 宫调 5 曲

  大吕 应调 1 曲

  太簇 商调 25 曲（宫调 25 曲）

  姑洗 角调 14 曲（商调）

  蕤宾 变徵调 13 曲（角调）

  林钟 徵调 8 曲

  南吕 羽调 25 曲（徵调 25 曲）

  应钟 变宫调 13 曲（羽调）

  说明：括号内为可能属于燕乐音阶的调名及数量。

以上编列的引文格式的表达，较之表 7-4 的表格形式的表达既显文字简洁又节约了版面，应该属于可以斟酌的替代方案。

## 第三节 附录与参考文献的设置

在文论类文本的正文书写结束之后，有时需要于文后安排适当的附属内容。这些附属内容具有不同的功用：有交代全文所参阅过的各类文献

---

① 以下列举的内容及其格式，参照了表 7-4 在原著之中的解说文字。详参阅陈荃有整理、校释：《冯文慈未刊著述二种》，北京：文化艺术出版社 2018 年版，第 135 页。

（参考文献）的汇集；① 有与正文相关联但又并非关键材料，或者虽为关键材料但因篇幅过于庞大而需要集中陈列于文后的附录；有的是为了便于读者翻检文本中的术语、人名等而设立的索引；或是在书写文本过程中有感而需要抒发、有内情而需要做出补充，将会在文末专列"后记""跋语"以记之……

在这种种的文后附设内容中，有些内容久为大家所知，在日常的书写中已运用比较到位，存在问题也较少，比如"后记"（或"跋语"）。有些内容虽然有其价值，但并非各类文论文本都需要做文后的附设材料，如编列"索引"一般是大型书著或者工具书中才会用到。而"附录"与"参考文献"在文论书写时较多被应用，在文后附属材料中的情况也较为复杂，我们对此略择而论之。

## 一、附录的特点与应用

在文论尤其是大型的书著文本中，经常有各类与正文书写相关的材料不便于安插在文本行文之中，但这些材料对文本主旨的阐述又具有辅助或拓展作用。此时，不少的书写者选择以"附录"方式将之集中陈列于正文文本之末。当辅助材料的类别多样之时，往往分类依次排列，冠以"附录一""附录二""附录三"的序码来作为区别；② 附录文件数量超过三个时，也可以在总标题"附录"及其题名的统领下，将各个附录文件以次级标题序码的形式排列出来，这样不致使得"附录"在文本中过于醒目。比如，目录页呈现的一则"附录"：

---

① 在本书的第六章"标注体系与具体运用"中，对于参考文献、篇末注的概念和具体运用已有着较为细致的探讨。本节所阐述"参考文献"，仅将其视为文后附属内容，对之列举、编排时出现的问题进行些许分析。

② 例如，蒲方教授在发表的单篇文论《有关钢琴协奏曲〈黄河〉的史料述评》中，为了补充交代与《黄河》协奏曲相关联的各类文献信息，就于文后列举了两个附录：附录一，为已经发表的有关《黄河》协奏曲的重要文本资料；附录二，为相关的音响资料目录。参见《中央音乐学院学报》1999年第4期，第80—81页"附录"。

附录：其他书写体例的文献资料注释
一、尾注和脚注
二、作者—日期的注释体例
三、数字的标记体例
四、专业性的文体手册

而附录所选择的内容和表达形式有着怎样的文本特点呢？

站在出版者的角度，附录可能出现于单篇文论、书的章节甚或全书之末的位置，附录中呈现的可能是文论、音乐作品、图片、数据集、纪年纪事表等各种内容。从附录内容与正文的密切程度来讲，有被正文述及的备查考的附录和正文并未述及的参考性的附录。被正文述及的备查考的附录内容属于正文的延伸，必须予以列载，且其表述方式与正文的相关事项应该还是相互对应的关系，以方便读者阅读之时随意查核；此时在正文的行文之中，为了防止资料重复交代，往往会出现"详见附录ⅩⅩ""参见附录ⅩⅩ"等起到桥梁作用的导引文字。正文之中并未述及的参考性的附录，则属于对正文阐述之后的信息拓展，对于这部分内容的择取、列载应该尽可能保证其必要、准确、简明且适用的原则，否则所列载的附录就有给文论、书著"兑水"的嫌疑。①

面对文论书著之末附录项目的编列，在音乐文本中体现较多的问题可归纳为以下三类：

（一）该以附录呈现的内容被置于文本之中或者干脆略而不谈

附录所列载材料无论与正文有着怎样的疏密关系，均应为助力正文表达得更加完美而服务。其形式体现多样化（文章、年表、乐谱、数据、表

---

① 汪继祥主编：《科学出版社作者编辑手册》，北京：科学出版社2004年版，第158—159页。

格、图片等），体量往往也偏于长大，因此对它的列举应该讲求恰当的方法。部分书写者在使用这类材料时，以为能够为正文论证所直接使用，便将长大篇幅的引文、图表或者谱例等材料直接安插于正文，致使正文的正常叙述因此类长大间插材料的介入而被中断，版面设置也极易出现错乱无序。还有一些书写者，面对正文中需要进一步交代的材料，只是采取添加脚注的简单方式来寻求解决，这种做法要么致使脚注注文庞大无度，要么因其幅度限制使得诸多有益于文本阐发的信息没有充分呈现。[①] 对于这样两种应该在文本之末呈现"附录"而未予列举的现象，应该引起专业领域书写者的重视，即"附录"材料的信息呈示与呈示方式体现了文本书写者的书写水准和对文本论题的精细观照程度。

（二）对附录所载材料只列举而不标注信息来源及列举方式

在文后、书末附录的表达中，存在一种常见的信息疏漏现象，即只排列附录内容而不树立起标注意识。附录内容最为重要的职能是信息的补充与交代，而非再度立论和论证。因此，部分书写者容易忽略对于附录材料做出必要的信息来历的"注释"。对附录中的"注释"来讲，应该表现为两种形式：一种是对于附录中具体信息条目所做的注解、说明；另一种是对附录内容整体来历、构成方式等所做的注解。例如：李淑琴教授在对马思聪创作道路的研究成果中，将与文章相关联的马思聪所创作的器乐作品做了搜集、归纳，以附录题名"马思聪中小型器乐作品一览表"列于文末。该附录以近四页的篇幅列举了马思聪所创作的此类作品的曲名（含曾用名）、创作时间、乐谱流传情况、演出及录音版本等。在附录表格下面，李教授特意标注了两项信息：一是本表格材料的来源，名为"此一览表参

---

① 对此问题，音乐学术领域尚存不同观点。比如，有学者即认为："在通常情况下，学术论文一般均不设附录，除非有特别需要，大多数学术著作也不设附录。"详见居其宏、冯效刚：《音乐学文论写作》，南京大学出版社2007年版，第327页。

考下列文献整理";二是列出四条注文,将表格中信息收录时的选取依据、存在争议的曲目等做了注解。① 这样的"附录"标注方式,使得受众对其所交代的信息、对其文本成果的整体认知,都将提升一个层次。

(三) 对附录内容的选择使用失度

附录的内容无论怎样重要,其服务的主体仍然为正文主题,乃为正文文本的附设内容。因此,对于附录材料的选择、排列应该简练有度。对此,最好讲求两项编录原则:第一,所收录内容必须与正文相关联,且能够为补充或扩展正文的表达所使用,决不做价值有限甚或无意义的材料罗列。正如添加标注时对于常识性的内容无须再行注释的道理,添加附录时的要求莫不如此,因为各类专业文论所服务的主体人群仍为专业人士,常规材料的罗列对于专业群体的读者是没有过多意义的。只有当材料自身具有与正文间无可替代的辅助论证作用、某种新现材料的集中交代、散乱材料被艰难地搜集成组等情况之下,才可以考虑安排专门的附录予以列载。第二,也要考虑附录的篇幅量,做到编录有度。作为正文的附属材料,附录总体的篇幅量不应大于正文篇幅;假如篇幅量超越了正文文本,容易使得文本整体的主、附结构发生变化,呈现"本末倒置"的情况。此时,已非正常文论文本所应呈现的状态,书写者应该考虑在节略"附录"篇幅和调整文本体裁形态(正文、附录)方面做出自己的选择,即需要厘清何者方为自己所书写文本的主体。

## 二、作为文后附件的参考文献

此处所指的"参考文献"并非随页脚注的引用文献,也与《文后参考文献著录规则》定义的"为撰写或编辑论著而引用的有关图书资料"的

---

① 李淑琴:《马思聪创作道路的确立及相关背景》"附录",《中央音乐学院学报》2000年第2期,第44—47页。

"文后参考文献"有别，① 而是专业文论、著述在其正文之后所开列的与该文著有一定关系的论文、著作、音像制品等的条目信息。此"参考文献"概念，也可称之为"参考书目""有关文献"等。

根据文论、著述的性质，这类"参考文献"的列举范围可分为两种情形：一种是控制在最小范围之内，只对在文著中显露过信息的"文献"（即引用文献）做出标列；另一种是尽可能扩大收集的范围，将于正文书写过程中所阅读、浏览过的"文献"统统予以搜列。② 对这样两种标列文后"参考文献"的做法，只可说各有其思路，应由文本书写者根据情况做出自己的选择即可。

在音乐领域，对于文后附属材料性质的"参考文献"的使用，尚存在一定程度的认识与具体应用上的分歧。

首先，对于这类"参考文献"存在必要性的认识。文后的"参考文献"由于没有具体引用的明确指向，使得部分书写者认为，排列此类"文献"没有多少实际意义，可以不予列举；也有的学者认为，对于在正文脚注中已经直接引用过的文献，于文后"参考文献"处无须再度排列，否则属于信息重复；还有的学者认为，文后"参考文献"集中、统一，对于读者快速、便捷地了解文本中所涉及的各类文献有益处，因此应该集中罗列与文著撰写时相关联的各种类型的文献。③ 对于此般种种看法，客观地讲并无截然的孰对孰误之分，而应当根据文本类型（报刊文论、书著、教材

---

① 全国文献工作标准化技术委员会第六分委员会：《文后参考文献著录规则》(GB/T 7714-2005)，2005年3月23日发布，10月1日施行。

② ［日］《出版事典》编辑委员会编纂，布川、角左卫门主编，申非、祖秉和译：《简明出版百科辞典》"参考文献"词条，北京：中国书籍出版社1990年版，第196页。

③ 对此，也有处于较为中立的看法，认为"有些文献，作者在文论中以直引、转述或转引等不同方式引用过；有些文献只作为研究背景而存在，因此具有参考价值但在文论中并未引用。所以，在引用文献中，由于在引用时已经在注文中交代了它们的出处，因此一般不要求列入；实在有必要列入的，也只选取那些最重要、最有价值的文献进入参考文献篇目，而不必尽数列入。"详见居其宏、冯效刚：《音乐学文论写作》，南京大学出版社2007年版，第326页。

等），根据写作者和编辑者对此问题的认识与判定来做出选择。假如所撰写的文本为普通的报刊文论，可以考虑节略甚至删除文后的"参考文献"项，只标注随文脚注中的引用文献即可；假如所撰写的文本为专业学术性书著，则应考虑将所有与阅读、学习此部著作时有帮助的，在书写时确实又对书写者有过些许帮助、启发的各式文献予以归类并集中呈现。毕竟，对篇幅较为长大的书著来讲，将参考文献统一排列文后是有助于读者集中获取信息的一种做法。

其次，对文后"参考文献"呈现方式的认识。在当今的文本书写中，写作者对于"文献"信息的交代都已有了一定的认识，列述文献时基本会将文献的责任者、文献名、出版机构名、出版时间（或者报刊的名称、出版年、刊期）等予以顺序排列。问题在于，一些书写者将文后"参考文献"的书写法等同于脚注中有直接引用的文献标注法，这样就出现了值得探讨的问题：当代专业文本中脚注所使用的"参考文献"往往作为学术统计的素材，对文献、作者、媒体的"被引率"进行统计、考评，因此其标注法是以电脑软件的应用为考量的，其中的文献类型码、各式标点应用多为西文符码；[①] 而文后的"参考文献"只作为对文著写作具有"参考"作用的文献，没有具体引用的标示，无法进入"学术统计源"，因此其书写应完全使用汉语字符，以尽可能方便读者的阅读，同时也体现中文出版的"中文化"风格。另外，文后"参考文献"由于不涉及具体的文献引用，在每条文献所排列的信息中是无须标示具体页码的。[②]

请检查如下几条文后"参考文献"所排列的信息，看它们存在着怎样的不恰当书写：

---

[①] 蔡际洲：《也谈注释、参考文献的规范化问题——编稿琐记之三》，《交响》2003年第2期；后收录蔡际洲主编：《音乐学学术规范读本》，北京：中央音乐学院出版社2007年版，第98—99页。

[②] 《〈中国社会科学〉关于引文注释的规定》"文后参考文献"项，《中国社会科学》2007年第3期。

［1］张天定，郭奇：编辑出版学［M］.开封：河南大学出版社，2003.73－77.

［2］叶再生：编辑出版学概论［M］.武汉：湖北人民出版社，1988.6－9.

［3］人民音乐出版社编制：音乐曲谱出版规范［Z］.北京：人民音乐出版社，2015.252－253.

［4］卞祖善：我国音乐出版业学术水平亟需提升［N］.音乐周报，2014－7－2（7）.

［5］张伯瑜：中国音乐术语的英译问题与解决方法［J］.中国音乐学，2004，（3）：20.

从文献书写的格式来讲，以上排列的"参考文献"严格按照《中国高等学校社会科学学报编排规范》（1999）对于参考文献的格式要求进行了书写，包括对其引用文献的具体页码都做出了详细交代。问题也就在于，作为文后统一排列的信息集萃式的"参考文献"，这种书写格式与其信息排列的用途不相吻合；至于对所引用文献具体页码的交代，因没有涉及对具体资料的引用，更成为无厘头之举。根据文后"参考文献"的使用功能，结合《信息与文献 参考文献著录规则》（2015）以及中文出版的各项要求，可以对以上数条参考文献做出如下的格式调整（供参考）：

1. 张天定、郭奇主编：《编辑出版学》，开封：河南大学出版社，2003年。

2. 叶再生：《编辑出版学概论》，武汉：湖北人民出版社，1988年。

3. 人民音乐出版社编制：《音乐曲谱出版规范》，北京：人民音乐出版社，2015年。

4. 卞祖善：《我国音乐出版业学术水平亟需提升》，《音乐周报》，2014年7月2、9日连载，第7版。

5. 张伯瑜：《中国音乐术语的英译问题与解决方法》，《中国音乐学》，2004年第3期。

再次，文后"参考文献"编列时的类别划分。作为"集注"式的文献排列，文后"参考文献"的条目数量依照文本的情况往往多寡不一。遇到博士学位论文、大型研究性著述，其所参阅的文献将是相当可观的数量，文献的类别也将会更加多样化。对此，在文后编列文献时以随机式的无序排列显然已非可取之策，建议可从如下的编列思路进行划分：（1）按照文献类别进行划分。科研活动的成果，所参阅的文献数量虽然众多，却无外以传播介质、出版方式等进行分划的常规类别，诸如书谱、期刊、报纸、内部印行物、手稿、音像制品、网络出版物等；根据不同领域的科学研究，所涉及的文献类别与其间的比例也将差距甚大。因此，按照文献类别的划分，也要根据自己所参阅文献类型的总量、各类型文献之间的比例等进行综合考虑，做出恰当的类别分划。（2）按照文献条目的某些显要元素进行排列。文献的集中排列讲求秩序、讲求条理，以便于后人检索和参阅。以文献介质、出版状况进行的分划，只能提供一种较为典型的划分类别，很难做出更为细致的文献条目的排列，而根据文献条目的某些显要元素进行统一的分类，既可以做出独立的文献排列，也可以结合其他的划分方法以做更为细致的条目排列。比如，根据文献题名或责任者名的首字笔画、拼音等所做的条目排列，根据文献出版机构或者出版年份进行的条目排列，等等。

总而言之，文后"参考文献"虽没有文本之内具体的引用指向，仅是作为文论附属信息而呈现，但也需要认真对待，尽力保证以富有条理的规范化面貌呈现于读者面前。

# 结　语
# 音乐文本书写的编辑意识与音乐编辑学建设

自20世纪70年代末的改革开放以来，我国音乐学术事业的各个方面由较低层次的学科初级状态，经过学人们数十年的奋斗和积累，目前已经达到学科设置较为齐全，人才培养层次比较合理，各类专业学会、协会林立，学术活动不间断举办，学术文论、著述蜂拥问世，整体呈现欣欣向荣的发展态势。不过，清醒的学人都知道，在音乐学术快速发展的表象繁荣之下，诸多的不尽如人意也期待着我们能够勇敢而恰当地予以认知，同时期待理智而适当地进行调整和改进。具体到音乐文本书写规范化与编辑出版问题，本人结合前面数章中涉及此领域多个基本构成方面的初步陈述，就如下三个方面的话题略述一二。

## 一、音乐文本的书写应提倡编辑意识

对每一位音乐人来说，从事音乐创作、表演、研究活动的目的是什么？我想除却了个人生存、立业的褊狭意念之后，各类音乐活动的客观与真正的目的应该是为人类社会创造、求取艺术领域的一片新世界，同时希冀积累并保存既得的艺术与学术成果。由此，对于音乐活动的每位参与者来说，这或许是音乐家个体的追求，但他所从事的职业以及从业行为之后所产生的结果，将作为社会和公众有益的文化艺术作品和知识的积累，并最终以适当的方式为其他人所接受并吸纳。由艺术创造活动的这一从业特点来观察，我们身处其中的每一个人都注定了是社会艺术知识体系中的一员，都不可能脱离开艺术的载体和受众而独立存在。在此之中，就直接从事作品创作、学术创新的作曲家、研究家来讲，这个群体将无不能外地与视觉可见的文本时刻发生着交集。如果将这种创造性活动的整个过程做一简单分划，它应该可以区分为如下的三个阶段：①

1. 创作者、研究者本人创作与研究的阶段。作为创造性的艺术与学术活动，创作与研究的行为虽然差别甚大，但在这一阶段中却均处于缜密的酝酿、构思、积累、辨析等状态，这也是整个艺术、学术活动作为重要的一个环节，以为之后文本符号的书写奠定基础、构画蓝图。

2. 将成果转化为某种可接受和传播的符号阶段。通过之前细致的前期工作的铺垫，创造者需要将酝酿成熟的作品书写下来，以文本的方式呈现他人。这一书写过程看似简单，却极为关键，因为无论创作者如何才华横溢、构思缜密、准备充分，最终都要通过书写的文本以及文本展现的水平向他人传达自己的才华和所付出的汗水。

3. 受众的接受阶段。以创作者书写的作品作为母本，经过文本的编辑制作或复制环节，使该作品成批次进入到受众的视野之内，并开始为受众所认识、体悟与品鉴，最终完成一轮专业文本的生命历程。

在这个文本传播的"链条"之中，创作者书写之后的成果（即第二个阶段）居于很重要的衔接位置，某种程度上讲它是衡量创作者自身能否存在的最为关键的因素。也正是基于此，无论是创作者本人还是专业界的受

---

① 对于音乐学家学术成果的体现，笔者曾将其归纳为三个阶段：学者本人的研究阶段、成果转化为某种可接受和流通的符号化阶段、受众的接受阶段。详见陈荃有：《学术活动中的编辑意识与音乐编辑学建设》，《中国音乐》2008 年第 1 期；后收录于中央音乐学院音乐学研究所编《音乐学术》（内部半年刊）2013 年春季刊。

众,均对艺术活动的第二个阶段抱持着极高的期待和要求——其艺术与学术活动成果的专业技术含量和外在体现形式无疑都是十分重要的。

在现代的社会分工中,有为审查、规范、美化文本作为职业生存的编辑角色,这一人群既要关注创作成果的专业与学术水准,同时也关注成果所体现形式的完美无瑕——这也是每一位专业媒体从业编辑的两大社会职责,或可说是日常工作的两个组成部分,即审稿阶段和案头加工阶段。对于文本成果的内容和水准的判定,职业编辑可以借助音乐界其他专家、学人的智力和奉献来协助审查把关,而对于成果最终呈现于受众面前的文本体现形式,则应该是文本书写者和编辑者共同完成的,而且客观地讲它主要应该是由书写者本人来完成的。

我们于此之所以提出要在专业创作、科研活动中重视并提倡书写者的"编辑意识",主要有两方面的原因:(1)就专业的文本来讲,写作者酝酿并书写的目的与初衷,决定了专业文本是具有创新性、专业深度和书写者个体特点的符号集结,这样文本内容的呈现符号及形式往往具有辨识的难度、规划的高度,而对此熟稔于心的恰恰就是书写者本人。因此,由书写者在文本创写阶段即尽可能规划、规范文本形式,成为保证文本内容与形式得以最佳呈现的首道"屏障"。(2)长期以来,在音乐领域很少将成果的体现形式问题作为专门话题来对待的,甚至在时至今日的高等教育全过程中,专业成果的体现形式问题仍然靠简单的"论文写作规范"来把关,且将重心只放在标注法一隅;即便在音乐学专业的学术型研究生教育中,诸位导师对学生的指导也基本限于如何健全知识结构、如何选题、如何把握论题尺度、如何驾驭论据材料等相对宏观的层面,而对于学生使用具体材料时的"截取量"、对于引述材料的准确度、对于表达思想时语词的恰切程度、对于各类标点符号的正确使用、对于注释中的相关问题、对于学术著述投稿时的注意事项等则少有教导,致使许多青年学者在获取了高级别的学位甚至博士学位之时,对他由以存身的成果体现形式问题还是知之甚少;这种状况在创作、表演领域各个方向的研究生培养中,其问题表现得就更为严重。

  面对现时的这种状况，在文本的编辑环节较多地需要职业编辑人员来予以应对。对于负责任的编辑来说，虽然作品、著述文本已经通过了审读关，但在正式出版、刊发之前还是要不厌其烦地为书写者所引述的材料进行再核查，为一字一符的正确性而反复推敲、查证，为同一著述中诸多不一致的字符用法而比照统一……否则，只能是"带伤"出版，贻害学界，祸及后人。

  我们每每听到专业界关于西方高等教育在成果表现形式（著述）方面的严格要求和系统化的教育，也看到在西方人文社会科学领域具有较广泛使用人群的《MLA文体手册和学术出版指南》《芝加哥手册：写作、编辑和出版指南》等关于文论写作的巨细规范，而我们当下尚缺乏这样为学界所广泛认同的可以具体操作的建议文本或指导规范。但这能够成为我们可以忽略文体问题重视程度的理由吗？对每一位拟以专业与学术为终身追求的严谨的音乐家来讲，即使没有这样的公认文本，他也会为专业的发展、为受众的阅读接受、为更好地传布自己的艺术思想和成果，甚至为个人的专业声誉而认真对待此事项的。

  回顾我国的人文社会学界，有许多的专家、学者曾经从事过具体的编辑工作，编辑的从业经历使他们的学术道路更加稳固和成熟，甚至有的学者曾将编辑职业的历练作为从事相关事业的必经道路之一。在此，我们并没有要求音乐家都放下现时的职业来进行编辑职业的历练，但在从事与专业相关联的活动中，我们应该时刻牢记，自己的成果是要接受专业界同仁的检验的，是会成为嗷嗷待哺青年学子引为学习研读之用的，是要保存传承给后人的，而非仅仅存放于我们自己的书斋之中、书架之上。因此，在我们从事专业书写活动时，需要有艺术家的敏锐、学问家的博学和缜密，同时也应该时刻保持着编辑家的执业习惯：认真、严谨、规范，不放过任何一处的疑惑点或令人恍惚之处，胸中要时刻装着受众（读者）。

## 二、敬畏出版物并善待出版人①

作为音乐文本编辑行为的最终体现，其成果的绝大多数将形成为出版物——经历了创作者、编辑者（出版人）、印装者、销售者一系列的劳动和财力物力投入之后的综合结晶。

出版物不只是文本创作、编辑者的劳动所得，它更多地体现了社会经济、文化、技术在一定历史时期的发展状况，可谓社会精神财富的组成部分；作为传播音乐文明的一项成果或称被传播对象，这些作为编辑者成果的出版物将通过某种流通渠道步入受众的视野，并完成它的文化传承与艺术交流的使命。这种认识只是建立在社会文化发展的宏观角度来予观照的。从文论、作品的创作者个人来说，代表着自己在一定阶段上智力创作结晶的"出版物"，则是体现个人从学、从业经年以来的成就汇报，也是自己现时专业水平的体现，更是自己未来回望历史之时的情感寄托与精神慰藉。因此，音乐界的每一位从业从学者对于专业学术活动第二阶段的符号化的出版物，② 均应抱持着敬畏之心：在目前较为浮躁的社会风气和不尽合理的学术评价制度的双向作用下，容易让人在利益或压力面前失去标准、丧失原则，更勿谈对于出版物的敬畏之心。或许也正是由于现今的学术环境、文化氛围，才更加需要音乐界、学术界、编辑出版界不断地善意提醒同道们对待此等问题的态度。

而在音乐领域的诸多从业人群中，早已有一批辛勤程度不亚于"燃烧蜡烛"的教师、工作孤寂程度不低于"坐冷板凳"的研究人员的职业——音乐编辑与出版人。现时中的这一社会群体，其主要构成为出版社的音乐

---

① 这部分的核心内容曾在本科研课题先期成果中有所体现。详见陈荃有：《"音乐出版"三题》，《人民音乐》2014年第8期，第79页。

② 陈荃有：《学术活动中的编辑意识与音乐编辑学建设》，《中国音乐》2008年第1期，第91页。

编辑与校对员、音乐报刊社的采编及校对员、声像媒体以及网络领域的音乐编辑等组成人员。这批从业者在当今的社会大潮中，既需要承担繁重的"为他人做嫁衣裳"的编辑校对工作，还需要承受因文化体制改革而致的社会身份的转变，以及由此骤增的为"文化产业"保值、增值乃至大幅盈利的压力。这些年在与一些出生于20世纪上半叶的音乐家接触时，常听到他们讲述在他们成长阶段编辑人员曾给予的巨大帮助，并将这些编辑出版人摆放到心目中很高的专业位置。环顾现时我们自己身边从事编辑出版工作的各位朋友，同样可以遇到不少以文会友、因文成友的例子，甚至不少师长辈、大师级的专家学者因此而与青年编辑成了"忘年交"；当然，也会遇到一些只想尽快刊文、出书，以借此晋升职称、获取学位、挣得课题，而对于文著质量与人格道义不管不顾的人士。凡此种种，说明音乐编辑出版领域的从业者，多是将光鲜华丽奉予他人、将俯首操劳留于自己的默默奉献之士。对于这样的一群为着音乐文化的记录、保存、传播、交流而恪尽职守的出版人，每一位文本的书写者、阅读者都应该给予他们深深的敬意。

## 三、重视音乐编辑学的学科建设

音乐编辑学的概念在国内的出现已有一段时间，我们也会在学刊、著述中偶读这个词汇。① 但音乐编辑学迄今仍然是个让人感到生涩的表达，甚至在我们提及这个名词时还会被部分音乐人士不屑地讪笑。对此，借助前文的阐述和分析，对音乐编辑学这一概念进行些许解读。

站在本课题研究告一段落的基点上，我们认为世界上的"学问"有很

---

① 蔡际洲先生在21世纪之初所发表的回顾文章中，对音乐编辑学的概念、发生、类别、特点等做了较为全面的梳理和归纳。详见蔡际洲：《一个悄然兴起的研究领域——关于改革开放以来的音乐编辑学研究》，载《中国音乐年鉴》（2001年卷），济南：山东文艺出版社2004年版，第3—31页。

多，对每一个领域内"学问"进行深入研究的学科专业也十分多样化。只不过在这些学科领域中，由于我们自身认知程度的缘故、材料积累的缘故、现时社会需求度的缘故，使得一些领域的认知已经发展成为较为成熟的体系；或是因其学科内涵、外延相对宽泛，或与人类的文化生活紧密相连，一些领域就容易被人们所了解和接受，如音乐史学、传统音乐学、乐器学、音乐教育学等等。而音乐编辑行为作为音乐界、编辑出版界执业者的组成部分，从工作性质上来讲并不能直接创作或创造新的作品和成果，只是为音乐艺术及音乐学术的保存和传播从事服务。① 但是，随着近代以来人类知识的爆炸、技术的进步、交流面的增多，音乐及音乐学术的保存、交流及传播问题就如其他学科一样愈来愈变得重要。在当今社会，没有谁会忽视音乐传播链条的重要性，因此也就没有谁会忽视在这个链条上发挥作用的各类型编辑人员的作用。尤其当编辑行为延伸到每位音乐人、每位学子、每位爱乐者，大家都应自觉树立编辑意识之时，对这个相对专业化和职业化的领域、对这种文化行为、对这种行为必须直面的文本符号及规范进行必要的学术研究，就成为历史的必然和学术发展的必然。

不过，对于一门应用性的学问乃至学科专业，我们期待它的发展应该是将重点放在其"应用"二字之上；甚至，我们也可以直言：没有实践行为作为支撑，难于谈论音乐编辑学。因此，对于学术领域的音乐编辑学的学科建设而言，当下之紧要非为探讨编辑历史的进程、非为爬梳单体出版物的发行得失，更非为争取学界的承认和学人的青睐而四处呼吁和辩白，而应该是如编辑职业的工作特点那样，默默地"俯首甘为孺子牛"，为尽早创建规范、统一、符合汉语表达习惯和国家相关标准的书谱著述标准，为推进应用性音乐编辑课程的教材建设和人才培养而努力。

---

① 对于编辑的职业价值体现，编辑学、出版学、传播学领域有诸多研究成果，也有着不尽相同的认识和表述。曾遂今先生在论述音乐编辑职业时，对处于现时"自觉阶段"音乐编辑的职能，认为其"主导着音乐传播轨迹的运行"。参阅曾遂今：《关于音乐编辑科学定位的思考》，《黄钟》1997年第4期，第7页。

对这门基于编辑实践基础上构建的应用性学科，我们不应在乎这门学科能被列为几级学科，能涵盖哪个领域以成为"母学科""子学科"，能尽早建立什么学会、协会，能有几处博士、硕士生培养点，能出版几部"概论""导论""原理"著述，我们只期待音乐编辑学的从业者、从学者能为中国音乐事业的更加繁荣发展略尽自己的绵薄心力而已。

# 参考文献

## 一、标准、规范、工具书

中国科学技术情报研究所起草：《文献类型与文献载体代码》（GB 3469－1983），1983年1月29日发布；

全国文献工作标准化技术委员会：《科学技术报告、学位论文和学术论文的编写格式》（GB 7713－87），1987年5月5日发布；

全国文献工作标准化技术委员会第六分委员会：《文后参考文献著录规则》（GB/T 7714－2005），北京：中国标准出版社2005年版；

国家质量监督检验检疫总局、国家标准化管理委员会：《出版物上数字用法》（GB/T 15835－2011），2011年7月29日发布；

教育部语言文字信息管理司组编：《〈出版物上数字用法〉解读》，北京：语文出版社2012年版；

国家新闻出版总署颁布：《科技文献的章节编号方法》（CY/T 35－2001），《编辑学报》2002年第1期；

中华人民共和国国家标准：《标点符号用法》（GB/T 15834－2011），2011年12月30日发布；

中华人民共和国国家标准：《信息与文献 参考文献著录规则》（GB/T 7714－2015），2015年5月15日发布；

教育部语言文字应用管理司编：《国家通用语言文字知识手册》，北京：语文出版社 2012 年版；

中国人文社会科学学报学会学术委员会起草：《中国高等学校社会科学学报编排规范》，1999 年第 2 次修订稿；

教育部社会科学委员会学风建设委员会组编：《高校人文社会科学学术规范指南》，北京：高等教育出版社 2009 年版；

国家新闻出版广电总局发布：《学术出版规范·注释》（CY/T 121－2015），2015 年 1 月 29 日发布；

苏培成：《标点符号实用手册》，北京：语文出版社 1999 年版；

樊振帼主编，秦文、樊振帼编著：《实用英语符号手册》，南京：江苏教育出版社 2001 年版；

人民音乐出版社总编室编：《音乐编辑手册》，北京：人民音乐出版社 1994 年版；

人民音乐出版社编制：《音乐曲谱出版规范》，北京：人民音乐出版社 2015 年版；

外国音乐表演用语词典编写组编：《外国音乐表演用语词典》，北京：人民音乐出版社 1994 年第 2 版；

缪天瑞主编：《音乐百科词典》，北京：人民音乐出版社 1998 年版；

［日］《出版事典》编辑委员会编纂，布川、角左卫门主编，申非、祖秉和译：《简明出版百科辞典》，北京：中国书籍出版社 1990 年版；

［美］约瑟夫·吉鲍尔迪著，沈弘、何姝译：《MLA 文体手册和学术出版指南》（第 2 版），北京大学出版社 2002 年版；

美国心理协会编，席仲恩译：《APA 格式：国际社会科学学术写作规范手册》（第 6 版），重庆大学出版社 2011 年版；

芝加哥大学出版社编著，吴波、余慧明等译：《芝加哥手册：写作、编辑和出版指南》（第 16 版），北京：高等教育出版社 2014 年版；

汪继祥主编：《科学出版社作者编辑手册》，北京：科学出版社 2004 年版。

## 二、理论及应用型著述

国家语言文字工作委员会政策法规室编：《语言文字工作百题》，北京：语文出版社1995年版；

异形词研究课题组编著：《第一批异形词整理表说明》，北京：语文出版社2002年版；

教育部语言文字信息管理司组编：《〈标点符号用法〉解读》，北京：语文出版社2012年版；

杜维东：《错别字辨析手册》，北京：现代出版社1996年版；

林穗芳：《标点符号学习与应用》，北京：人民出版社2000年第2版；

骆小所、张盛如主编，冯英编著：《标点符号用法正误辨析》，北京工业大学出版社2000年版；

叶再生：《编辑出版学概论》，武汉：湖北人民出版社1988年版；

潘树广编著：《编辑学》，苏州大学出版社1997年版；

吴飞：《编辑学理论研究》，杭州：浙江大学出版社2001年版；

张天定、郭奇主编：《编辑出版学》，开封：河南大学出版社2003年版；

杨玉圣、张保生主编：《学术规范导论》，北京：高等教育出版社2004年版；

邓正来主编：《中国学术规范化讨论文选》（修订版），北京：中国政法大学出版社2010年版；

蔡际洲主编：《音乐学学术规范读本》，北京：中央音乐学院出版社2007年版；

居其宏、冯效刚：《音乐学文论写作》，南京大学出版社2007年版；

傅利民编著：《音乐论文写作基础》，上海音乐出版社2004年版；

韩锺恩：《音乐学写作》，上海音乐学院出版社2014年版；

王建元主编：《音乐传播与音乐传播学》，南京：东南大学出版社2008

年版；

［英］Judith Butcher 著，刘士聪、温秀颖、夏廷德译：《编校、著作指南：编者、作者、出版者必读》（第 3 版），北京：清华大学出版社 2006 年版；

荣新江：《学术训练与学术规范：中国古代史研究入门》，北京大学出版社 2011 年版；

［英］罗薇娜·莫瑞：《如何为学术刊物撰稿：写作技能与规范》（影印版），北京大学出版社 2007 年版；

蔡今中：《如何撰写与发表社会科学论文：国际刊物指南》，北京大学出版社 2009 年版；

［苏］纽恩堡著，陈登颐译：《记谱法》，北京：人民音乐出版社 1978 年版；

蔡良玉编译：《古琴艺术汉英双语小词典》，上海音乐学院出版社 2007 年版；

张伯瑜译著：《中国音乐术语选译 900 条》，北京：人民音乐出版社 2009 年版；

刘经树编著：《音乐术语学概要》，北京：中央音乐学院出版社 2011 年版；

陈铭道：《音乐学——历史、文献与写作》，北京：人民音乐出版社 2004 年版；

肖东发等：《中国出版通史·先秦两汉卷》，北京：中国书籍出版社 2008 年版；

曹之：《中国出版通史·隋唐五代卷》，北京：中国书籍出版社 2008 年版；

四川音乐学院、成都市温江区人民政府编：《王光祈文集·音乐卷》（上），成都：巴蜀书社 2009 年版；

吴光华：《钱君匋传》，北京美术摄影出版社 2001 年版；

赵沨：《音乐与音乐家》（个人文集），北京：中国文联出版公司 1988 年版；

冯天瑜、邓建华、彭池编著：《中国学术流变：论著辑要》（下册），上海：华东师范大学出版社 2003 年版；

李重光编：《音乐理论基础》，北京：人民音乐出版社 1962 年版；

〔汉〕许慎撰，〔清〕段玉裁注：《说文解字注》，上海古籍出版社 1988 年第 2 版；

修海林编：《中国古代音乐史料集》，西安：世界图书出版西安公司 2000 年版。

## 三、各类文论

杨沐：《译文应注明出处》，《音乐研究》1988 年第 2 期；

杨沐：《我国音乐学术论文写作中的几个问题》，《音乐研究》1988 年第 4 期；

翟咏：《现代音乐编辑实践呼唤理论建设》，《交响》1997 年第 1 期；

蔡际洲：《一个悄然兴起的研究领域——关于改革开放以来的音乐编辑学研究》，载《中国音乐年鉴》（2001 年卷），济南：山东文艺出版社 2004 年版，第 3—31 页；

蔡际洲：《也谈注释、参考文献的规范化问题——编稿琐记之三》，《交响》2003 年第 2 期；

蔡际洲：《近年来音乐学术期刊编校问题举隅》，《黄钟》2018 年第 3 期；

周勤如：《关于音乐论文写作的通信（一）》，《黄钟》1997 年第 4 期；

周勤如：《要重视书评和音像评论的规范化——关于音乐论文写作的通信之二》，《黄钟》1999 年第 2 期；

周勤如：《引文、注释和参考文献目录应该进一步规范化——关于音乐论文写作的通信之三》，《黄钟》2000 年第 2 期；

陈荃有：《当前音乐出版存在的问题及解决途径》，《人民音乐》2003年第11期；

张伯瑜：《中国音乐术语的英译问题与解决方法》，《中国音乐学》2004年第3期；

张伯瑜、［美］Azalea Birch：《体会与思考：中国音乐文献英译过程中难以跨越的鸿沟》，《星海音乐学院学报》2011年第2期；

徐元勇：《中国音乐语汇的外文翻译》，《音乐研究》2006年第4期；

喻辉：《"乐律学"的英文译名与学科范畴问题》，《音乐研究》2011年第6期；

［法］弗朗索瓦兹·埃斯卡尔著，温永红译：《音乐的副文本：音乐作品的标题》（上、下），《中央音乐学院学报》2008年第3、4期；

金建民：《〈牛津简明音乐词典〉的几处勘误》，《人民音乐》2014年第2期；

卞祖善：《我国音乐出版业学术水平亟需提升》，《音乐周报》2014年7月2、9日连载，第7版；

杨燕迪：《音乐学术与规范建制：回顾、思考与建议》，《音乐研究》2003年第4期；

孙继南：《我国近代早期"乐歌"的重要发现——山东登州〈文会馆志〉"文会馆唱歌选抄"的发现经过》，《音乐研究》2006年第2期。

# 附录一

## 关于进一步规范出版物文字使用的通知

（新出政发［2010］11号）

报刊、图书、音像制品和电子书、互联网等各类出版物作为大众性的重要传播媒介，是语言文字规范化的实践者和宣传者，多年来，在规范使用语言文字，宣传促进语言文字规范化方面作出了重要贡献，为正确使用语言文字起到了积极示范作用。但是，随着经济社会的发展，在报纸、期刊、图书、音像制品和电子书、互联网等各类出版物中，外国语言文字使用量剧增，出现了在汉语言中随意夹杂英语等外来语、直接使用英文单词或字母缩写、生造一些非中非外、含义不清的词语等滥用语言文字的问题，严重损害了汉语言文字的规范性和纯洁性，破坏了和谐健康的语言文化环境，造成了不良的社会影响。

今年10月31日是《中华人民共和国国家通用语言文字法》发布10周年纪念日，出版媒体和出版单位要以此为契机，大力宣传《国家通用语言文字法》，并在出版工作中认真贯彻执行有关法律规定。为进一步促进语言文字的规范化、标准化，认真贯彻中央关于规范出版语言文字使用的要求，依据《中华人民共和国国家通用语言文字法》《出版物汉字使用管理规定》及新闻出版有关法律、法规、规章，现就进一步加强规范出版文字使用的有关问题通知如下：

一、充分认识规范使用汉语言文字的重要意义。各类出版媒体和出版单位要高度重视出版物文字规范化工作，严格执行规范汉语言文字这一基本的语言文字政策，把宣传和规范使用汉语言文字作为传承中华文明、促进社会主义精神文明建设的一件重要职责，在出版活动中切实贯彻落实有关规范汉语言文字的法律法规。

二、严格执行规范使用汉语言文字有关规定。出版媒体和出版单位要采取有效措施，严格执行《出版物汉字使用管理规定》第五条"报纸、期刊、图书、音像制品等出版物的报头（名）、刊名、封皮（包括封面、封底、书脊等）、包装装饰物、广告宣传品等用字，必须使用规范汉字，禁止使用不规范汉字。出版物的内文（包括正文、内容提要、目录以及版权记录项目等辅文），必须使用规范汉字，禁止使用不规范汉字"等有关条款，坚决抵制不良文化倾向，正确使用汉语言文字，为促进汉语言文字的规范化和健康发展发挥示范带头作用。

三、高度重视规范使用外国语言文字。出版媒体和出版单位要进一步加强外国语言文字的使用规范化，尊重并遵循汉语言及所使用的外国语言文字的结构规律和词汇、语法规则。在汉语出版物中，禁止出现随意夹带使用英文单词或字母缩写等外国语言文字；禁止生造非中非外、含义不清的词语；禁止任意增减外文字母、颠倒词序等违反语言规范现象。汉语文出版物中需要使用外国语言文字的，应当用国家通用语言文字作必要的注释。外国语言文字的翻译应当符合翻译的基本原则和惯例。外国人名、地名等专有名词和科学技术术语要按有关规定翻译成国家通用语言文字。

四、各级新闻出版行政部门要进一步加强对出版物语言文字使用及质量的管理和检查。将出版物使用语言文字情况，尤其是使用外语规范情况作为出版物质量检查和年度核验的重要内容，并将其纳入日常审读范围。对违反使用语言文字规范的，要责令改正，依法予以行政处罚。

五、出版媒体、出版单位及各级新闻出版行政部门要加强对规范使用汉语言文字的宣传教育。要引导社会大众自觉弘扬民族文化，使语言文字符合规范要求，适合国情，方便群众。

六、本通知要传达到所有出版媒体和出版单位，要求认真贯彻落实。

新闻出版总署

2010 年 11 月 23 日

# 附录二

## 关于进一步加强学术著作出版规范的通知
（新出政发〔2012〕11号）

为了进一步提高我国学术著作出版质量，推动学术著作出版繁荣发展，树立良好的学术风气，提升我国学术著作的创新能力，促进国内外学术交流，根据《出版管理条例》《图书出版管理规定》《图书质量管理规定》等法规规章的规定，现就进一步加强学术著作出版规范的有关事项通知如下：

一、学术著作是作者根据某一学科或领域的研究成果而撰写的作品。这些作品或在理论上有创新见解，或在实践中有新的发明，或具有重要的文化积累价值。本通知所指学术著作包括哲学社会科学、自然科学等学科的研究型著作，通俗理论读物、科普读物等不在其列。

二、学术著作出版必须坚持为人民服务、为社会主义服务的方向，贯彻"百花齐放、百家争鸣"的方针，促进学术创新、学术交流、学术积累，有益于经济发展和社会进步，有益于提高民族素质，弘扬优秀文化，促进国际文化交流。

三、出版单位应加强学术著作选题论证，组织相关学科领域专家学者，对学术著作的学术水平、创新成果、出版价值等进行认真评估，积极探索实行同行匿名评议等评审办法，提高学术著作出版质量。

四、引文、注释、参考文献、索引等是学术著作不可或缺的重要组成部分，体现了学术研究的真实性、科学性与传承性，体现了对他人成果和读者的尊重，是反映学术著作出版水平和质量的重要内容，必须加强出版规范，严格执行国家相关标准。

引文是引自他人作品或文献资料的语句，对学术著作的观点起支持作用。引文要以必要为原则，凡引用的资料都应真实、详细、完整地注明出处。

注释对作品中某些特定的内容、术语等起到必要的补充、解释或说明作用。注释应力求客观、准确、详实。

参考文献是为撰写或编辑著作而引用的有关文献信息资源，是学术研究依据的重要体现，对研究内容起到支持、强调和补充作用。参考文献应力求系统、完整、准确、真实。

索引是指向文献或文献集合中的概念、语词及其他项目等的信息检索工具，有助于学术内容的检索、引证、交流和传播。索引的编制应力求实用、简明、便捷、完备。

学术译著应尊重原作者研究成果，力求准确完整，不应随意删改原著的引文、注释、参考文献、索引等内容。

五、学术著作的出版必须弘扬科学精神，杜绝学术抄袭、剽窃；必须保障内容、编校、装帧设计、印制质量；必须符合《出版管理条例》《图书出版管理规定》《图书质量管理规定》和国家相关法律、法规、规章和标准。

六、学术著作出版规范的执行情况将作为中国出版政府奖评奖、国家级优秀图书推荐、国家重大出版项目和国家出版基金申报与验收，以及出版单位年检、等级评估等工作的重要条件。

七、出版单位应安排具备较强学科背景的专业编辑人员担任学术著作的责任编辑。责任编辑应积极主动了解相关学科领域的学术信息，加强与相关学科领域专家学者的联系和沟通，对学术著作中的学术信息进行必要的查证、核实，确保学术质量。

出版单位要认真落实学术著作出版规范工作，加强学术著作出版人才的培养，定期对从事学术著作出版的编辑人员进行培训，制订符合学术著作出版规范的编辑出版流程和考评体系，鼓励支持优秀学术著作的出版。

出版单位要积极探索数字出版背景下有利于加强学术著作出版规范建设、提高学术著作出版质量的各种途径。

八、有关学会、行业协会和有条件的出版单位，应结合自身特点，制定符合不同学科发展规律、适合不同学科领域的学术著作出版规范细则，逐步形成系统完整的具有中国学术著作出版特点、可与国际国内学术同行交流对话的学术著作出版规范体系。

九、各省、自治区、直辖市新闻出版局及各出版单位主管部门要从提高民族创造力、提升国家文化软实力、建设社会主义文化强国的战略高度，充分认识进一步加强学术著作出版规范工作的重要性，结合各地各部门实际制定实施办法，引导和鼓励出版单位出版更多学术精品，促进学术著作出版繁荣发展。

新闻出版总署<br>
2012 年 9 月 4 日

# 附录三

## 图书质量管理规定

（新闻出版总署，第26号令）

**第一条** 为建立健全图书质量管理机制，规范图书出版秩序，促进图书出版业的繁荣和发展，保护消费者的合法权益，根据《中华人民共和国产品质量法》和国务院《出版管理条例》，制定本规定。

**第二条** 本规定适用于依法设立的图书出版单位出版的图书的质量管理。出版时间超过十年且无再版或者重印的图书，不适用本规定。

**第三条** 图书质量包括内容、编校、设计、印制四项，分为合格、不合格两个等级。

内容、编校、设计、印制四项均合格的图书，其质量属合格。

内容、编校、设计、印制四项中有一项不合格的图书，其质量属不合格。

**第四条** 符合《出版管理条例》第二十六、二十七条规定的图书，其内容质量属合格。

不符合《出版管理条例》第二十六、二十七条规定的图书，其内容质量属不合格。

**第五条** 差错率不超过万分之一的图书，其编校质量属合格。

差错率超过万分之一的图书，其编校质量属不合格。

图书编校质量差错的判定以国家正式颁布的法律法规、国家标准和相关行业制定的行业标准为依据。图书编校质量差错率的计算按照本规定附件《图书编校质量差错率计算方法》执行。

**第六条** 图书的整体设计和封面（包括封一、封二、封三、封底、勒口、护封、封套、书脊）、扉页、插图等设计均符合国家有关技术标准和规定的，其设计质量属合格。

图书的整体设计和封面（包括封一、封二、封三、封底、勒口、护封、封套、书脊）、扉页、插图等设计中有一项不符合国家有关技术标准和规定的，其设计质量属不合格。

**第七条** 符合中华人民共和国出版行业标准《印刷产品质量评价和分等导则》（CY/T 2-1999）规定的图书，其印制质量属合格。

不符合中华人民共和国出版行业标准《印刷产品质量评价和分等导则》（CY/T 2-1999）规定的图书，其印制质量属不合格。

**第八条** 新闻出版总署负责全国图书质量管理工作，依照本规定实施图书质量检查，并向社会及时公布检查结果。

**第九条** 各省、自治区、直辖市新闻出版行政部门负责本行政区域内的图书质量管理工作，依照本规定实施图书质量检查，并向社会及时公布检查结果。

**第十条** 图书出版单位的主办单位和主管机关应当履行其主办、主管职能，尽其责任，协助新闻出版行政部门实施图书质量管理，对不合格图书提出处理意见。

**第十一条** 图书出版单位应当设立图书质量管理机构，制定图书质量管理制度，保证图书质量合格。

**第十二条** 新闻出版行政部门对图书质量实施的检查包括：图书的正文、封面（包括封一、封二、封三、封底、勒口、护封、封套、书脊）、扉页、版权页、前言（或序）、后记（或跋）、目录、插图及其文字说明等。正文部分的抽查内容（或页码）必须连续且不少于10万字，全书字数不足10万字的必须检查全书。

**第十三条** 新闻出版行政部门实施图书质量检查，须将审读记录和检查结果书面通知出版单位。出版单位如有异议，可以在接到通知后15日内提出申辩意见，请求复检。对复检结论仍有异议的，可以向上一级新闻出版行政部门请求裁定。

**第十四条** 对在图书质量检查中被认定为成绩突出的出版单位和个人，新闻出版行政部门给予表扬或者奖励。

**第十五条** 对图书内容违反《出版管理条例》第二十六、二十七条规定的，根据《出版管理条例》第五十六条实施处罚。

**第十六条** 对出版编校质量不合格图书的出版单位，由省级以上新闻出版行政部门予以警告，可以根据情节并处3万元以下罚款。

**第十七条** 经检查属编校质量不合格的图书，差错率在万分之一以上万分之五以下的，出版单位必须自检查结果公布之日起30天内全部收回，改正重印后可以继续发行；差错率在万分之五以上的，出版单位必须自检查结果公布之日起30天内全部收回。

出版单位违反本规定继续发行编校质量不合格图书的，由省级以上新闻出版行政部门按照《中华人民共和国产品质量法》第五十条的规定处理。

**第十八条** 对于印制质量不合格的图书，出版单位必须及时予以收回、调换。出版单位违反本规定继续发行印制质量不合格图书的，由省级以上新闻出版行政部门按照《中华人民共和国产品质量法》第五十条的规定处理。

**第十九条** 一年内造成三种以上图书不合格或者连续两年造成图书不合格的直接责任者，由省、自治区、直辖市新闻出版行政部门注销其出版专业技术人员职业资格，三年之内不得从事出版编辑工作。

**第二十条** 本规定自2005年3月1日起实施。新闻出版署于1997年3月3日公布的《图书质量管理规定》同时停止执行。

## 附件：图书编校质量差错率计算方法

一、图书编校差错率

图书编校差错率，是指一本图书的编校差错数占全书总字数的比率，用万分比表示。实际鉴定时，可以依据抽查结果对全书进行认定。如检查的总字数为 10 万，检查后发现 2 个差错，则其差错率为 0.2/10000。

二、图书总字数的计算方法

图书总字数的计算方法，一律以该书的版面字数为准，即：总字数 = 每行字数 × 每面行数 × 总面数。

1. 除环衬等空白面不计字数外，凡连续编排页码的正文、目录、辅文等，不论是否排字，均按一面满版计算字数。分栏排版的图书，各栏之间的空白也计算版面字数。

2. 书眉（或中缝）和单排的页码、边码作为行数或每行字数计入正文，一并计算字数。

3. 索引、附录等字号有变化时，分别按实际版面计算字数。

4. 用小号字排版的脚注文字超过 5 行不足 10 行的，该面按正文满版字数加 15% 计算；超过 10 行的，该面按注文满版字数计算。对小号字排版的夹注文字，可采用折合行数的方法，比照脚注文字进行计算。

5. 封一、封二、封三、封底、护封、封套、扉页，除空白面不计以外，每面按正文满版字数的 50% 计算；版权页、书脊、有文字的勒口，各按正文的一面满版计算。

6. 正文中的插图、表格，按正文的版面字数计算；插图占一面的，按正文满版字数的 20% 计算字数。

7. 以图片为主的图书，有文字说明的版面，按满版字数的 50% 计算；没有文字说明的版面，按满版字数的 20% 计算。

8. 乐谱类图书、地图类图书，按满版字数全额计算。

9. 外文图书、少数民族文字图书，拼音图书的拼音部分，以对应字号的中文满版字数加30%计算。

三、图书编校差错的计算方法

1. 文字差错的计算标准

（1）封底、勒口、版权页、正文、目录、出版说明（或凡例）、前言（或序）、后记（或跋）、注释、索引、图表、附录、参考文献等中的一般性错字、别字、多字、漏字、倒字，每处计1个差错。前后颠倒字，可以用一个校对符号改正的，每处计1个差错。书眉（或中缝）中的差错，每处计1个差错；同样性质的差错重复出现，全书按一面差错基数加1倍计算。阿拉伯数字、罗马数字差错，无论几位数，都计1个差错。

（2）同一错字重复出现，每面计1个差错，全书最多计4个差错。每处多、漏2～5个字，计2个差错，5个字以上计4个差错。

（3）封一、扉页上的文字差错，每处计2个差错；相关文字不一致，有一项计1个差错。

（4）知识性、逻辑性、语法性差错，每处计2个差错。

（5）外文、少数民族文字、国际音标，以一个单词为单位，无论其中几处有错，计1个差错。汉语拼音不符合《汉语拼音方案》和《汉语拼音正词法基本规则》（GB/T 16159 - 1996）规定的，以一个对应的汉字或词组为单位，计1个差错。

（6）字母大小写和正斜体、黑白体误用，不同文种字母混用的（如把英文字母N错为俄文字母И），字母与其他符号混用的（如把汉字的〇错为英文字母O），每处计0.5个差错；同一差错在全书超过3处，计1.5个差错。

（7）简化字、繁体字混用，每处计0.5个差错；同一差错在全书超过3处，计1.5个差错。

（8）工具书的科技条目、科技类教材、学习辅导书和其他科技图书，使用计量单位不符合国家标准《量和单位》（GB 3100－3102－1993）的中文名称的、使用科技术语不符合全国科学技术名词审定委员会公布的规范词的，每处计 1 个差错；同一差错多次出现，每面只计 1 个差错，同一错误全书最多计 3 个差错。

（9）阿拉伯数字与汉语数字用法不符合《出版物上数字用法的规定》（GB/T 15835－1995）的，每处计 0.1 个差错。全书最多计 1 个差错。

2. 标点符号和其他符号差错的计算标准

（1）标点符号的一般错用、漏用、多用，每处计 0.1 个差错。

（2）小数点误为中圆点，或中圆点误为小数点的，以及冒号误为比号，或比号误为冒号的，每处计 0.1 个差错。专名线、着重点的错位、多、漏，每处计 0.1 个差错。

（3）破折号误为一字线、半字线，每处计 0.1 个差错。标点符号误在行首、行末的，每处计 0.1 个差错。

（4）外文复合词、外文单词按音节转行，漏排连接号的，每处计 0.1 个差错；同样差错在每面超过 3 个，计 0.3 个差错，全书最多计 1 个差错。

（5）法定计量单位符号、科学技术各学科中的科学符号、乐谱符号等差错，每处计 0.5 个差错；同样差错同一面内不重复计算，全书最多计 1.5 个差错。

（6）图序、表序、公式序等标注差错，每处计 0.1 个差错；全书超过 3 处，计 1 个差错。

3. 格式差错的计算标准

（1）影响文意、不合版式要求的另页、另面、另段、另行、接排、空行，需要空行、空格而未空的，每处计 0.1 个差错。

（2）字体错、字号错或字体、字号同时错，每处计 0.1 个差错；同一面内不重复计算，全书最多计 1 个差错。

（3）同一面上几个同级标题的位置、转行格式不统一且影响理解的，计 0.1 个差错；需要空格而未空格的，每处计 0.1 个差错。

（4）阿拉伯数字、外文缩写词转行的，外文单词未按音节转行的，每处计 0.1 个差错。

（5）图、表的位置错，每处计 1 个差错。图、表的内容与说明文字不符，每处计 2 个差错。

（6）书眉单双页位置互错，每处计 0.1 个差错，全书最多计 1 个差错。

（7）正文注码与注文注码不符，每处计 0.1 个差错。

# 附录四

## 关于加强学术道德建设的联合声明与建言

针对近年来音乐学术领域愈演愈烈的抄袭剽窃、自我复制等现象和专业图书出版质量下滑等问题，2003年4月10日，中央音乐学院、人民音乐出版社、《光明日报》文艺部在北京联合召开以"严肃学术纪律和学术规范，建设优良学风和文风"为主题的"学术道德建设问题"座谈会。来自全国各地二十多个单位的四十余位代表应邀到会。其中，十六家音乐理论期刊编辑部派代表出席或以书面发言形式参加了这次座谈会。

全体与会者，以2002年2月教育部下发的《关于加强学术道德建设的若干意见》（以下简称《意见》）为指导思想，就音乐教育界和音乐研究领域存在的种种不正之风，互通情况，交流看法，研究对策。代表们指出，自改革开放以来，我国音乐界的教学、科研队伍逐渐壮大，学术气氛日益活跃，研究成果不断面世，一个人材辈出、勇于创新、百花齐放、百家争鸣的良好学术发展态势正在形成。但同时也应清醒地看到，在教师队伍和研究人员中，程度不同地存在着急功近利、粗制滥造、署名不实、弄虚作假、自我复制、抄袭剽窃等学术道德失范的问题。对此现象，一些治学严谨、眼光敏锐的学者，早就有所察觉并仗义执言，先后在报刊上做出过公开揭露和批评。然而遗憾的是，既未形成正常的批评气候，也未能引起学人们足够的重视，甚至还有人出面为之说情、辩护，将其"大事化小，小事化了";也有的学人对造假现象采取"明知不对,少说为佳"或"事不关己,高高挂起"的态度。代表们一致认为,如果不端正学风,听任不良现象和腐败行为存在、发展的话,将会严重侵蚀学界自身肌体,污染学术环境,败坏学术声誉,阻碍学术进步。因此,学术道德建设应当引起音乐学术界、教育界各级领导和学者们的高度重视。

座谈会上,代表们在分析"学术造假"产生的主观原因的同时,还比较深入地探讨了出现造假现象的环境因素和如何防范与治理的途径,并取得了若干共识。为向社会承担起我们的责任并履行我们的义务,现联合声明如下:

(一)音乐学术的繁荣、发展和进步,是一个不断积累和不断创新的辩证过程。学术文论的写作必须尊重前人的劳动成果。凡专题性学术论文,作者应就本课题领域内的前人或同代他人的主要研究成果或研究状况,在正文中或以注释的方式,做概括性说明或介绍。对完全没有这种说明或介绍的来稿,我们之中所有学术性刊物编辑部将待作者补充后才予受理。

(二)作者在文章中的思想观点与数据、资料,凡引用他人研究成果及相关资料,均应在正文或注释中标明具体出处(包括作者署名、书名或篇名、出版日期等)。仅在文末笼统地开列若干"参考书目",而不标明具体文句、文段"参考"自哪一个"书目",就是学术文论写作不规范的表现。在通俗性或普及性文稿的撰写中,如果引用他人的研究成果或相关资料,作者也应当加以说明,否则就有抄袭、剽窃的嫌疑。

(三)反对文章一稿多投,或以自我复制的手段重复发表。我们将严格按照各自在征稿启事上公告的审稿期限处理来稿;作者在约定审稿时间内应保证不投向其他刊物发表。对违反约定而造成不良影响者,相关编辑部将联合采取必要的处置措施。

(四)坚决反对抄袭剽窃行为。我们商议决定,自 2003 年第四季度开始,凡投稿或已发表的作品被发现有抄袭剽窃行为者,各编辑部将采取联合行动，在三年之内拒绝发表该作者的任何稿件。对情节严重、影响极坏者，将按教育部下发《意见》的第三条第五款，通知作者单位并建议由作者所在单位按照教育部的《意见》要求对抄袭剽窃者做出相应处理，决不能让其稿费照拿、职称照评、官职依旧。必要时，将追究其法律责任。对以往犯有抄袭、剽窃行为的作者，则以教育帮助为主、惩处为辅。我们鼓励他们进行自我检查，自我教育，总结经验，吸取教训。

另外，我们也向各级教育、科研以及出版管理部门建言：

（一）建议各音乐院校、系科参考和借鉴国外学校的经验，在教学计划中开设一门有关怎样搞科研、如何治学写文论的课程，使学生有机会接受学术规范的专门训练，并举办有关知识产权保护、著作权法、出版法规等系列讲座，普及相关知识。教师如果缺乏这方面的知识也应进行补课。

（二）建议教育主管部门、人事部门改进职称评定机制。既要有学术著述的数量规定，更要有具体明确的质量要求。改革评委制度，建议分别成立各专业的评委会，避免不同专业间隔行如隔山式评审现象的发生。

（三）建议出版主管部门对音乐专业书谱的出版实行资格认证制度。没有合格的专职音乐编辑的出版社，不得出版音乐类专业图书。

以上声明祈望得到音乐界广大学人的关注、理解与支持，为端正学术风气、营造良好的学术环境而共同努力。些许建言，供相关部门的领导研究参考。

《人民音乐》《中央音乐学院学报》《中国音乐》《中国音乐学》《中国音乐教育》《天津音乐学院学报》《交响》《星海音乐学院学报》《钢琴艺术》《南京艺术学院学报》（音乐与表演版）、《音乐艺术》《音乐研究》《音乐爱好者》《音乐探索》《乐府新声》《黄钟》（以上排名按照刊物首字笔画为序）

2003 年 4 月 26 日
于国际知识产权保护日

# 附录五

## 关于对网络材料引用及期刊文章转载的申明

随着社会经济、科技、文化进步及学术传播媒介与环境的变革,治学方法乃至撰文所需的材料来源日趋多样化,传统理论期刊作为智力成果显现的主流方式也面临种种挑战。鉴于此现状,针对当前音乐理论、音乐出版领域相对突出且与文论写作、成果发布相关的事项,刊界同仁草拟如下申明:

第一,互联网的普及并融入日常生活,使得治学过程中依靠网络获取写作材料成为常态。但网络媒体在其诸多便利之外尚具虚拟性、可变更性等特点,尤其是一些依靠数字技术所搭建的自媒体平台,更易使网络材料出现主观而片面的缺陷。因此,对于广大作者在写作中对网络信息的使用,我们建议多做核实、比对、分析,同时应以严谨的态度、规范的方式做好资料出处的标注,明确所引网络资料的责任者、文献题名、文献类型、网址、入网时间(或查阅时间)等信息。

第二,随着博客、微信等自媒体平台的大众化传播,借用各个理论期刊所载内容进行重新包装上线的现象日益多见,一些无视期刊权益的事例随之出现。在此,我们建议各位作者、自媒体平台的从业者,能够尽快建立起尊重知识产权、尊重学术规范的行为操守,于自媒体平台乃至其他网络平台推出已载文论、资讯时,须在显要位置标明原载期刊名、期号等详尽信息；同时，应借鉴数据库平台推送时间滞后期刊出版时间的方式，于纸介期刊出版至少一个月之后方可上线；假如所推送文论为作者自存底本或者对原刊用内容做出了修改，也应在适当位置予以注明。

第三，出版业的发达与出版资金的充裕，使得各类以期刊已载文论做结集出版的现象愈益常见。其中的多数出版物能够具有基本的学术规范意识，也体现出对原刊用媒体的尊重，但仍有部分的作者、编者、出版者无视学术共同体的执业规范、无视原刊媒体的各项权益，在所编辑推出的文集中不做明确、详实的文论来历说明，不做文稿修订情况的说明，侵害了期刊的利益，也扰乱了读者的阅读甚至传播了不实信息。对此现象，我们建议当事者能够慎重并予改进。

学术建设，文化繁荣，需要各方面通力协作并相互尊重。在此，我们音乐理论期刊界同仁谨向全国的作者、读者、出版人发出呼吁，希望大家共同维护自己所从事的文化事业。

《人民音乐》《中小学音乐教育》《中央音乐学院学报》《中国音乐》《中国音乐学》《中国音乐教育》《天津音乐学院学报》《乐府新声》《交响》《南京艺术学院学报》（音乐与表演版）、《星海音乐学院学报》《钢琴艺术》《音乐艺术》《音乐传播》《音乐研究》《音乐探索》《黄钟》《歌唱艺术》（以上排名按照刊物首字笔画为序）

2015 年 11 月 28 日
于第八届全国音乐理论期刊工作研讨会召开之际

# 附录六

## 中国高等学校社会科学学报编排规范
### （修订版）

为适应学术期刊文献信息传播现代化的需要，推动高等学校社会科学学报编排规范化，提高学报质量，扩大学术交流，根据有关国家标准和法规文件，并结合学报编排的实际，特制定本规范。

### 1 内容与适应范围

本规范规定了学报的基本项目、结构和编排格式，适用于高等学校人文社会科学学报和高等学校主办的专业性社会科学期刊，也可供其他社会科学期刊参照使用。

### 2 引用标准及参考规范文件

GB/T 1.1－93 标准化工作导则标准编写的基本规定

GB 788－87 图书杂志开本及其幅面尺寸

GB/T 3179－92 科学技术期刊编排格式

GB 7713－87 科学技术报告、学位论文和学术论文的编排格式

GB 9999－88 中国标准刊号

GB 3259-92 中文书刊名称汉语拼音拼写法

GB 11668-89 图书和其他出版物的书脊规则

GB 6447-86 文摘编写规则

GB/T 3860-1995 文献叙词标引规则

GB/T 7408-94 数据和交换格式信息交换日期和时间表示法

GB/T 15835-1995 出版物上数字用法的规定

GB 3100-3102-93 量和单位

GB/T 15834-1995 标点符号用法

GB 7714-87 文后参考文献著录规则

GB 3469-83 文献类型与文献载体代码

新闻出版署，国家语言文字工作委员会. 出版物汉字使用管理规定，1992-07-07

新闻出版署. 社会科学期刊质量管理标准，1995-06-13

新闻出版署. 期刊管理暂行规定，1998-11-24

CAJ-CD B/T 1-1998 中国学术期刊（光盘版）检索与评价数据规范，1999-01-12

## 3 基本版式

3.1 每种学报的版式应力求统一和稳定。

3.2 采用 16 开本，幅面尺寸为 188mm×260mm 或 210mm×297mm。也可采用其他开本。所有开本尺寸的误差均为 ±1mm。

3.3 正文一般采用通栏或双栏横排，也可采用其他版式。

3.4 定期出版，周期一般不长于一季度；一年之内每期页码应固定。

## 4 封面

4.1 封面设计应庄重大方，体现刊物特点，并保持相对稳定。

4.2 封面上应标示中文刊名（包括刊名汉语拼音或自治民族文字刊

名)、英文刊名、出版年份、卷次、期次。刊名应置于显要位置，并采用规范汉字。主办学校全称如未能在刊名中出现，应在封面予以标注。数字一律用阿拉伯数字表示。国际标准刊号（ISSN）应使用不小于新5号字印在封面右上角。条码应按规定印在封面左下角或封底右下角。

4.3 封底一般为版权页。应在固定位置标注中文刊名全称，创刊年，刊期，出版年份、卷次、期次，主办单位，主编姓名，编辑者，出版者及其地址、邮政编码，印刷单位，发行单位，中国标准刊号（含国际标准刊号、国内统一刊号），国内代号，国外代号，广告经营许可证号，定价以及出版日期；公开发行的学报，应用英文著录刊名全称及主要的版权事项。

4.4 厚度超过5mm的学报，应在书脊上排印书脊名称，包括中文刊名全称、出版年份、卷次、期次；一般纵排，数字用汉字表示。无法排印书脊名称的学报，可在封四紧挨书脊边缘不少于15mm处印刷边缘名称，其内容同书脊名称。

## 5 目次页

5.1 目次页版头应标注刊名全称、出版年月、卷次、期次或同时标明总期次。

5.2 中文目次表应列出本期全部文章的篇名、作者姓名和起始页码。英文目次表可选择列出重要文章的篇名、作者姓名和起始页码，排于中文目次表之后。作者超过3人时也可仅列前3人，后面加"等"字。

5.3 目次表可按学报内文章的顺序排列，也可分专栏排列。各种补白短文的篇名用较小字号集中排列于主要文章之后。

5.4 目次页所在位置各期应相同，如有必要变更，应从新一卷（年）的第1期开始。

## 6 页码与刊眉

6.1 页码是学报每期正文（含扉页、目次页）的连续编码，用阿拉伯数字表示。

6.2 刊眉应标注中英文刊名全称、卷次、期次、出版年月，一般排在正文篇名页。

## 7 篇名

篇名应简明、具体、确切，能概括文章的特定内容，符合编制题录、索引和检索的有关原则，一般不超过 20 个字。必要时可加副篇名，用较小字号另行起排。篇名应尽量避免使用非公知公用的缩略语、字符、代号和公式。

## 8 作者署名及工作单位

8.1 文章均应有作者署名。作者姓名置于篇名下方，团体作者的执笔人也可标注于篇首页地脚位置。译文的署名，应著者在前，译者在后，著者前用方括号标明国籍。各种补白短文，作者姓名亦可标注于正文末尾。

8.2 中国作者姓名的汉语拼音采用姓前名后，中间为空格，姓氏的全部字母均大写，复姓连写；名字的首字母大写，双名中间加连字符，姓氏与名均不缩写。

示例：

ZHANG Ying（张颖），WANG Xi‐lian（王锡联），ZHUGE Hua（诸葛华）

8.3 对作者应标明其工作单位全称、所在省、城市名及邮政编码，加圆括号置于作者署名下方。

8.4 多位作者的署名之间用逗号隔开；不同工作单位的作者，应在姓名右上角加注不同的阿拉伯数字序号，并在其工作单位名称之前加注与作者姓名序号相同的数字；各工作单位之间连排时以分号隔开。

示例：

熊易群[1]，贾改莲[2]，钟小锋[1]，刘建君[1]
（1.陕西师范大学教育系，陕西西安 710062；2.陕西省教育学院教育系，陕西西安 710061）

## 9 摘要

公开发行的学报，其论文应附有中英文摘要。摘要应能客观地反映论文主要内容的信息，具有独立性和自含性。一般不超过 200 字，以与正文不同的字体字号排在作者署名与关键词之间。英文摘要的内容一般应与中文摘要相对应。中文摘要前以"摘要："或"［摘要］"作为标识；英文摘要前以"Abstract："作为标识。

## 10 关键词

关键词是反映论文主题概念的词或词组，一般每篇可选 3～8 个，应尽量从《汉语主题词表》中选用。未被词表收录的新学科、新技术中的重要术语和地区、人物、文献等名称，也可作为关键词标注。关键词应以与正文不同的字体字号编排在摘要下方。多个关键词之间用分号分隔。中英文关键词应一一对应。中文关键词前以"关键词："或"［关键词］"作为标识；英文关键词前以"Key words："作为标识。

示例：

关键词：《左传》；语言艺术；修辞；交际语言

## 11 分类号

应按照《中国图书馆分类法》（第 4 版）对每篇论文标引分类号。涉及多主题的论文，一篇可给出几个分类号，主分类号排在第 1 位，多个分类号之间以分号分隔。分类号排在关键词之后，其前以"中图分类号："或"［中图分类号］"作为标识。

示例：

中图分类号：A81；D05

## 12 文献标识码

按照《中国学术期刊（光盘版）检索与评价数据规范》规定，每篇文章均应标识相应的文献标识码：A—理论与应用研究学术论文；B—理论学习与社会实践总结；C—业务指导与技术管理性文章；D—动态性信息；E—文件、资料。中文文章的文献标识码以"文献标识码："或"［文献标识码］"作为标识。

示例：

文献标识码：A

## 13 文章编号

凡具有文献标识码的文章均可标识一个数字化的文章编号；其中 A、B、C 三类文章必须编号。文章编号由每一学报的国际标准刊号、出版年、期次号及文章篇首页页码和页数等 5 段共 20 位数字组成，其结构为：XXXX – XXXX（YYYY）NN – PPPP – CC。其中文标识为"文章编号："或"［文章编号］"。

示例：

文章编号：1000 – 5293（1999）01 – 0066 – 09

## 14 收稿日期

14.1 收稿日期是指编辑部收到文稿的日期，必要时可加注修改稿收到日期。

14.2 收稿日期采用阿拉伯数字全数字式日期表示法标注，以"收稿日期："或"[收稿日期]"作为标识，排在篇名页地脚，并用10字距正线与正文分开。

示例：

收稿日期：1998-08-18

## 15 基金项目

获得基金资助产出的文章应以"基金项目："或"[基金项目]"作为标识注明基金项目名称，并在圆括号内注明项目编号。多项基金项目应依次列出，其间以分号隔开。基金项目排在收稿日期之后。

示例：

基金项目：国家社会科学规划基金资助项目（96BJL001）

## 16 作者简介

对文章主要作者的姓名、出生年、性别、民族（汉族可省略）、籍贯、职称、学位等做出介绍，其前以"作者简介："或"[作者简介]"作为标识。一般排在篇首页地脚，置于收稿日期（或基金项目）之后。同一篇文章的其他主要作者简介可以在同一"作者简介："或"[作者简介]"标识后相继列出，其间以分号隔开。

示例：

作者简介：乌兰娜（1968— ），女，蒙古族，内蒙古达拉特旗人，内蒙古大学历史学系副教授，博士。

17 正文

17.1 文内标题力求简短、明确，题末不用标点符号（问号、叹号、省略号除外）。层次不宜过多，一般不超过 5 级。大段落的标题居中排列，可不加序号。层次序号可采用一、（一）、1、(1)、1）；不宜用①，以与注号区别。文中应做到不背题，一行不占页，一字不占行。

17.2 用字应符合现代汉语规范，除某些古籍整理和古汉语方面的文章外，避免使用旧体字、异体字和繁体字。简化字应执行新闻出版署和国家语言文字工作委员会 1992 年 7 月 7 日发布的《出版物汉字使用管理规定》，以 1986 年 10 月 10 日重新发表的《简化字总表》为准。

17.3 标点符号使用要遵守 GB/T 15834 - 1995《标点符号用法》的规定（参考文献著录中的标点作为标识的用法另据后文规定），除前引号、前括号、破折号、省略号外，其余都应紧接文字后面，不能排在行首。夹注及表格内的文句末尾不用句号。著作、文章、文件、刊物、报纸等均用书名号。用数字简称的会议或事件，只在数字上加引号；用地名简称的，不加引号。外文的标点符号应遵循外文的习惯用法。

17.4 数字使用应执行 GB/T 15835 - 1995《出版物上数字用法的规定》，凡公历世纪、年代、年、月、日、时刻和各种记数与计量（包括正负数、分数、小数、百分比、约数），均采用阿拉伯数字。年份不能简写。星期几一律用汉字。非公历纪年用汉字，并加圆括号注明公元纪年。多位的阿拉伯数字不能移行。4 位以上数字采用 3 位分节法，即节与节之间空 1/4 字距。5 位以上的数字尾数零多的，可以"万""亿"作单位。数字作为语素构成定型的词、词组、惯用词、缩略语，应使用汉字。邻近两个数字并列连用所表示的概数均使用汉字数字。

17.5 插图和照片应比例适当，清楚美观；图中文字与符号一律植字。插图应标明图序和图题，序号和图题之间空1字；图序以阿拉伯数字连续编号，仅有1图者于图题处标明"图1"；图题一般居中排于图的下方。图一般随文编排，图较多时也可集中排在文末或其他适当位置。插图的横向尺寸不超过版面2/3者，图旁应串文。图需卧排时，应顶左底右。插页图版可另编页码，并在图版上方标识文章篇名和所在页码。

17.6 表格应结构简洁，具有自明性。尽可能采用三线表，必要时可加辅助线。表格应有表序和表题。序号和表题居中排于表格上方，两者之间空1字。表序以阿拉伯数字连续编号，仅有1表者，于表题处标明"表1"。表内数据一律采用阿拉伯数字。个位数、小数点位置应上下对齐。相邻行格内的数字或文字相同时，应重复填写。表一般随文编排，先见文字后见表。表格的横向尺寸不超过版面2/3者，表旁应串文。表需卧排时，应顶左底右；需跨页时，一般排为双面跨单面；需转页时，应在续表上方居中注明"续表X"，表头重复排出。

17.7 文稿中的计量单位应严格执行 GB 3100-3102-93《量和单位》的规定。

17.8 文稿中的数学公式应简明、准确地表达各个量之间的关系，一般另行编排，主辅线须区分清楚。在不引起误解的前提下，某些公式也可夹在文句中间。数学公式的编排，应遵循量、符号的书写规则。

17.9 每篇文章应尽可能排在连续页码上。确需转页时应在当页最末一行标点停顿处注明"下转第X页"；在接转部分之前注明"上接第X页"，字体与正文区别，加圆括号。转页应尽可能少，并不可逆转。

17.10 分期连载的长文，应在每期篇名之后加注连载序号，文末加注"待续"，最末一期加注"续完"。

## 18 致谢

致谢是作者对认为需要感谢的组织或个人表示谢意的文字，排于注释及参考文献之前，字体应与正文有所区别。

## 19 注释

注释主要用于对文章篇名、作者及文内某一特定内容做必要的解释或说明。篇名、作者注置于当页地脚；对文内有关特定内容的注释可夹在文内（加圆括号），也可排在当页地脚或文末。序号用带圆圈的阿拉伯数字表示。

## 20 参考文献

20.1 参考文献的著录应执行 GB 7714-87《文后参考文献著录规则》及《中国学术期刊（光盘版）检索与评价数据规范》规则，采用顺序编码制，在引文处按论文中引用文献出现的先后以阿拉伯数字连续编码，序号置于方括号内。一种文献在同一文中被反复引用者，用同一序号标示，需表明引文具体出处的，可在序号后加圆括号注明页码或章、节、篇名，采用小于正文的字号编排。

20.2 文后参考文献的著录项目要齐全，其排列顺序以在正文中出现的先后为准；参考文献列表时应以"参考文献："（左顶格）或"[参考文献]"（居中）作为标识；序号左顶格，用阿拉伯数字加方括号标示；每一条目的最后均以实心点结束。

20.3 各种参考文献的类型，根据 GB 3469-83《文献类型与文献载体代码》规定，以单字母方式标识：M—专著，C—论文集，N—报纸文章，J—期刊文章，D—学位论文，R—研究报告，S—标准，P—专利；对于专著、论文集中的析出文献采用单字母"A"标识，对于其他未说明的文献类型，采用单字母"Z"标识。

对于数据库、计算机程序及电子公告等电子文献类型，以双字母作为标识：DB—数据库，CP—计算机程序，EB—电子公告。

对于非纸张型载体电子文献，需在参考文献标识中同时标明其载体类型，建议采用双字母表示：MT—磁带，DK—磁盘，CD—光盘，OL—联机网络，并以下列格式表示包括了文献载体类型的参考文献类型标识：DB/OL—联机网上数据库，DB/MT—磁带数据库，M/CD—光盘图书，CP/DK—磁盘软件，J/OL—网上期刊，EB/OL—网上电子公告。

以纸张为载体的传统文献在引作参考文献时不注其载体类型。

20.4 参考文献著录的条目以小于正文的字号编排在文末。其格式为：

专著、论文集、学位论文、研究报告—［序号］主要责任者.文献题名［文献类型标识］.出版地：出版者，出版年.起止页码（任选）.

示例：

［1］周振甫.周易译注［M］.北京：中华书局，1991.

［2］陈崧.五四前后东西方文化问题论战文选［C］.北京：中国社会科学出版社，1985.

［3］陈桐生.中国史官文化与《史记》［D］.西安：陕西师范大学文学研究所，1992.

［4］白永秀，刘敢，任保平.西安金融、人才、技术三大要素市场培育与发展研究［R］.西安：陕西师范大学西北经济发展研究中心，1998.

期刊文章—［序号］主要责任者.文献题名［J］.刊名，年，卷（期）：起止页码.

示例：

［5］何龄修，读顾诚《南明史》［J］.中国史研究，1998，(3)：167-173.

论文集中的析出文献—［序号］析出文献主要责任者.析出文献题名［A］.原文献主要责任者（任选）.原文献题名［C］.出版地：出版者，出版年.析出文献起止页码.

示例：

[6] 瞿秋白.现代文明的问题与社会主义［A］.罗荣渠.从西化到现代化［C］.北京：北京大学出版社，1990．121－133．

报纸文章—［序号］主要责任者.文献题名［N］.报纸名，出版日期（版次）.

示例：

[7] 谢希德.创造学习的新思路［N］.人民日报，1998－12－25（10）.

国际标准、国家标准—［序号］标准编号，标准名称［S］.

示例：

[8] GB/T 16159－1996，汉语拼音正词法基本规则［S］.

电子文献—［序号］主要责任者.电子文献题名［电子文献及载体类型标识］.电子文献的出处或可获得地址，发表或更新日期/引用日期（任选）.

示例：

[9] 王明亮.关于中国学术期刊标准化数据库系统工程的进展［EB/01］.http://www.cajcd.cn/pub/wml.txt/980810－2.html，1998－08－16/1998－10－04.

[10] 万锦坤.中国大学学报论文文摘（1983—1993）.英文版［DB/CD］.北京：中国大百科全书出版社，1996.

各种未定类型的文献 —［序号］主要责任者.文献题名［Z］.出版地：出版者，出版年.

示例：

［11］张永禄.唐代长安词典［Z］.西安：陕西人民出版社，1980.

20.5 注释集中排在文末时，参考文献排在注释之后。

21 总目次

21.1 每年（卷）最后一期末尾应有全年的总目次，其版头应标明刊名全称及出版年起讫期次。

21.2 总目次根据所设栏目及一般图书报刊资料索引学科分类方法，全年统一编排。

22 期刊基本参数

按照《中国学术期刊（光盘版）检索与评价数据规范》的规定，宜在每期目次页下方排印期刊基本参数，其项目及排列顺序为：

国内统一刊号＊创刊年＊出版周期代码＊开本＊本期页码＊语种代码＊载体类型代码＊本期定价＊本期印数＊本期文章总篇数＊出版年月。出版周期代码为 1 位字母：m—月刊，b—双月刊，q—季刊，f—半年刊，a—年刊；开本按 GB 788-87《图书杂志开本及其幅面尺寸》规定用 A 系列代号表示，对传统开本仍用数字表示；语种代码按 GB 4880-91《语种名称代码》规定用双字母表示：汉文—h，英文—en，蒙古文—mn，哈萨克文—kk，维吾尔文—ug，藏文—bo，朝鲜文—ko，对于混合文种，可同时列出（如 zh＋en）；文献载体代码，按 GB 3469-83《文献类型与文献载体代码》规定，采用 1 位字母表示：P—印刷体，M—缩微制品，有关电子文献的载体类型见 19.3；文章总篇数为本期中具有文献标识码的文章篇数的总和。参数前以"期刊基本参数:"或"［期刊基本参数］"作为标识。

示例：

期刊基本参数：CN – 1012/C * 1960 * Q * 16 * 176 * ZH * P * ￥5.60 * 1800 * 30 * 1999 – 01

23 电子邮件与网络地址

按照《中国学术期刊（光盘版）检索与评价数据规范》规定，宜在版权页适当位置编排编辑部电子邮件地址（E – mail）和网络地址（http）。

示例：

E – mail: caj – cd@ tsinghua. edu. cn
http:∥www. cajcd. edu. cn

24 增刊与专辑

24.1 增刊是指按出版周期出版的期次以外增加的期刊，应在封面上标注"增刊"字样。多于 1 期，应在一年（卷）内单独编连续期次，在封面上予以标注。增刊应以与正刊同样的宗旨及规格编排出版，与正刊发行范围一致。

24.2 专辑是指专题论文集，可纳入学报正刊或增刊的年（卷）期次，并在封面上标注专题名称。

25 更改刊名

25.1 刊名应稳定，需要更改时应报经有关管理部门批准并在本刊发表启事。

25.2 更改刊名，最好从一年（卷）的第 1 期开始，并在新刊发行的第二年内于每期封面上标示原刊名。

26 其他

26.1 公开发行的学报不得转载或摘编内部发行的图书、报纸、期刊和其他内部出版物的内容，不得刊登涉及内部出版物的出版活动消息。

26.2 公开发行的学报不得刊登非正式期刊、报纸或其他内部出版物的广告，也不得为内部发行的报纸、期刊、图书刊登广告。

附加说明：

本规范由中国人文社会科学学报学会提出。

本规范由中国人文社会科学学报学会学术委员会负责起草。

本规范起草人：张积玉。

本规范经中国人文社会科学学报学会 1999 年 3 月 8—10 日主持召开的《中国高等学校社会科学学报编排规范》定稿会讨论定稿。由教育部社会科学与政治思想教育司 1999 年 12 月 13 日主持召开的专家鉴定会评审通过。

# 附录七

## 《中国音乐学》注释格式调整说明

为推进音乐学术期刊编辑工作规范化，方便学术交流，本刊据中华人民共和国国家标准《文后参考文献著录规则》（GB 7714-87）和《中国高等学校社会科学学报编排规范》（修订版）相关规定，并参考《中国社会科学》《历史研究》等人文社科期刊注释规范，从2010年第3期起调整论文注释格式。

### 一、注释体例及文献标识

论文注释分"正文补充说明"和"引证文献出处"两大类。前者以脚注形式列于页下，后者以尾注形式列于文后。引证文献的类型标识，如"专著［M］、论文集［C］"等不再列出。

### 二、引证文献的标注格式

（一）普通图书

标注格式：责任者与责任方式/文献题名/卷册与版本（初版省略）/出版地点/出版者/出版时间/页码。责任方式为"著"时，"著"可省略，其他责任方式不可省略。引用翻译著作时，著者前加注国别，译者作为第二责任者置于文献题名之后。责任者、译者、出版社如为多数，则人名或单位名之间用顿号隔开。

示例：

缪天瑞：《律学》（第三次修订版），北京：人民音乐出版社，1996年，第149页。

［日］岸边成雄：《唐代音乐史的研究》（制度篇，上册），梁在平、黄志炯译，台北：中华书局，1973年，第129-130页。

（二）古籍

1. 刻本

标注格式：朝代/责任者与责任方式/文献题名/卷次、篇名、部类（选项）/版本/页码。文献题名、部类名及篇名用书名号表示，其中不同层次可用中圆点隔开，卷次以中国数字标记。

示例：

［清］段玉裁：《经韵楼集》卷八，清嘉庆十九年刻本，第9页下-10页上。

2. 点校本、整理本

标注格式：朝代/责任者与责任方式/文献题名/卷次、篇名、部类（选项）/出版地点/出版者/出版时间/页码。可在文献题名后注明"点注"或"整理"者姓名。

示例：

［明］沈德符：《万历野获篇·时尚小令》卷二五，北京：中华书局，1959年，第647页。

3. 影印本

标注格式：朝代/责任者与责任方式/文献题名/卷次、篇名、部类（选项）/出版地点/出版者/出版时间/（影印）页码。可在出版时间后注明"影印本"。为便于读者查找，缩印的古籍，引用页码还可标明上、中、下栏（选项）。

示例：

[明] 朱载堉：《乐律全书》卷二五，台北：商务印书馆，2008 年影印《四库全书》本，第 214 册，第 45–46 页。

4. 其他

常用基本典籍、官修大型典籍以及书名中含有作者姓名的文集可不标注作者，如《论语》"二十四史"《资治通鉴》《全唐文》《册府元龟》《清实录》《四库全书总目提要》《陶渊明集》等。

(三) 期刊及报纸文献

1. 期刊

标注格式：责任者/文献题名/期刊名/年期（或卷期，出版年月）。刊名与其他期刊相同，应在刊名后括注出版地点，以示区别；同一种期刊有两个以上的版别时，引用时须注明版别。

示例：

陈应时：《中国古代文献记载中的"律学"》，《中国音乐》1987 年第 2 期。

2. 报纸

标注格式：责任者/篇名/报纸名称/出版年月日/版次。早期中文报纸无版次，可标识卷册、时间或栏目及页码（选项）。同名报纸应标示出版地点以示区别。

示例：

黄翔鹏：《战友的哀思》，《北京音乐报》1983年8月10日，第1版。

（四）析出与转引文献

1. 析出文献

标注格式：责任者/析出文献题名/文集责任者与责任方式/文集题名/出版地点/出版者/出版时间/页码。文集责任者与析出文献责任者相同时，可省去文集责任者。

示例：

［明］何良俊：《曲论》，中国戏曲研究院编：《中国古典戏曲论著集成》（四），北京：中国戏剧出版社，1959年，第6页。

2. 转引文献

无法直接引用的文献，转引自他人著作时，须标明。标注顺序：责任者/原文献题名/原文献版本信息/原页码（或卷期）/转引文献责任者/转引文献题名/版本信息/页码。

示例：

［法］钱德明：《中国古今音乐记》，转引自陶亚兵：《中西音乐交流史稿》，北京：中国大百科全书出版社，1994年，第123页。

（五）外文文献（以英文为例）

1. 引证外文文献，原则上使用该语种通行的引证标注方式。
2. 本规范仅列举英文文献的标注方式如下：

(1) 专著

标注顺序：责任者与责任方式/文献题名/出版地点/出版者/出版时间/页码。文献题名用斜体，出版地点后用英文冒号，其余各标注项目之间，用英文逗点隔开。

示例：

Merriam, Alan. *The Anthropology of Music.* Evanston, Illinois: Northwest University press. 1964. pp. 19 – 28.

(2) 期刊析出文献

标注顺序：责任者/析出文献题名/期刊名/卷册及出版时间/页码。

示例：

Abrahams, Roger D. , Introductory Remarks to the Rhetorical Theory of Folklore, *Journal of American Folklore* 81. 1968. pp. 143 – 158.

(3) 文集析出文献

标注顺序：责任者/析出文献题名/文集题名/编者/出版地点/出版者/出版时间/页码。

示例：

Bell, Catherine. Religion and Chinese Culture: Toward an Assessment of Popular Religion. *History of Religions* 29, the University of Chicago, 1989, pp. 33 – 57.

(六) 电子文献

电子文献包括以数码方式记录的所有文献（含以胶片、磁带等介质记录的电影、录影、录音等音像文献）。标注项目与顺序：责任者/电子文献题名/更新或修改日期/获取和访问路径/引用日期。

示例:

王蒙:《走向世界与走向我们》,2010 年 4 月 28 日,http://news.163.com/10/0428/12/65BV3GPR00014AEE.html,登陆时间:2010 年 6 月 1 日。

Moretti, Franco,'Planet Hollywood', in *New Left Review* 9 ( May – June 2001):90 – 101( also available at http://www.newleftreview.org/? view = 2324).

(七) 未刊文献

未刊文献包括学位论文、会议论文、油印本、手稿、档案等,标注格式为:责任者/文献标题/论文性质/地点或学校/文献形成时间/页码。油印本、手稿及档案资料,应标明文献形成时间、卷宗号或其他编号、藏所等信息。

示例:

李幼平:《大晟钟与宋代黄钟标准音高研究》,博士学位论文,中国艺术研究院,2000 年,第 67 页。

## 三、其他说明

1. 再次引证时的项目简化

同篇论文中同一文献再次引证时,只需标注责任者、题名、页码,其他信息可以省略。

2. 间接引文的标注

间接引文通常以"参见"或"详见"等引领词引导,反映出与正文行文的呼应，标注时应注出具体参考引证的起止页码或章节。标注项目、顺序与格式同直接引文。

3. 引用先秦诸子等常用经典古籍，可使用夹注，夹注字体与正文相同。

4. 所引资料如独立成段，则以不同于正文的字体标出，以示区别。

（据《中国音乐学》2010年第3期所载同名文件整理。另外，本附录及以下三个附录均为学术刊物依照自身情况编订的著录体系，本书仅作为参考资料而如实列述。）

# 附录八

## 《中央音乐学院学报》稿约及著录规范

《中央音乐学院学报》是国内外发行并具有广泛影响力的音乐理论学术季刊。本刊致力于为海内外音乐院校和科研院所的学者、师生提供学术耕耘的园地。为进一步方便作者写作和读者阅读，现公布稿约及投稿规定如下：

（一）本刊欢迎研究背景清楚、观点鲜明、论证严密、结构严谨，篇幅为1万字左右的论文。来稿请附上200字左右的中文摘要、3—5个关键词、作者简介（含作者姓名、出生年、性别、民族、工作单位、职称或职务），详细通信地址、邮政编码、电话、身份证号码。翻译稿请附原文和版权授予书。投稿若是科研基金项目，请注明项目名称和项目编号。

（二）本刊的论文著录不再区分注释（主要对文章某一特定内容和观点做进一步的解释或补充说明之文字）与参考文献，二者皆于文中统一顺序编号（① ② ③），以页下注的形式出现。来稿的注释与参考文献著录的项目需齐全，不用再加文献标识，具体规定如下：

1. 中文参考文献

专著——作者（多名作者间用顿号区隔）：文献名，出版地（具体为出版城市等，不能随出版地名的改变而改变，应用当时的出版地名）：出版单位，出版年，页码（如：第11页，第25、33页，第25—27页）。

译著——原著作者（作者名前须用〔 〕括附国籍简称，如〔英〕）：

文献名，译者（如：傅雷译），出版地：出版单位，出版年，页码。

期刊文章——作者：文献名，刊名，年，卷（期）（如：第6卷，第3期），页码（析出文章的起止页码或引文的当前页码）。

示例：

叶琳：《广东音乐的生命力在于民间》，《人民音乐》，2009年，第5期，第93页。

报章文章——作者：文献名，报章名，出版日期（版次）（如：1989年1月8日第3版）。

词典、文集的析出文献——析出文献作者：析出文献名，专著责任者：专著名，出版地：出版单位，出版年，页码（析出文章的起止页码或引文的当前页码）。

示例：

马克思：《〈资本论〉第一卷第二版跋》，《马克思恩格斯选集》第2卷，北京：人民出版社，1972年，第218页。

电子文献——作者：文献名，电子文献的出版者或可获得网址，发表或更新日期/引用日期（任选）。

上述中文文献名（包括书名，报刊名，报刊、文集和词典中的析出文献名，电子文献题名）均须用书名号表示。

2. 古文参考文献

尽量引用经整理的新版本文献（如《二十四史》），著录格式同普通中文参考文献，但须用〔 〕标明著者的朝代名。未经整理的版本，有多少信息就著录多少信息：如藏书机构、刻本等。凡出现多种责任人，须注明：ＸＸＸ、ＸＸＸ书，ＸＸＸ校点，ＸＸＸ注疏。

示例：

〔唐〕欧阳询：《艺文类聚》卷十九，汪绍楹校，上海：上海古籍出版社，1982年，第353页。

〔汉〕刘熙撰、〔清〕毕沅疏证、王先谦补：《释名疏证补》，北京：中华书局，2008年，第215页。

3. 谱例、图例

谱例、图例须清楚。谱例请用五线谱，且不应超过文字篇幅的三分之一。谱例、图例若引自正式出版物，须加注释，并按中、外文参考文献著录规范标注。若为非正式出版物，既可作为注释，也可在谱例和图例下面用异于正文的字体标明：演唱（奏）者，摄影、采录、记谱者，摄影、采录时间、地点等信息。

4. 外文参考文献

外文文献的著录规范基本同中文参考文献，但一定要用外文原文表述，切忌仅用中文表达外文原义。著录各项中，作者采用先名字后姓氏的写法（如：Olivier Messiaen, Stanley Sadie），多名作者间用逗号区隔，专著名及刊名用斜体字，期刊文章、析出文章题名和词条名用双引号，页码用 p.1；pp.12-18；pp.11, 109, 105 表示。

示例：

① Bruno Nettl, *The Study of Ethnomusicology: Twenty-nine Issues and Concepts*, Urbana and Chicago: University of Illinois Press, 1983, p.13.

② "Musicology", in Stanley Sadie ed., *The New Grove Dictionary of Music and Musicians*, London: Macmillan Publishers Ltd., 2001, vol.17, p.488.（析出文章的起止页码或引文的当前页码）

③ Philip Auslander, "Musical Personae", *Drama Review*, 50（1）, 2006, pp.117–125.

5. 译文的著录方式

译文的著录方式原则上应尊重原文的著录方式。

6. 引用马恩列斯经典著作，以及毛泽东、邓小平等国家领导人的著作应仔细核对原文，尽量采用人民出版社的最新版本。

7. 摘要

要求摘出文章中重要而有新意的主要观点，并给予客观、具体的陈述；应避免带主观性和情绪化的评论口吻和脱离具体内容的解释方式；应避免下述用语：①本文从几个方面论述了什么问题；②本文对什么问题提出了个人的独到见解等。

英文摘要不一定要重复中文摘要内容，表述内容可以不同，但同样须简明扼要。

（三）来稿应具有原创性，切勿一稿多投。本刊依据《著作权法》可对来稿的文字和内容进行适当的修改和删节。为宣传本刊或促进海内外学术交流，本刊全文或部分内容可能为其他书面、电子出版物收录、转载和摘编。对此，本刊不再另付稿酬。作者若不同意上述删改或转载行为，请务必在投稿时声明。

（四）投稿可采用电邮（以 E-mail 附件的形式）和邮寄两种投稿方式，在提供电子文本的同时也可提供纸质文本，并请尽可能提供图表和谱例的激光打印原件。

（五）收到稿件后，本刊将尽快回复。对于拟用稿件，将在 4 个月内以电话或电邮方式通知作者；4 个月后若没有接到本刊对稿件的处理意见，作者可自行改投他刊。稿件一经刊用，本刊将付与相应稿酬。

（据《中央音乐学院学报》2018 年第 1 期所载《〈中央音乐学院学报〉2018 年稿约及著录规范》整理）

# 附录九

## 《中国音乐》编校体例

### 一、篇章结构与标题

文稿篇章的设置须逻辑紧密，结构合理，层次清晰。标题序码一律使用中文格式书写，章节下如有小标题，标题序码仍用中文标记格式。其中，前面五级标题的序码为：

| 一、 | 二、 | 三、 | （一级序码） |
| （一） | （二） | （三） | （二级序码） |
| 1. | 2. | 3. | （三级序码） |
| （1） | （2） | （3） | （四级序码） |
| 1) | 2) | 3) | （五级序码） |

### 二、文字

（一）书写语言应符合现代汉语规范，除较为特殊的人名、地名，旧时作者的文集汇编以及作者有特殊要求外，避免使用旧体字、异体字和繁体字。用字须统一，使用简体正字。

（二）对不同写法的异形词的处理，以教育部、国家语委发布的《第一批异形词整理表》（GF 1001－2001）为准；未作规定的，建议使用《现代汉语词典》（第 5 版）中的推荐词形（即首选字词），并做到全文统一。

（三）人名、地名、书名、单位名、译名等的写法须统一。其中，翻译人名应采用国内通用的译法，可参照《英文报刊中文专有名词译法通则》（国家新闻出版广电总局，2018 年 2 月），《世界人名译名手册》（中国对外翻译出版公司）或《新英汉词典》所附外国人名译照表；无通用译法者，可按"名从主人"原则译出。地名可根据《最新世界地图集》（中国地图出版社），并参照《世界地名译名手册》（商务印书馆）、《世界地名录》（中国大百科全书出版社）。

### 三、标点符号

（一）中文标点符号的应用

1. 句号、问号、叹号、逗号、顿号、分号和冒号等不可出现在一行之首；引号、括号、书名号的前一半不可出现在一行之末，后一半不可出现在一行之首。

2. 一般文字的省略，使用省略号标示；整段文字或诗行的省略，可以使用 12 个小圆点（……………）标示。段落末尾的省略号后不用加句号，但段落中的省略可以使用句号。

3. 书名、篇名、报刊名、曲名等，用书名号标示；曲牌名称，用方头括号（【 】）；仪式环节的标示，用六角括号（〔 〕）。英文书名不能使用中文书名号，应使用斜体格式。

4. 外国人名和某些少数民族人名内各部分的分界，用间隔号（·）或半字线（-）标示。外国人名中（.）代表缩写，（-）表示连字符。

5. 年代、页码起讫的连字符使用半字线，如 1976－1982、第 56－89

页等；作者简介中的生辰年后也用半字线，如张ⅩⅩ（1985— ）。

6. 各级标题一般不用句末点号。但是，如果句末点号与语义的表达息息相关，就要加上句末点号。

7. 引文后注释号的位置，应根据引文的性质及上下文来确定。

a 一般情况下，引用完整的一段话，点号在引号内，注释号（阳圆格式）在引号外。例如："ⅩⅩⅩⅩ。"①

b 如果引者只是把引语作为自己话的一部分，即不完整的、夹引夹议和转述类的引文，句末的点号应放在引号和注释号之后。例如："ⅩⅩⅩⅩ"①。

8. 文中连续出现书名、加引号的短语或曲牌名、仪式环节标示等，各名称中间不用加顿号。例如：《红楼梦》《西游记》《水浒》；"大人""小孩""老人"。

9. 在正文中，当作者进行详细阐述时，使用"第一，第二，"或者"其一，其二，"等表示。

（二）外文标点符号的应用

外国人名的缩写字母与中文译名并用时，缩写字母与中文之间用下脚点（.）标示；中文与外文之间用间隔号（·）标示。中外文混排时，如果只是在中文中夹用一些外文单词、短语，整个句子仍为中文，应使用中文标点；如果文中整句、整段引用外文，引用部分要按所引文种的规定使用用标点符号。

示例：

A. 罗伯特·李　　　埃德蒙·S.卡彭特

虽然大家都开始淡忘 DOS 烦琐的指令，然而它曾经是 Windows 通行之前常用的 Disc Operating System（磁盘操作系统）。

相关观点，可参见 Kevin Kennedy, Competition Law and the World

Trade Organization: the Limits of Multilateralism, London: Sweet & Maxwell Ltd., 2001.

### 四、数字用法

1. 公历世纪、年代、年、月、日的记写，时间的时、分、秒记写，均使用阿拉伯数字。

2. 年份不能简写。不能使用"1980 年代"这种写法，应该以"20 世纪 80 年代"方式来书写。

3. 中国干支纪年和夏历月日，使用汉字；星期几，使用汉字。

4. 中国清代和清代以前的历史纪年、各民族的非公历纪年使用汉字，并用公历阿拉伯数字标记括注其后。

5. 四位以内的整数可以不分节；五位以上的数字尾数为零的，可以"万""亿"作单位。数值巨大的精确数字，用逗号以 3 个数字做分隔。

6. 用数词命名的历史事件，应在数词外加引号，数词间加间隔号。例如："一二·九"运动、"九一八"事变。如果事件比较重要，不加引号或间隔号不妨碍理解，也可以不添加引号和间隔号，例如六一儿童节、五一劳动节、五四运动。用地名简称事件的不加引号，例如遵义会议、卢沟桥事变。

### 五、引文

1. 重要政治文献包括中央文件等，均须校核原文，并以人民出版社的最新版本为准。

2. 旧时作者的著作或文章结集出版，可依当时的版本。引文需要做核对。

3. 凡独立成段的直接引文，其字体要区别于正文字体。

## 六、图表

1. 书中的表或图，应遵循先见文字后见表或图的原则。

2. 图片应编序号，按照分章排序，需要加图注和来源，相关文字说明排在图注之下。"图1"字样在图片的下面，"表1"字样在表格的上面。

3. 表格应编序号，按照分章排序。表的项目栏中各栏标注应齐全。若所有栏的单位相同，应将该单位标注在表的右上角。表中内容相同的相邻栏或上下栏，一般不得以"同左""同上"等字样代替（文字特别多的除外）。表题排在表的上方；表的资料来源另加注释，说明文字居表下；跨页排时，需在表的右上排"续表"字样，表头重复排出。

4. 表或图中反映的信息应与正文表述一致。表身框格内没有内容时，要写"无"或者加注说明情况，不能留白。

5. 所用地图一定要有版本说明（出处）。可以自制地图，但要符合事实。

## 七、注释

### （一）注号

注释（除文内注外）一般采取页下注（脚注）形式，注释序号用①②③标示，注意文中阳圆标记与脚注序号一致。引用的某篇文章的文字需要在文章中加引号，并在引用结束处插入注释号码，具体格式参见以下各示例，同时需在注释处标注具体页码；如果只是参见了某人的观点或概况，而没有具体引用他人的文字，此时注释号加在观点结束处，注释可以不加具体页码。

示例：

参见毛泽东：《毛泽东选集》第1卷，北京：人民出版社，1991年。

## (二) 标注格式

### 1. 著作

责任者与责任方式：书名/卷册，出版地：出版者，出版时间，页码。（不写版次）

示例：

余东华：《论智慧》，北京：中国社会科学出版社，2005年，第35页。

毛泽东：《毛泽东选集》第1卷，北京：人民出版社，1991年，第7页。

### 2. 译著

责任者国别、责任者与责任方式：书名，其他责任者与责任方式，出版地：出版者，出版时间，页码。国籍用〔 〕（六角括号）、朝代用［ ］标记。

示例：

〔美〕弗朗西斯·福山：《历史的终结及最后之人》，黄胜强等译，北京：中国社会科学出版社，2003年，第7页。

### 3. 析出文献

责任者：析出文献题名，所载文集责任者与责任方式：所载文集，出版地：出版者，出版时间，页码。

示例：

刘民权等：《地区间发展不平衡与农村地区资金外流的关系分析》，载姚洋：《转轨中国：审视社会公正和平等》，北京：中国人民大学出版社，2004年，第138-139页。

4. 期刊、报纸

责任者：所引文章名/所载期刊名，年期（或卷期、出版年月）。责任者：所引文章名/所载报纸名称，出版年、月、日及版别。

示例：

袁连生：《我国义务教育财政不公平探讨》，《教育与经济》，2001年，第4期，第5页。

杨侠：《品牌房企两极分化中小企业"危""机"并存》，《参考消息》，2009年4月3日，第8版。

5. 转引文献

责任者：文献题名，转引文献责任者与责任方式：转引文献题名，出版地：出版者，出版时间，页码。

示例：

费孝通：《城乡和边区发展的思考》，转引自魏宏聚：《偏失与匡正——义务教育经费投入政策失真现象研究》，北京：中国社会科学出版社，2008年，第44页。

参见江帆：《生态民俗学》，哈尔滨：黑龙江人民出版社，2003年，第60页。

6. 未刊文献

（1）学位论文、会议论文等

责任者：文献题名，论文性质/文献形成时间地点或学校，页码。

示例：

赵可：《市政改革与城市发展》，2000年四川大学博士学位论文，第21页。

任东来:《对国际体制和国际制度的理解和翻译》,天津:"全球化与亚太区域化国际研讨会",2006年6月,第9页。

(2)档案文献
文献题名,文献形成时间,藏所,卷宗号或编号。
示例:

《汉口各街市行道树报告》,1929年,武汉市档案馆藏,资料号:Bb1122/3。

7. 电子文献
责任者与责任方式:文献题名,获取或访问路径,时间。
示例:

陈旭阳:《关于区域旅游产业发展环境及其战略的研究》,中国知网(http://www.cnki.net/index.htm),2003年11月5日。

李向平:《大寨造大庙,信仰大转型》,http//xschina.org/show.php?id=10672,2015年10月6日。

8. 古籍
(1)刻本
[朝代]责任者与责任方式:文献题名(卷次、篇名、部类)(选项),版本,页码。部类名及篇名用书名号标示,其中不同层次可用中圆点隔开,原序号、卷次可用汉字数字表示。页码应注明a、b面。引用无页码古籍可不写引用页码。

示例：

［清］姚际恒：《古今伪书考》卷三，光绪三年苏州文学山房活字本，第9页a。

（2）点校本、整理本
［朝代］责任者与责任方式：文献题名/卷次、篇名、部类（选项），点校、整理者与责任方式，出版地：出版者，出版时间，页码。引用现代版古籍必须注明页码。

示例：

［明］朱载堉撰：《律学新说》，冯文慈点注，北京：人民音乐出版社，1986年，第xx页。

（3）影印本
责任者与责任方式：文献题名/卷次、篇名、部类（选项），出版地：出版者，出版时间（影印），页码。可在出版时间后注明"影印本"。为便于读者查找，缩印的古籍，引用页码还可标明上、中、下栏（选项）。

示例：

杨钟羲：《雪桥诗话续集》卷五，沈阳：辽沈书社，1991年影印本，上册，第461页下栏。

《太平御览》卷六九〇《服章部七》引《魏台访议》，北京：中华书局，1985年影印本，第3册，第3080页下栏。

（4）析出文献
［朝代］责任者：析出文献题名，文集责任者与责任方式：文集题名/卷次/丛书项（选项，丛书名用书名号），版本或出版信息，页码。

示例：

管志道：《答屠仪部赤水丈书》，《续问辨牍》卷二，《四库全书存目丛书》，济南：齐鲁书社，1997年影印本，子部，第88册，第73页。

（5）地方志

唐宋时期的地方志多系私人著作，可标注作者；明清以后的地方志一般不标注作者，书名前冠以修纂成书时的年代（年号）；民国时期地方志，在书名前冠加"民国"二字。新影印（缩印）的地方志可采用新页码。

示例：

乾隆《嘉定县志》卷十二《风俗》，第7页b。
民国《上海县续志》卷一《疆域》，第10页b。
万历《广东通志》卷十五《郡县志二·广州府·城池》，《稀见中国地方志汇刊》，中国书店1992年影印本，第42册，第367页。

（6）常用基本典籍，官修大型典籍以及书名中含有作者姓名的文集可不标注作者，如《论语》《资治通鉴》等。

示例：

《旧唐书》卷九《玄宗纪下》，北京：中华书局，1975年，第233页。

（7）编年体典籍，如需要，可注出文字所属之年月甲子（日）。

示例：

《清德宗实录》卷四三五，光绪二十四年十二月上，北京：中华书局，1987年影印本，第6册，第727页。

9. 外文文献

（1）专著

责任者.书名.出版地：出版社，出版时间，页码.

书名用斜体，其他内容用正体；出版地后用英文冒号。

示例1：

Elliott, D.. *Music matters: A new philosophy of music education.* New York: Oxford University Press, 1995.

示例2：

Sloboda, J. A.. *The musical mind: the cognitive psychology of music.* New York: Oxford University Press, 1988, p.23.

注：作者如为两人及以上，应署名字1；名字2 and 名字3。后面注文，同上文例子所列。

（2）析出文献

责任者.析出文献题名.所载书名或期刊名，出版时间，卷册，页码。期刊名或书名用斜体，其他内容用正体。

示例：

Leung, B. W.. Factors affecting Hong Kong secondary music teachers' application of creative music – making activities in teaching. *Asia – Pacific Journal of Teacher Education and Development*, 2000, 3(1), pp.245 – 263.

10. 作者简介

（1）作者简介：ＸＸＸ（1979— ），女，ＸＸ族，本科/硕士/博士，ＸＸＸ单位教授、博士生导师。

（2）基金项目：本文为 2XXX 年 XXXXX 项目"XXXXXX"（项目编号：XXXX）的阶段成果。注：项目用引号，课题用书名号。

（据齐琨副主编 2019 年初所提供《新〈中国音乐〉期刊编校体例》压缩、整理，经《中国音乐》编辑部议定并刊载于该刊 2019 年第 3 期。）

# 附录十

## 《黄钟》稿约及著录规则

　　《黄钟》是武汉音乐学院主办的艺术类学术刊物，现为全国中文核心期刊。本刊遵循"百花齐放、百家争鸣"的方针，发表中外音乐史论、中国传统音乐、民族音乐学、音乐形态学、音乐美学、音乐传播学、音乐教育学、音乐表演、音乐评论等学科的研究成果，反映国内外最新学术动态，服务于教学与科研。依照本刊学术及编辑规范，征稿要求如下：

　　1. 来稿以1万字左右为宜。欢迎简明扼要而又论证充分的短文，所论重大理论问题、重要学术问题的论文允许篇幅稍长一些。要求内容充实，观点新颖。来稿须遵循学术规范，凡专题性学术论文，作者应就本课题领域内前人的主要研究成果或研究状况在文中做概括性说明。

　　2. 稿件正文之前请附论文中文摘要（200字左右）、英文摘要（允许与中文摘要有所不同的意译，不必逐字对应翻译）、关键词（3—5个）、作者简介（包括姓名、性别、民族、工作单位、学位、职称、详细通信地址、邮政编码、电话号码、电子邮箱）。如果所投稿件是作者承担的科研基金项目，请注明项目类别、项目名称和项目编号。

　　3. 正文内容以五号宋体、单倍行距编排。引用原文文字较长（一般为三行以上）时，须将整个引文单独成段，并左缩进两个字符。引文以仿宋字体相区别，不加引号。

4. 正文内各级标题处理如下：一级标题为"一、二、三、……"，二级标题为"（一）（二）（三）……"，三级标题为"1.2.3.……"，四级标题为"(1)(2)(3)……"。一、二、三级标题各独占一行，其中一级标题居中，二、三级标题缩进两个字符左对齐；四级及以下标题后加句号且与正文连排。

5. 谱例采用五线谱，用 Sibelius 或 Finale 绘谱软件制作。文中插图务必清晰，图片版权自行负责。谱例、插图需提供图片原文件。若谱例中需加文字或符号标记，应在制谱软件内完成，不能粘贴到 word 文本之后再加文字或符号标记，更不能使用乐谱图片裁剪的谱例。

6. 乐谱、表格、图片或其他示意图等，均用阿拉伯数字连续编号，序号空格后，再接谱、图、表名称；谱例序号及谱名、表号及表名须标注于谱、表的上方，图号及图名须标注于图的下方，末尾不加标点符号。例："谱1……""表1……""图1……"等；如图（表）下有标注补充说明或资料来源，格式为先标注补充说明，再另起一段标注资料来源（后不加句点），具体为："注"须标注于图表的下方，以句号结尾；"资料来源"须标注于"注"的下方，并按"正文引用"格式标注文献。

7. 注释（包括对文章中某一内容的进一步解释或补充说明、作者对自己观点的阐发）和参考文献，统一采用"脚注"，序号标注以自然数列形式：①②③……排列。

8. 稿件中凡采用他人研究成果或引述，应予以说明。注释与参考文献著录项目要齐全。具体要求如下：

专著

作者：文献名，出版地：出版单位，出版年，起止页码。

译著

原著者国名,原著者,文献名,译者名,出版社,出版年,起止页码。

期刊文章

作者:文献题名,刊名,年卷(期),起止页码。

报纸文章

作者:文献题名,报纸名,出版日期(版次)。

专著中的析出文献

析出文献作者:析出文献题名,专著作者:专著名,出版地:出版社,出版年,析出文献起止页码。

(相同文献重复引用时,只需标注作者、文献名、起止页码。)

9. 外文参考文献要用外文原文,作者、书名、杂志名的字体一致,采用正体;不得用中文叙述外文。

10. 翻译稿须附原文和版权授权书。

11. 请勿一稿多投。本刊实行双向匿名评审制度。来稿3个月内未收到本刊的用稿通知,作者可自行处理。来稿一般不退,请作者自留底稿,敬请海涵。

12. 本刊不以任何形式收取版面费,优秀稿件按字付酬。

13. 本刊已入编《中国学术期刊(光盘版)》等各数据库。凡随刊入编的稿件，不另付稿酬。如本人文章不愿被上述媒体使用，敬请在来稿中注明。

14. 向本刊投稿，请提供论文的电子文本或打印稿。打印稿请寄往本刊编辑部，勿寄私人，以免延误。

（据《黄钟》2015 年第 4 期所载《〈黄钟〉征稿启事》整理）

# 后　记

　　这是一本撰写了太久的书稿。

　　大约在2004年应邀前往中国传媒大学音乐系讲授音乐编辑基础课程开始，我就打算撰写一本关于平面媒体音乐编辑实务的读物。这种想法，随着2005年至2009年间所选题和责编的图书接连获得中国出版集团"优秀图书奖"、所执行主编和责编的期刊蝉联"优秀编辑奖"，并参加中国期刊协会"期刊编校无差错承诺活动"而日益炽烈。随后，汇编形成"音乐文本编辑与出版"课程，在中央音乐学院、中国音乐学院作为选修课授课达十轮左右。以此内容为主体，在中国传媒大学、河南大学、上海音乐学院、安徽师范大学、石河子大学等院校举办系列讲座，不断阐述相关问题。2011年8月，围绕此域之中的文本编辑专题申报的国家社科基金艺术学项目"音乐文本编辑理论与实践"获批立项，使得撰写文本编辑实务书稿的动能又增添了几成。无奈最近八年的时光身处教学、办刊双重职位，使得课题的完成变得气喘吁吁、跌跌撞撞，直至2017年底才提交结项。2018年退出办刊之后，方集中些许精力来系统写作。

　　若按照十多年前的设想，本书的写作范围将会更加广阔：既包含现在谈论的各式文本及其符号书写时的规范和择取方法，还将包括编辑出版行业的运行和特点等内容。将范围局限在音乐文本的书写规范，应该说是在经过了相当时间的编辑实践和众多讲学之后做出的主动调整。因为面对音乐编辑学、编辑出版行业运行规律与特点，乃更加偏重于理论研究和文化产业一隅；而对于现在所著述的文本书写规范，则更倾向于编辑执业实践的总结与现实应用。作为应用型的专业领域，文本编辑实务的内容对于当下的音乐学术界来说，我认为能够对更多的青年学子有益、对促动学界同仁于文本形式规范化有所思考——这或许是自认的更为重要、更为务实选择的理由。

本书的写作是基于长期的编辑执业历练，也有着十五年的意向促动和着意积累，漫长的过程中还得到了诸多业界、学界友人的慧助：1999—2000 年，撰写博士学位论文期间，导师陈应时先生以通用校对符号对我的毕业论文所做的修改，是我对编辑工作产生了丝丝好奇；2000 年春季，博士毕业之年在上海博物馆青铜乐器周学术研讨会巧遇黄大岗编审，是我的事业航标发生了一次重要的调整，才有了之后十多年编辑职业的历练；在2000—2010 年的职业编辑生涯中，从董大、吴朋、汪小鹏、王建卫、颜小平等人民音乐出版社诸位老编辑、老校对的业务相助，到潘奇、黎章民、敬谱、祖振声等历代出版社管理者的悉心关怀，直至《音乐研究》编辑部、期刊中心同事们日常的业务切磋和国内音乐期刊界同仁定期的工作研讨，都使本人的编辑业务得以不断的省悟和改进；在课题文本结项之时，五位审读专家给予的中肯意见和建议，为本书最后的补充与修改指引了更加明亮的方向。在此，一并向编辑出版界、学术界的前辈和新老同仁致谢，也向给予本书出版机会并付出辛勤劳动的本院出版社的同行们致敬。

陈荃有

2019 年 2 月 19 日元宵之夜于京郊长阳